A DINÂMICA DOS SÍMBOLOS

**Dados Internacionais de Catalogação na Publicação (CIP)**
**(Câmara Brasileira do Livro, SP, Brasil)**

Kast, Verena
A dinâmica dos símbolos : fundamentos da psicoterapia junguiana /
Verena Kast ; tradução de Milton Camargo Mota. – Petrópolis, RJ :
Vozes, 2013. – (Coleção Reflexões Junguianas)

Título original alemão: Die Dynamik der Symbole :
Grundlagen der Jungschen Psychotherapie
Bibliografia

3ª reimpressão, 2023.

ISBN 978-85-326-4601-9

1. Jung, Carl Gustav, 1875-1961  2. Psicoterapia
3. Simbolismo (Psicologia)  I. Título.  II. Série.

13-05218     CDD-150.1954

Índices para catálogo sistemático:
1. Dinâmica dos símbolos : Psicoterapia
junguiana     150.1954

Verena Kast

# A dinâmica dos símbolos
**Fundamentos da psicoterapia junguiana**

Tradução de Milton Camargo Mota

Petrópolis

© 2010 Schwabenverlag AG, Patmos Verlag, Ostfildern
Primeira publicação em 1990 por Walter Verlag.

Tradução do original em alemão intitulado *Die Dynamik der Symbole – Grundlagen der Jungschen Psychotherapie*

Direitos de publicação em língua portuguesa:
© 2013, Editora Vozes Ltda.
Rua Frei Luís, 100
25689-900 Petrópolis, RJ
www.vozes.com.br
Brasil

Todos os direitos reservados. Nenhuma parte desta obra poderá ser reproduzida ou transmitida por qualquer forma e/ou quaisquer meios (eletrônico ou mecânico, incluindo fotocópia e gravação) ou arquivada em qualquer sistema ou banco de dados sem permissão escrita da editora.

## CONSELHO EDITORIAL

**Diretor**
Volney J. Berkenbrock

**Editores**
Aline dos Santos Carneiro
Edrian Josué Pasini
Marilac Loraine Oleniki
Welder Lancieri Marchini

**Conselheiros**
Elói Dionísio Piva
Francisco Morás
Gilberto Gonçalves Garcia
Ludovico Garmus
Teobaldo Heidemann

**Secretário executivo**
Leonardo A.R.T dos Santos

*Editoração*: Andréa Dornellas Moreira de Carvalho
*Diagramação*: Sheilandre Desenv. Gráfico
*Capa*: Omar Santos
*Ilustração de capa*: Mandala produzida por uma paciente de Jung e reproduzida por ele em *Os arquétipos e o inconsciente*, vol. 9/1 da Obra Completa. 5. ed. Petrópolis: Vozes, 2007, p. 341, nota 182.

ISBN 978-85-326-4601-9 (Brasil)
ISBN 978-3-530-50617-4 (Alemanha)

Este livro foi composto e impresso pela Editora Vozes Ltda.

# Sumário

*Prefácio à nova edição*, 7
1 Aspectos do conceito de ser humano, 9
2 Aspectos do símbolo, 18
3 Aspectos do complexo, 47
4 Aspectos do complexo do eu, 73
5 Aspectos do arquétipo, 136
6 Transferência-contratransferência e nova formação de símbolos, 207
*Referências*, 283
*Índice remissivo*, 289
*Índice geral*, 309

Prefácio à nova edição

Muito me alegro com a nova edição de *A dinâmica dos símbolos*. O que me levou a escrever este livro foi a intenção de demonstrar a coerente conexão que há entre a prática da psicoterapia junguiana e as teorias de Jung.

As mudanças não são visíveis apenas no fato de podermos testar um novo comportamento, experimentar mais sentido e dar uma forma mais consciente e gratificante às nossas relações, mas também no fato de novos símbolos se tornarem significantes para nossa vida. A psique produz símbolos[1]. Por meio dos símbolos, podemos vivenciar os movimentos da psique, mas também percebê-los exteriormente, vê-los. Os símbolos revelam o impulso criativo que permeia tudo o que existe neste mundo. Nesse sentido, o trabalho sobre e com os símbolos numa psicoterapia junguiana é de importância fundamental.

O propósito do livro continua, como antes, bem fundamentado, com um consistente desenvolvimento de ideias e uma temática ainda atual. É claro, nesse meio tempo foram publicados muitos livros que complementam alguns capítulos deste. E temas que haviam sido apenas mencionados ganharam maior elaboração.

---

**1.** JUNG, C.G. "Symbole der Wandlung". *GW* 5. Olten: Walter, 1952, 1973, § 344.

O tema da criatividade e, portanto, da representação simbólica foi trabalhado por vários colegas nos últimos anos. Nesse contexto, estou pensando especialmente nos trabalhos de Ingrid Riedel e Christa Henzler[2].

Eu mesma continuei debruçada sobre o significado do tema dos complexos e dos episódios de complexos na prática clínica[3]. O tema da sombra – um tema que foi tratado apenas nas notas – está presente agora numa monografia, igualmente um livro sobre sonhos[4]. O presente livro foi, para mim própria, uma base a partir da qual voltei a trabalhar mais intensamente sobre temas que nunca deixaram de me interessar. Desse modo, imagino que este livro siga cumprindo sua função: um livro que mostra aos interessados os fundamentos da psicologia junguiana num contexto compreensível e estimule um aprofundamento de outros aspectos em outros escritos.

*Verena Kast*
Zurique, novembro, 2006.

---

**2.** RIEDEL, I. *Maltherapie*. Stuttgart: Kreuz, 1992. • HENZLER, C. & RIEDEL, I. *Malen um zu überleben* – Ein kreativer Weg durch die Trauer. Stuttgart: Kreuz.

**3.** KAST, V. *Schlüssel zu den Lebensthemen* – Konflikte anders sehen. Friburgo: Herder. • VERENA. K. *Abschied von der Opferrolle* – Das eigene Leben leben. Friburgo: Herder.

**4.** KAST, V. *Der Schatten in uns* – Die subversive Lebenskraft. Düsseldorf/ Zurique: Walter. • KAST, V. *Träume* – Die geheimnissvolle Sprache des Unbewussten. Düsseldorf: Walter/Patmos.

# 1  Aspectos do conceito de ser humano

O conceito de ser humano é a base para a construção teórica na psicologia. Para Jung, o homem, vivendo o processo de individuação, deve se tornar o que ele realmente é. Isso é a tarefa humana, a capacidade humana, que também constitui o fundamento para a teoria do processo terapêutico. A psicologia junguiana é marcada por um conceito de ser humano que o vê dentro de um vasto nexo de sentido, imerso em uma transformação criativa. A falta de mudança lhe é opressiva. Ao mesmo tempo, está obrigado a uma compreensão de si mesmo para a qual todo acontecimento apresenta uma dimensão além do óbvio e é também, por isso, misteriosa. A realidade que experimentamos pelos sentidos está sempre relacionada à realidade espiritual.

**O processo de individuação**

O processo de individuação é o processo da confrontação dialógica entre o consciente e o inconsciente. Conteúdos conscientes e inconscientes se unem nos símbolos.

O objetivo do processo de individuação é que nos tornemos quem realmente somos. Não é uma ideia nova; Píndaro já havia dito: "torna-te quem és". Aristóteles enfatizou que toda coisa criada tem em si a forma que lhe é única, e que a vida deveria conduzir a essa forma própria. Isto é, a plenitude de possibilidades de vida que nos é inerente pode, em grande parte, ser vivenciada; e aquilo que é intrínseco em nós – talvez apenas em nós – torna-se visível.

Nesse sentido, o processo de individuação é um processo de diferenciação: a peculiaridade, a natureza única de uma pessoa devem se exprimir. Um componente indispensável disso é a autoaceitação, juntamente com as respectivas possibilidades e dificuldades; estas últimas são essenciais porque constituem, em grande medida, nossa peculiaridade. A aceitação de si mesmo, das possibilidades e dificuldades, é uma virtude básica a ser concretizada no processo de individuação.

O processo de individuação é frequentemente relacionado à imagem de uma árvore: uma semente que cai no chão deve se tornar a árvore que se encontra dentro dela, numa interação com o lugar, o tempo, o clima etc. E ao pensarmos em árvores, suas feridas também devem ser levadas em conta como algo de característico.

"Torna-te quem és" não significa, de modo algum, tornarmo-nos lisos, harmoniosos e polidos, mas percebermos cada vez mais em nós mesmos o que somos, o que tem voz em nossa personalidade com suas quinas e arestas. Nesse sentido, o processo de individuação é sempre também um processo de aproximação; não sabemos o que somos realmente, tampouco o analista. É uma aproximação – toda transformação que vivenciamos é, em última análise, corrigível e transitória.

Outro aspecto do processo de individuação – igualmente importante e talvez mais exequível do ponto de vista psicológico e também ligado ao objetivo da autorrealização – visa à obtenção de mais autonomia. Cada pessoa deve se tornar um

A dinâmica dos símbolos

ser singular, separado dos complexos parentais, como também de padrões coletivos, de normas e valores da sociedade, de expectativas de papéis, daquilo que se pensa "em geral". Portanto, tornar-se-si-mesmo também significa alcançar a maioridade.

Segundo a imagem de mundo da psicologia junguiana, o que é externo também é interno, e o que é interno também é externo. Por isso, não devemos nos libertar apenas da coerção de valores, normas coletivas e expectativas de papéis – que interiorizamos em nossa *persona* –, mas também das restrições do inconsciente, com as quais deveríamos, em seguida, nos relacionar conscientemente. Portanto, não devemos ser determinados nem pelo inconsciente nem pelos valores que criamos socialmente. Livrar-se das amarras do inconsciente significa, entre outras coisas, não permitir que a vida seja simplesmente definida por um arquétipo sem nos darmos conta disso[1].

Um *exemplo* a esse respeito: um homem de 42 anos era dominado pelo arquétipo do herói. Em qualquer lugar, ele automaticamente queria ser um herói e se sentia mal quando não o podia ser. As pessoas lhe diziam, como elogio ou censura, que sua atitude era sempre heroica. Ele vivia sobrecarregado de trabalho, porque nunca reclamava e dava conta de tudo perfeitamente. Também era frequente sonhar com heróis. Com o tempo, ele próprio passou a ver que era fortemente influenciado pela necessidade de ser herói. Em muitas situações da vida, ele se perguntava se o heroísmo fazia sentido para ele e para a coisa em questão. Teve início um diálogo entre o eu e esse lado heroico. O aspecto heroico nas pessoas não é apenas simplesmente um problema. Ao contrário, deveríamos ter como

---

**1.** JUNG, C.G. "Zur Empirie des Individuationsprozesses". *GW* 9/I, § 530.

objetivo arranjar-lhe um lugar na vida onde ele faça sentido. Esse processo equivaleria a libertar-se do inconsciente. Tal libertação não significa, contudo, que o inconsciente deixa de atuar no sentido antigo. Mas, ao menos, poderíamos nos relacionar com esses lados e não seríamos mais simplesmente determinados por eles.

Ao considerar ambos os aspectos da individuação, podemos dizer que Jung vê o homem como alguém que, na vivência do processo de individuação – a ocorrer na terapia –, deve se tornar quem ele realmente é. Ele se torna, portanto, cada vez menos externamente determinado por forças do inconsciente coletivo. Essa determinação externa cede lugar ao diálogo – o diálogo entre a consciência e a sociedade, mas também entre o consciente e o inconsciente. Isso conduziria – ainda que temporariamente – a um desenvolvimento de maior autonomia no decorrer do processo de individuação.

De um lado, Jung define o processo de individuação como processo interno, subjetivo de integração, no qual o homem conhece cada vez mais lados em si mesmo, entra em contato com eles e os vincula à sua autoimagem – por exemplo, ao retirar projeções. De outro, o processo de individuação é um processo interpessoal, intersubjetivo de relação, "pois", diz Jung, "a relação com o si-mesmo é ao mesmo tempo a relação com o próximo, e ninguém se relaciona com este último antes de se relacionar consigo mesmo"[2]. Ou: "O indivíduo sem relação não tem inteireza, que é alcançada apenas por meio da alma, a qual, por sua vez, não pode existir sem seu outro lado, encontrado sempre no 'tu'"[3].

---

**2.** JUNG, C.G. "Die Psychologie der Übertragung". *GW* 16, § 445.

**3.** Ibid., § 454.

Na terapia junguiana, a interpretação dos símbolos nos planos subjetivo e objetivo é tributária a essa ideia de que o processo de individuação é um processo tanto de integração como de relação. Se, por exemplo, deparamos com uma figura autoritária num sonho, ela pode ser considerada uma autoridade externa a que atribuímos uma coloração especial. Nosso comportamento no sonho pode dizer alguma coisa sobre nosso comportamento cotidiano em relação a autoridades. Isso seria uma interpretação no plano objetivo. No plano subjetivo, a autoridade é vista como uma forma interna, como um lado de nós mesmos e, nesse contexto, como um traço autoritário em nós. Para não reduzir Jung, penso que deveríamos levar em conta ambos os modos de interpretação. O processo de individuação não deveria, de modo algum, levar as pessoas a se tornar indivíduos solitários; ao contrário, deveria torná-las justamente mais capazes de uma vida em comunidade. Segundo Jung, o "processo de individuação produz uma consciência de comunidade humana precisamente porque traz à consciência o inconsciente, que une todas as pessoas e é comum a todas elas. A individuação é tornar-se uno consigo mesmo e, ao mesmo tempo, com a humanidade, que também somos"[4]. Em outras palavras: nunca há apenas desenvolvimento de autonomia, pois ele é sempre acompanhado por desenvolvimento da capacidade de se relacionar.

A individuação é um objetivo. Tornar-se inteiro é uma utopia; na melhor das hipóteses, estamos a caminho. Esse processo confere sentido à duração da vida[5].

---

4. JUNG, C.G. "Die Psychotherapie der Gegenwart". *GW* 16, § 227.

5. JUNG, C.G. "Die Psychologie der Übertragung". *GW* 16, § 400.

## O si-mesmo

Quando tomamos em consideração o si-mesmo, fica claro que existe um objetivo utópico por trás do processo de individuação. Pois o si-mesmo está por trás da autorrealização. A individuação é compreendida não apenas como tornar-se uno consigo próprio, mas também como realização do si-mesmo. Jung diz que o si-mesmo – que para ele é o arquétipo central – é um princípio guia, o secreto *spiritus rector* de nossa vida, aquilo que nos faz ser e nos desenvolver[6]. Jung fala de uma pulsão para a autorrealização. O si-mesmo atua em nós como princípio formativo apriorístico, que também guia a construção do complexo do eu. Além disso, o si mesmo é visto como causa da autorregulação da psique: segundo Jung, o sistema psíquico é um sistema autorregulador, tal como o corpo vivo. Jung vê a autorregulação principalmente no fato de que podemos esperar reações do inconsciente contra unilateralidades conscientes, para que a integridade da estrutura total seja preservada, mas o homem também seja capaz de transcender sua atual posição[7]. O si-mesmo é o fundamento e a origem da personalidade individual e a circunda no passado, presente e futuro[8].

Os símbolos do si-mesmo, como diz Jung, surgem nas profundezas do corpo e, por isso, exprimem tanto nossa materialidade como também a estrutura da consciência perceptiva[9]. O si-mesmo também aparece com frequência no símbolo da união dos opostos, ou no símbolo do casal amoroso, que é, a meu ver, de especial importância, porque exprime a vivência

---

**6.** JUNG, C.G. "Die alchemistische Bedeutung des Fisches". *GW* 9/II, § 257.

**7.** JUNG, C.G. "Die transzendente Funktion". *GW* 8, § 159.

**8.** JUNG, C.G. "Die Konjunktion". *GW* 14/II, § 414.

**9;** JUNG, C.G. "Zur Psychologie des Kindarchetypus". *GW* 9/I, § 291.

A dinâmica dos símbolos

15

de amor, inteireza, união de opostos e desejo de apagar limites[10]. Estamos o tempo todo encontrando pessoas que dificilmente conseguem separar o anseio por amor e o anseio pelo si-mesmo. Quando estamos enamorados, também experimentamos um anseio que transcende a relação amorosa. Nessas situações, o si-mesmo é constelado. Além disso, também pode ser representado em símbolos abstratos, como círculo, esfera, triângulo, cruz. Figuras, portanto, que simbolizam uma inteireza e cuja natureza é poder conter em si vários opostos possíveis, que, entretanto, não precisam ser neutralizados[11]. Quando podemos experimentar o arquétipo do si-mesmo, temos a impressão de que tudo diz respeito a nós; temos a sensação do autocentramento, a vivência da inelutável identidade e também da fatalidade da situação em que o símbolo é vivenciado. A encarnação, a realização do si-mesmo em nossa vida representa a utopia, por assim dizer, de todo o processo de individuação.

Jung ainda fala de outro nível do si-mesmo. O si-mesmo de que falei até agora poderia ser chamado "meu si-mesmo", ou seja, aquilo que minha inteireza pode se tornar, o que eu posso me tornar no decorrer da vida, o que posso desenvolver em mim se puder aceitar tanto quanto possível. A relação entre si-mesmo e eu é uma relação de fundação mútua: por trás do desenvolvimento do eu encontra-se o si-mesmo – que se estende além do complexo do eu; por sua vez, o si-mesmo só pode se realizar na vida atual por meio do eu.

Mas Jung ainda menciona "o si-mesmo", que seria o ser humano eterno e universal em nós, simplesmente o *ser huma-*

---

**10.** Cf. KAST, V. *Paare.*

**11.** JUNG, C.G. "Psychologische Typen, Definitionen". *GW* 6, § 891.

*no*, "o homem redondo, isto é, perfeito que aparece no tempo primevo e no tempo final, o início e o fim do homem" em geral[12]. Isso significa que a autorrealização, o trabalho em nós mesmos não é apenas uma necessidade pessoal, que talvez proporcione satisfação e experiência sensível; ao contrário, por trás dela também se vê um empenho pelo humano em si.

No contexto do si-mesmo como *anthropos*, Jung, em sua última obra, *Mysterium Coniunctionis*, ainda se refere a outro grau da individuação, não mais com base em sua própria experiência, mas se apoiando no trabalho do alquimista Dorneus. Recorro a essa ideia porque permite ver com clareza a imagem junguiana de mundo e de homem. O alquimista Dorneus argumenta que o homem total ainda pode se unir ao *unus mundus*, ao mundo inteiro potencial do primeiro dia da criação. Isso significaria que o si-mesmo, que inicialmente é o centro intrapsíquico de grande força de autorregulação e autocentramento, também pode agora experimentar a unidade com o cosmo como um todo. Aqui ganha clareza o caráter utópico, segundo o qual o homem mais consciente pode se conectar ao cosmos inteiro; ou, inversamente, o cosmos inteiro pode ser experienciável no homem. O cosmos é influenciado pelo homem e, por outro lado, o influencia. Portanto, tudo o que é vivo é concebido como um organismo. Essa ideia, corrente no Renascimento, reconquista terreno entre nós atualmente – pelo movimento ecológico – na concepção que vê o cosmos como um organismo e os seres humanos como uma parte desse organismo, no qual ocorrem as mais variadas interações. Em última análise, essa ideia da inteireza e das interações implícitas

---

12. JUNG, C.G. "Die Psychologie der Übertragung". *GW* 16, § 416.

A dinâmica dos símbolos 17

também se esconde por trás do princípio de individuação. Esse pensamento também revela a ideia de libertação. A ideia de Jung é que o si-mesmo se encontra por trás do desenvolvimento de nosso complexo do eu e que, mediante nosso eu e nossa consciência, damos ao si-mesmo a oportunidade de encarnar. E encarnar no mundo também é um processo de libertação.

A individuação é uma utopia. As utopias têm o sentido de estimular nosso anseio, de nos pôr em movimento e nos esclarecer qual é realmente nossa mais íntima aspiração. A individuação também deve ser vista como utopia, porque é impossível essa inteireza absoluta que estamos sempre buscando. Jung escreve numa carta a Rudolf Jung:

> Em última instância, todos nós empacamos em algum lugar, porque somos todos mortais e continuamos a ser uma parte daquilo que somos como um todo. A inteireza que podemos alcançar é bastante relativa[13].

O processo terapêutico, entendido como processo de individuação, consiste essencialmente no fato de que o inconsciente e a consciência – na área dos conteúdos ativados – se unem no símbolo. Essa formação de símbolos torna possível o desenvolvimento criativo da personalidade.

---

**13.** JUNG, C.G. *Briefe* III, p. 24.

# Aspectos do símbolo

Para começar, um *exemplo: um objeto se torna símbolo*. – Na agitação de limpar a casa, uma mulher perde seu anel de casamento e, por ora, não consegue encontrá-lo. Acha que ele vai aparecer depois de terminada a limpeza. Mas não o encontra, fica nervosa, inquieta: será que o jogou fora com a água suja? Começa a refletir: a perda do anel teria algum significado? E "Como vou dizer para meu marido?" Procura se acalmar: é apenas um anel! Mas, justamente, não é apenas um anel, é a aliança de casamento. Tem medo de contar para o marido; curiosamente, fica com sentimento de culpa, apesar de considerar o marido um homem bastante compreensivo.

Por acaso, recebe a visita de uma amiga. A mulher imediatamente lhe conta o que aconteceu. A amiga, sem papas na língua, lhe diz: "Está muito claro, é tanta limpeza que você está perdendo a relação com seu marido".

A mulher pensa sobre a relação com seu marido, lembra-se dos sentimentos, das expectativas que associou a esse anel. Ela se pergunta se realmente não quer mais a relação, se gostaria de jogá-la fora como água suja, por assim dizer. E naturalmente também se pergunta por que sente tanto medo.

A perda do anel não pode ser separada de seu significado. Isso é indicado pelo medo da mulher quanto à reação do parceiro, que ela normalmente não receia. É o medo de poder perder ou ter perdido a união, a inteireza da relação, simbolizadas no anel. Em todo caso, tem medo de que, embora um novo anel seja comprado, surja o tema da separação – e separação causa ansiedade. Por isso, o impulso da separação é, com frequência, projetado no cônjuge, porque temos um medo enorme das reações do(a) parceiro(a) em vez de temer nossos próprios impulsos de separação.

Essa mulher não cogitou outros significados ou interpretações. Ela também poderia ter pensado que o velho anel obviamente tinha ficado grande demais e estava na hora de comprar um novo, como expressão do desejo de renovar a relação com o marido.

Doravante, o símbolo do "anel" passa a marcar nitidamente a vida dessa mulher: outras mulheres lhe narram o que aconteceram com seus anéis. Não raro, um anel fica preso na máquina de lavar ou na roupa suja; tudo o que se possa imaginar acontece a esses anéis. Os maridos falam de suas alianças, da aliança que eles de repente não conseguem encontrar no bolso do colete, porque, por exemplo, estão vestindo outro colete.

Escolhi esses exemplos para explicar que o símbolo é, antes de mais nada, um objeto totalmente cotidiano, percebido pelos sentidos, mas aponta para algo enigmático, um significado e um significado excedente, que não pode ser totalmente apreendido no primeiro momento. Esse objeto cotidiano e seu significado não podem ser separados. Portanto, embora seja um objeto cotidiano, um anel contém em si algo enigmático, está ligado a um sentido que pode ser relacionado a uma ideia, a uma coisa geral ou abstrata.

Mas é uma situação existencial concreta que encontramos quando entramos em contato com símbolos. Um fator essencial da psicologia profunda é que indaguemos sobre o significado e o nexo de sentido dessa situação existencial concreta, da realidade cotidiana em torno dela. Esse ponto de vista simbólico condiz com uma imagem de ser humano que entende a realidade humana cotidiana como enraizada num enorme contexto – em que o enigmático influencia a realidade cotidiana e vice-versa.

## Sobre o conceito de "símbolo"

A palavra "símbolo" deriva do grego *symbolon*, um sinal para reconhecimento[1]. Quando dois amigos se separavam na Grécia Antiga, eles quebravam uma moeda, uma tabuleta de argila ou um anel. Quando o amigo ou alguém de sua família retornava, tinha de apresentar sua metade. Se essa metade combinasse com a outra, ele era reconhecido como amigo e tinha direito à hospitalidade. A correspondência de duas metades (*symbállein* = atirar junto, unir) também tem importância como tema em vários romances; o sinal para reconhecimento também pode ser a metade de uma concha de madrepérola, que se encaixa perfeitamente na outra metade.

A etimologia do conceito mostra que um símbolo é um compósito. Apenas quando é posto junto, ele é um símbolo, que passa então a significar alguma coisa: aqui ele representa a realidade espiritual da amizade e, para além da amizade pessoal, a amizade das famílias, juntamente com o direito à hospitalidade. Aqui – e isso se aplica a qualquer símbolo – o símbolo é um sinal visível de uma realidade imaterial, invisível. Portanto, dois níveis sempre devem ser considerados

---

**1.** Para esses dados e os seguintes, cf. entrada "Símbolo" em LURKER, M., p. 551ss.

A dinâmica dos símbolos

no símbolo: em algo externo pode-se revelar alguma coisa interna; em algo visível, alguma coisa invisível; no físico, o espiritual; no particular, o geral. Quando interpretamos, procuramos a realidade invisível por trás dessa dimensão visível e a conexão entre elas. Aqui, o símbolo sempre assinala um excesso de significados que jamais poderão ser esgotados.

O símbolo e o que ele representa têm, portanto, uma conexão interna, não podem ser separados um do outro, o que o distingue do signo. Os signos são convenções, são fixados por alguma declaração, não têm um excesso de significados. Mas também representam alguma coisa. Vejamos, por exemplo, o signo "faca e garfo cruzados" para restaurante: provavelmente, garfo e faca poderiam ser substituídos por nova convenção. Poderíamos muito bem aceitar um prato com uma colher como signo para restaurante. Um signo não reproduz alguma coisa enigmática; ele tem uma função simplesmente representativa, aponta alguma coisa. Os signos podem ser substituídos, e são substituídos para se adaptarem ao gosto da época (por exemplo, o signo para estrada de ferro).

Os símbolos não podem ser substituídos por um acordo. Pensemos, por exemplo, na cor "vermelha": além de sua qualidade cromática, as cores são portadoras de significado. O vermelho nos põe em conexão com o sangue vermelho, que vivenciamos no plano existencial. Desse modo, o vermelho adquire o significado de vida, vitalidade, sofrimento, paixão etc. Seria quase impossível pensar em criar uma convenção em que o verde simbolizasse tudo o que é associado a sofrimento, paixão, emoção ardente. Não podemos dar, por meio de acordo, novo significado a um símbolo, pois o que ele indica está diretamente ligado à imagem.

O signo pode ser compreendido de maneira muito mais racional. Ele fala ao intelecto e, por isso, é usado na matemática, ciência e processamento de informação. O símbolo é muito mais irracional, não é totalmente compreensível, sempre retém um excedente de significado e está bastante ligado à emoção. Por isso, ele é objeto da história das ideias, da religião, da arte etc.

Mas um signo também pode assumir características de um símbolo. Vejamos, por exemplo, o número: ele é um signo, foi convencionado que o dois é signo para duas unidades e designa, portanto, uma quantidade. Por outro lado, podemos considerar o número qualitativamente: por exemplo, o treze é signo de treze unidades no sistema decimal, mas – de uma perspectiva qualitativa – podemos também dizer que o treze é um número de azar etc. Um conteúdo, uma qualidade lhe são atribuídos. Signos podem, portanto, facilmente se converter em símbolos, especialmente quando abordamos o mundo com uma atitude simbolizante.

## O aparecimento de símbolos

Temos experiência de símbolos em imagens oníricas, fantasias, imagens poéticas, contos de fadas, mitos, arte etc. Os símbolos podem aparecer e ser representados de modo bastante espontâneo.

*Um exemplo de símbolo que surge espontaneamente.* – Durante uma discussão de uma palestra sobre relacionamento de casais, um ouvinte desenha bodes sem cessar numa folha de papel, energicamente, com vigor cada vez maior. Por fim, ele se encosta na cadeira e olha com satisfação para seu último bode. Agora parecia ter desenhado o bode que queria.

Quando lhe pergunto por que desenha bodes com tanta dedicação justamente naquele momento, ele me olha espantado (como se eu fosse a primeira pessoa a lhe informar que estava desenhando bodes). Em seguida, concordamos que certamente estávamos lidando com uma formação de símbolo espontânea. Mas símbolo de quê? Símbolo do orador?, de um participante da discussão?, símbolo de uma parte reprimida da palestra? (A palestra não tocou no tema da sexualidade.) Evidentemente o bode também pode ser um símbolo desse homem nesse momento; ele próprio talvez se sinta como um bode. Como num jogo, tentamos relacionar esse símbolo ao cotidiano concreto. De repente, ele diz: "Agora me lembro: é porque hoje de manhã vi ilustrações do lobo e os sete cabritinhos". Olho para ele confusa, pois o que vi era um bode não um lobo. Ele percebe minha confusão: "Ah, não pode ser por isso, não desenhei um lobo".

Se examinamos com atenção a história do lobo e os sete cabritinhos, somos tentados a perguntar por que a cabra não tem um bode, onde está o pai dos cabritinhos. Pois ele poderia proteger os filhos. Comunico essas reflexões ao desenhista, que me relata ter discutido com a esposa pela manhã. O objeto do bate-boca era ele próprio, ou seja, o pai muitas vezes ausente. Isso o fez entender seu símbolo "bode".

É claro, naquele instante ele provavelmente poderia ter identificado vários níveis de significação. Mas também é bastante típico que nos contentemos quando um nível de significação nos é plausível emocionalmente.

Os símbolos retêm sua importância por certo tempo, e a vida então se torna significativa no contexto deles. Em algum momento, esses símbolos entram em segundo plano e outros se tornam mais importantes. Quando alguém vive com símbolos, é possível reconstruir sua história de vida por meio deles, e sempre fica claro que eles têm um tempo de origem, de florescimento e perecimento.

Os símbolos não surgem apenas em longos processos terapêuticos, mas podem irromper espontaneamente em situações da vida. A questão é apenas saber se os aguardamos, se lhe damos atenção.

## Atos simbólicos

Para começar, um *exemplo*: uma mulher sente necessidade de ganhar um brilhante para sua aliança de casamento. É um ato simbólico. O casal tinha passado por uma crise difícil, fizeram terapia, na qual se entregaram a um embate renhido – e, no final de tudo, quando perceberam que desejavam viver juntos (não simplesmente por concessão indolente ou por ser mais cômodo, mas porque realmente se importavam um com o outro), a mulher diz: "Agora eu quero ter um diamante incrustado na aliança".

Esse é um desejo com forte carga simbólica. O marido responde: "Você sempre quer alguma coisa material".

Ele tem pouca sensibilidade para símbolos e gestos simbólicos. Para ele, esse desejo apenas significa que novamente terá de pagar para que a relação continue. Ele experimenta esse desejo como reedição de um padrão de relacionamento e ignora seu conteúdo simbólico: "Renovar o anel de casamento, a união – com uma 'estrela'", como diz a esposa. Para ela, isso significa ter encontrado o caminho para fora da escuridão, ter uma nova "estrela" para seguir. Também significa conceber a velha relação sob uma nova estrela.

Esse exemplo deixa claro que certas pessoas veem apenas o objeto concreto. Se isso acontce no âmbito de uma terapia, é tarefa do terapeuta atrair a atenção emocional para o símbolo, apontar o elemento enigmático. É um total absurdo afirmar que alguém não tem sensibilidade para símbolos sem procurar aproximá-lo dessa capacidade. Sem dúvida, também ocorre o oposto: há pessoas que veem símbolos em tudo e em todos. Os símbolos não falam tanto ao nosso intelecto, mas muito mais ao nosso pensamento holístico, à nossa relação com uma realidade invisível que nos transcende. Quem deseja fazer valer apenas a realidade visível tem grandes dificuldades com o símbolo e o pensamento simbólico, e tenta transformar qualquer símbolo em signo.

## A atitude simbolizante

Existem símbolos que se impõem a nós em alguma situação da vida, que percebemos como imagens em sonhos, fantasias que dificilmente podemos repelir etc. Há também uma atitude simbolizante como atividade do eu, como veremos a seguir.

Um *exemplo de atitude simbolizante*. – Um homem está dirigindo e, ao mesmo tempo, fala de seus planos profissionais com sua mulher. Ele fala com entusiasmo e dirige com grande concentração. O trânsito fica cada vez mais pesado, ele fala e xinga, e em certo momento percebem que estão presos num engarrafamento: "Oh, agora estamos parados. É um absurdo sair de carro, quando você sabe que vai ficar preso no trânsito". De repente, ele começa a refletir e diz: "Como não percebi isso antes, é um símbolo! Está totalmente claro para mim o que isso significa: se eu seguir os planos profissionais que acabei de desenvolver, no fim ficarei preso num engarrafamento, sem poder avançar, e nós não poderemos avançar em nossa relação. Não teremos mais liberdade de movimento. Que sensação terrível".

Para ele, o engarrafamento possui, por assim dizer, o sentido de chamar atenção para o fato de que o plano formulado poderia ter um aspecto perigoso.

Simbolizar significa descobrir o sentido oculto na situação concreta. O cotidiano concreto sempre revela também um lado enigmático, que sempre tem a ver conosco. Esse modo de ver é inaceitável para muitas pessoas, especialmente quando indagam para que serve o símbolo. Há um aspecto que o liga ao futuro, mas, via de regra, é misterioso demais para que possamos dizer linearmente para o que ele serve na situação.

No entanto, podemos perguntar se tudo o que é concreto não tem, afinal, um significado enigmático: o engarrafamento também é, perfeitamente, um símbolo dos apertos que criamos para nós mesmos. Resta apenas perguntar se não seria mais sensato ver as situações coletivas como símbolos de problemas coletivos, conceber a nós mesmos como parte dessas situações com nossa temática de vida e almejar mudanças. A questão do significado misterioso é também uma questão sobre o sentido. A psicologia junguiana é frequentemente julgada como "viciada em sentido". A atitude simbolizante é, de fato, a peça central da terapia junguiana; ela se reflete também no conceito teórico de interpretação nos níveis objetivo e subjetivo, bem como na ideia de que o que é externo é interno, e o que está no macrocosmo também está no microcosmo. A atitude simbolizante é uma atitude humana bastante natural. Quando estamos diante do mar, por exemplo, primeiramente percebemos o mar com todos os sentidos à nossa disposição; e talvez também percebamos como nos sentimos ali. Em geral, constatamos que o mar não é apenas água, mas, por exemplo, nos comunica a experiência de "infinitude". O tema "eu e a infinitude" ou "eu e o ritmo do eterno vir e ir" começa a nos ocupar. Quando contemplamos o mar por mais tempo, podemos sentir outros aspectos de nossa psique e, por fim, vemos que podemos dizer um monte de coisas a respeito do mar.

Essa atitude simbólica é um processo de projeção: projetamos nosso inconsciente na realidade que está em primeiro plano. Mas não podemos projetar o tema que bem entendermos, mas – conforme o símbolo – apenas temas que apresentam uma relação interna com nossa existência. Simbolizar, portanto, significa indagar sobre a realidade enigmática por trás da realidade do primeiro plano. Também significa observar a realidade do primeiro plano no espelho dessa realidade desconhecida, misteriosa.

**Envolver-se com o símbolo**

Para experienciar os símbolos realmente como símbolos – e, afinal, o que importa é a experiência – e não vê-los apenas como signos, devemos estar preparados para deixar que nos toquem emocionalmente.

Eis *um exemplo de uma crescente disposição a se envolver com um símbolo.* – Um homem de 35 anos que está fazendo terapia diz: "Tive um fragmento de sonho em que uma criança de 7 anos chorava. Eu estava impaciente em meu sonho, queria que a criança parasse de chorar". Casualmente, ele me diz que esse fragmento de sonho não significa nada, porque é natural que crianças chorem, razão pela qual não queria filhos. Ele não é casado. Não quer mais se preocupar com esse fragmento de sonho.

Como esse homem não tem, inicialmente, uma relação com o símbolo, é meu trabalho estabelecer esse contato. Se ele tivesse filhos nessa idade, perguntaríamos se ele também perderia a paciência com eles. Também seria possível pensar que haja na vizinhança uma criança de 7 anos que está sempre chorando.

Portanto, para entrar em contato com o símbolo, devemos inicialmente examinar a camada de vida concreta e então nos ocupar com o que pode estar no plano de fundo.

O que essa criança representa? Representa a própria infância desse homem e/ou a ideia do que é ser criança? Para estabelecer uma conexão com a infância do analisando, eu lhe pergunto: "Que tipo de criança você era quando tinha mais ou menos sete anos?"

Ele: "Ah, eu era um menino muito chorão. Não era realmente um menino. Prefiro não tocar nesse assunto".

Imagino esse menino e formulo: "Posso imaginar que você foi uma criança rejeitada, que mereceria um sorvete".

Ele: "Então você gosta de meninos que choram?"

Eu: "Eles despertam em mim a necessidade de consolar e fazê-los rir".

Ele: "Ah".

Com minhas perguntas e minha fantasia, ele sente em si próprio essa criança de 7 anos e percebe que ela ainda existe dentro dele.

Passamos semanas tentando manter uma ligação com esse aspecto, o que foi possível por minha empatia com o menino de 7 anos que o analisando foi um dia. Desse modo, alcançamos um contato com o símbolo.

Quando nos relacionamos com um símbolo, tudo o que está ligado a ele subitamente ganha vida. No símbolo "criança", torna-se viva a lembrança: que tipo de criança eu fui? Como era ser criança? Como lido com meus filhos? Mas também desperta o sentido de vida que tínhamos quando crianças: ainda tenho o futuro pela frente; esperem até eu crescer. Contudo, o símbolo não significa apenas nossa própria infância, é também um símbolo da abertura do futuro, da vontade de viver e da renovação constante. Apesar de saber que já somos adultos e muitas coisas estão consolidadas, o símbolo da criança nos aproxima justamente do sentimento de renovação, de partida e dos perigos de partir. Experimentar esse sentimento é importante precisamente para as pessoas que passam por dificuldades na vida.

Um símbolo com que nos envolvemos ativamente pode despertar uma paleta de experiências psíquicas, desde lembranças até expectativas, mas apenas se entrarmos em contato com ele emocionalmente. Se não for esse o caso, poderemos recorrer à mitologia inteira, apresentar todos os mitos da "criança divina" e o efeito será insignificante. É claro, sabemos pelo menos que tivemos um sonho bastante significante, e isso às vezes também pode ter o efeito de suscitar o sentimento de que algo significante ocorre espontaneamente em nossa vida. Mas toda a eficácia contida no símbolo e a energia presa nele serão liberadas apenas se formos capazes de ter um envolvimento emocional com ele.

Portanto, quando um símbolo se tornou significante para nós, ou conseguimos nos envolver emocionalmente com um símbolo, passamos a nos ocupar com suas múltiplas interpretações. Nunca se pode formular uma correspondência simples e exata. Mesmo que determinada interpretação nos pareça evidente, ou seja, uma correspondência relativamente unívoca tenha sido encontrada, ainda poderemos pensar em outras interpretações que façam justiça ao critério da evidência. Pode ser também que outra pessoa encontre outra interpretação. Isso pertence à natureza do símbolo.

Símbolos são categorias condensadas: uma multidão de associações é comprimida num símbolo, o que é um aborrecimento para nossa necessidade de clareza, mas um tesouro para nossa necessidade de mistério e riqueza de sentido.

Mas os símbolos também nos trazem lembranças de âmbitos da vida que gostaríamos de esquecer, despertam expectativas que nos angustiam, porque não se conciliam com a autoimagem que criamos. Por isso, o envolvimento e o trabalho com símbolos podem provocar mecanismos de defesa.

Apesar dessas dificuldades, apesar dos mecanismos de defesa, é certo dizer que, se um símbolo é emocionalmente significante para nós, ele canaliza nosso interesse, e o notamos ao encontrá-lo na literatura, em conversas, na arte etc. Começamos a nos lembrar de nossa biografia sob o prisma do símbolo ativado; muita coisa do passado se torna visível, não só de nosso próprio passado, mas também do passado das pessoas que conhecemos da mitologia, dos contos de fadas, da arte e da literatura. Além disso, a aparição dos símbolos também está conectada à expectativa e – ainda que a razão nos aconselhe o contrário – à esperança de uma abertura, de uma vida melhor.

**Formações de símbolos como processo**

Mesmo que surja um símbolo essencial, ele raramente é concebido e vivenciado como uma grande e súbita iluminação. É bem mais frequente que um símbolo se aproxime da consciência num processo simbólico.

Para ilustrar isso, acrescento aqui uma série de imagens de uma mulher de 42 anos. A maior parte das imagens se originou fora de um contexto terapêutico e indica *o processo de formação de símbolos no âmbito de uma problemática com a mãe*. Conheço essa mulher de seminários com duração de uma semana sobre o tema "Conto de fadas como terapia".

A dinâmica dos símbolos

Entre o seminário em questão aqui e o anterior, essa mulher havia perdido uma irmã para o câncer. Isso deflagrou nela uma séria crise de identidade, que culminou na pergunta: "Devo agora ser uma mulher como era minha irmã?" Ela ficou depressiva com a morte da irmã.

Quando lembranças de perda causam mais depressão e menos luto, sempre surge a pergunta se isso não se desenvolve em uma pessoa que normalmente apresenta tendências depressivas. Uma imagem que essa mulher pintou cerca de dois anos antes parece confirmar isso (cf. caderno iconográfico, imagem 1).

A imagem transmite uma atmosfera sombria: uma mulher toda de preto ocupa a posição central; ao seu lado, também se vê um corvo, que pode ser compreendido como símbolo de melancolia, mas também de sabedoria profunda e misticismo. A imagem tem uma composição horizontal e retrata um problema em relação ao modo como lidamos com o mundo, pois assumimos um lugar no mundo e nos fixamos nele no plano horizontal. O que chama a atenção é a altura do céu em comparação com a estreiteza do chão em que se pode viver. Com isso, a imagem comunica uma atmosfera espiritual que impressiona por seu caráter potente e cinzento. A mulher não tem rosto, nem as árvores têm folhas, dando a impressão de um inverno psíquico.

Nuvens se avolumam por trás da árvore sob a qual está sentada a mulher. O olhar se concentra nas nuvens lúgubres. A mulher parece ser o centro de um problema. O grupo de árvores se encontra mais à esquerda, numa área associada ao inconsciente coletivo[2]. Parece que devemos esperar a estabili-

---

**2.** RIEDEL, I. *Bilder*, p. 38s.

zação da vida a partir dessa área, ou seja, do plano interno, e não tanto da vida ativa externa.

Podemos pressupor que essa mulher sempre foi acometida por uma disposição mais sombria, mas agora a morte da irmã foi obviamente vivenciada como se morresse uma parte dela própria. Por isso, ela tem de atravessar um evento de transformação, como normalmente é o processo de luto, deve se tornar ela própria novamente[3]. Essa mulher participa num seminário em que analisamos o conto de fadas *A pequena lua na testa*[4]. O conto trata da separação da mãe boa e da confrontação com a mãe má; a mãe boa está representada por uma vaca – esse seria o símbolo do arquétipo da mãe, do materno numa forma coletiva. Quando o arquétipo da mãe boa foi evocado, quando uma pessoa vivenciou o bom elemento maternal, ele continua eficaz e pode ser experimentado num nível inconsciente, ele se constela em tempos de crise e necessidade.

Esse conto de fadas mostra claramente que a vaca representa uma forma transmutada da mãe, como também fornece proteção e consolo à criança e provoca uma transformação na confrontação com formas malignas. A exclusão e a superação dessa atitude também são um tema essencial desse conto de fadas.

Nesses seminários, os contos são lidos em voz alta e imaginados. Depois os participantes narram uns para os outros quais passagens são fundamentais para eles e suas experiências[5]. Essa mulher não consegue visualizar vaca alguma, mas

---

**3.** Cf. KAST, V. *Trauern*.

**4.** Para o conto de fadas "Pequena lua na testa", cf. *Märchen aus dem Iran*, p. 90.

**5.** Cf. KAST, V. *Märchen als Therapie*.

pode se identificar muito bem com a menina abandonada, excluída em sua confrontação com a mãe má. Insisto no fato de que no conto há uma vaca que pode ajudá-la e não apenas essa menina abandonada com uma mãe terrível. Depois de minha frase bastante precisa: "Mas existe uma vaca boa, dourada nesse conto de fadas", a mulher desenha a vaca (cf. caderno iconográfico, imagem 2).

A vaca do conto de fadas é amarela, o que naturalmente nos faz pensar em ouro. O amarelo e o ouro pertencem ao âmbito solar, ao campo do conhecimento, enquanto as vacas normalmente têm cor de terra. Além disso, a vaca amarela do conto de fadas se encontra numa relação direta com a lua na testa da menina e a estrela em seu queixo, mostrando que a vaca será a mediadora para uma vida mais brilhante, mais leve e com mais conhecimento, o que também auxilia na superação da depressão.

Diferentemente da primeira imagem, a segunda mostra uma melhor proporção entre terra e céu. O lugar onde estava o grupo de árvores é agora ocupado pela menina com a vaca amarela, dourada. Ao insistir em que existia essa vaca, indiquei à mulher um símbolo que ela, por si mesma, teria reprimido. Eu a fiz assimilar o aspecto positivo do arquétipo da mãe em sua visão de mundo. Mas isso não significa que as coisas permaneçam assim ou que os lados negativos tenham sido superados. Embora inicialmente se possa perceber uma grande resistência contra a vaca, a mulher foi se sentindo cada vez mais fascinada por ela.

Depois do seminário (cujo desenvolvimento não descreverei aqui), a mulher vai para casa e continua a pintar. Em determinada fase do seminário, seguimos o caminho da menina pelas diversas águas do lago no conto de fadas. A menina teve de passar por água verde, depois vermelha, preta e, por fim, branca. A mulher, identificando-se com a menina, anda pela água preta. Ela vivencia isso como uma forte sucção e tem grande dificuldade para sair da água. Uma compreensão que poderíamos ter disso é que ela se encontra na sucção da mãe-morte, o que nos induz a perguntar se essa mulher também teria uma tendência de morrer logo após a irmã. Trata-se da questão de saber se ela realmente tem direito de viver depois da morte da irmã (cf. ilustração da p. 33).

Figuras que são bastante dolorosas na imaginação tornam-se mais concretas quando pintadas, mais acessíveis a uma confrontação. Também podemos nos relacionar com o produto artístico, distanciar-nos de seu problema ao contemplar e processá-lo ao mesmo tempo. A identificação com o problema é abolida, o que significa que foi dado o primeiro passo para a conscientização.

Na pretidão da figura, brilha uma luz amarela clara à direita, o lado que associamos à consciência; uma abertura para o "você" ainda está presente. À esquerda na parte de baixo, ainda podemos reconhecer restos de árvores, que talvez sejam da primeira imagem. Podemos sentir o medo da pintora de ser destruída. Por um lado, a imagem gira; por outro, tem uma sucção para a esquerda, embaixo. Ao mesmo tempo, ela também comunica a impressão de um túnel, uma passagem, um canal de nascimento, o que traz à tona a temática do renascimento, da saída da depressão para a luz. O senso de vida parece enegrecido ou ainda preto; a cor do corvo se faz notar novamente. Mas o preto também é uma cor que simboliza o início, o ainda não separado, e talvez também o desespero. Essa situação é captada pela imagem 3 (caderno iconográfico). A pintora escreve a respeito:

> A menina no rio preto é preta. O túnel do rio é preto com uma abertura cinza. A menina tem um medo terrível de ser puxada de volta para o rio preto. Mas, de repente, vi a vaca amarela, dourada, olhando para dentro do túnel. Iniciei uma conversa com a vaca e a menina. A vaca queria fazer a menina sair, mas não foi possível. Como a vaca não conseguiu puxá-la para fora, achei que ela não fosse capaz de sair.

Ao se entregar ao processo simbólico, a pintora é cada vez mais influenciada por esse acontecimento; também se identifica claramente com a menina e dá uma forma artística e imaginativa a esse processo[6]. A vaca e a menina estão no centro dessa quarta figura; olhar para a vaca é como olhar num espelho na profundidade; essa perspectiva da vaca produz uma

---

**6.** Cf. KAST, V. *Imagination.*

transformação em toda a imagem. A menina espelha-se, por assim dizer, no rosto da vaca, no rosto do elemento materno positivo. Portanto, a pretura desesperada constelou a vaca dourada, ou em outras palavras: o aspecto negativo do arquétipo constelou também seu aspecto positivo, no sentido da autorregulação. Mas nada se modificou no plano da vivência, a mulher ainda não tem a experiência de que a vida pode ser também mantenedora e não apenas ameaçadora; não há apenas a pretidão e a morte, também existe alguma coisa que sustenta a vida.

Enfim, a pintora se lembra de que uma varinha de condão apareceu num conto em que ela havia trabalhado. Também se lembra de que é possível desejar alguma coisa com a varinha, que faria surgir esperança e uma nova perspectiva. Essa lembrança pode ser vista como efeito do arquétipo materno positivo, na medida em que a pintora, nesse estado de espírito sombrio, pode ver, de repente, uma nova perspectiva e se lembrar de que há uma varinha mágica, isto é, uma possibilidade de mudança criativa enquanto vivermos. Isso também seria, portanto, o efeito do arquétipo positivo em oposição ao efeito do negativo, que acredita somente na morte. A consequência dessa lembrança da vara de condão é que a mulher, subitamente, percebeu como a menina pode sair do túnel (cf. caderno iconográfico, imagem 4).

> A vaca sente que isso não é possível com a menina e a transforma numa bezerra. Como bezerra, ela pode subir para fora, tem na vaca uma mãe da mesma espécie. Como garota, teria ficado sozinha.

Pelo espelhamento, a própria menina se torna uma bezerra. Imagens arquetípicas também atuam no sentido de que, de repente, vemos a nós mesmos no espelho do arquétipo; em nosso exemplo, a mulher não se vê apenas como uma criança que é arrastada pelo fluxo preto, mas também como uma filha da mãe-vida nutridora. Nesse sentido também se pode reconhecer um pertencimento a uma determinada temática da vida, razão pela qual a mulher pode dizer que a menina não estava mais sozinha. A menina se transforma ao ser vista, por assim dizer. Num nível simbólico, teve início uma estreita simbiose.

A pintora diz que a próxima imagem lhe ocorreu imediatamente depois (cf. caderno iconográfico, imagem 5). A bezerra mama na vaca, que a lambe. E então:

> Naturalmente, essa imagem é bastante incômoda para mim por causa dos desejos regressivos e coisas desse tipo... Eu mesma estou completamente surpresa com a última cena, porque, emocionalmente, pela primeira vez não senti nojo, repulsa na identificação com a bezerra mamando, mas um sentimento agradável; sinto calor e a pele em volta do meu nariz. Para mim, o fato de a garota ter saído do fluxo do túnel é mais importante do que o sentimento de vergonha.

O horizonte dessa imagem move-se bastante para cima, há muito mais terra, muito mais mundo onde se pode viver. O canal de nascimento ainda está presente; a pintura representa uma simbiose no nível arquetípico. De um lado, a pintora pode experimentar emocionalmente que a vida também é nutridora e protetora, mas, de outro, ainda se envergonha dessas tendências regressivas – e isso ocorre porque ela se identifica com a bezerra e, aparentemente, me identifica com a vaca. Ou seja, até mesmo quando são representados fora da relação terapêutica, esses processos simbólicos sempre estão ligados a uma situação de transferência-contratransferência caso tenham sido iniciados na terapia. Obviamente, se os processos simbólicos são percebidos, vivenciados e representados no curso de uma terapia, a transferência e a contratransferência serão ainda mais claras. Portanto, esses processos simbólicos jamais podem ser observados isolados dos processos de relação, ainda que às vezes os ofusquem em sua descrição.

Quando trabalhamos em processos simbólicos, há certas atitudes que os promovem e outras que os inibem. Atitudes defensivas da consciência exercem um efeito nesse processo. Não há alteração simplesmente de um plano de obscuridade para algo nítido, do caos para algo significante; os processos simbólicos são influenciados pelos processos defensivos. Nisso, há regressos a estágios que pensávamos ter superado.

Isso se torna nítido em outra imagem bastante escura. A pretura é contrastada apenas pela bezerrinha amarela que sai da mulher de preto e pela vaca mãe também amarela, que olha pela abertura do lado direito. Talvez a mãe arquetipicamente escura seja constelada de novo nessa imagem por causa da crítica à imagem anterior, em que pudemos reconhecer a oscilação da pintora entre o nível de transferência pessoal, quando ela transfere a vaca para mim, e o nível de transferência simbólica. Nessa simbiose, que é representada e experimentada no nível de imagem arquetípica, vários desejos de proximidade, de afeição podem ser permitidos numa atmosfera pré-verbal protegida, sem que alguém seja explorado e outro se envergonhe. No entanto, se ficar claro que aqui também está ocorrendo uma transferência pessoal e que essa imagem arquetípica é transferida para uma pessoa, serão ativadas todas as reações que temos à disposição quando nos tornamos tão dependentes de outro indivíduo. Por isso, a pintora sente vergonha; isto é, ela se expõe em seu desejo de autorreali-

zação nessa situação positiva e vê sua aspiração como algo inadequado.

Mas a vergonha sempre significa profunda insegurança em nosso si-mesmo. Tratamos a nós mesmos como nos trataria uma mãe envergonhadora. Esse é um possível motivo para a figura de preto reaparecer.

Outra possibilidade consiste no fato de que as imagens anteriores haviam salientado de tal modo o efeito positivo do arquétipo materno que agora deve aparecer uma contraconstelação. Um âmbito materno arquetípico jamais se mostra apenas em seu lado brilhante; lados claros e escuros desse âmbito arquetípico devem ocorrer juntos para que a vida não seja ilusória e depressiva.

Essa figura representa a tentativa de deixar a pequena bezerra nascer da mulher de preto. Foi, portanto, uma regressão para nos assegurar de que alguma coisa nova realmente havia sido criada. A bezerra, símbolo das novas e positivas

possibilidades de vida, teve de ser arrancada pela pintora de seus pensamentos e sentimentos escuros.

Mas inicialmente isso se revela um fracasso, como mostra a figura anterior. A mulher de preto cai num sorvedouro que a puxa para baixo, à esquerda. O amarelo desaparece por completo. Toda a imagem é preta e comunica nitidamente uma sucção para trás. No entanto, há ainda uma corrente, uma contracorrente em direção à abertura do túnel ou do canal de nascimento, que diminui de tamanho, mas mostra que a abertura para o "você" ainda existe. A pintora, contudo, parece ter caído na influência do arquétipo materno no aspecto escuro, devorador, o que certamente significa que ela agora está bastante desesperada e depressiva.

Na imagem seguinte (cf. caderno iconográfico, imagem 6) fica claro que um nascimento ocorreu a partir da escuridão. Nessa imagem, os lados escuro e claro são vivenciados juntos. A mulher de preto sai para a campina, as pessoas podem se relacionar com ela. A bezerrinha olha com grande curiosidade para a vaca, que, de algum modo, entra em conexão com a mulher de preto! A respeito disso, a pintora diz que a bezerra deve ir embora porque a vaca não lhe dá atenção. Todo o complexo de solidão e abandono é fixado nessa bezerra, que, a meu ver, não parece muito abandonada, mas sim audaciosa. Fica evidente que o tema da problemática da separação ainda será mais trabalhado. Além disso, a imagem novamente mostra que ocorreu aqui um nascimento duplo: a bezerrinha nasceu da claridade, mas também da escuridão. Isso significa que o arquétipo materno é vivenciado tanto no aspecto claro como no escuro, que a vida é, portanto, possível, embora também exista esse aspecto escuro. Com isso se alcança uma primeira fase da problemática da separação, como a conhecemos da fase da individuação-separação da criança (6º mês até 36º mês[7]); isto é, por meio desse processo simbólico, foi dado um primeiro passo de separação – um passo em direção à autonomia, sem o medo de destruição. O tema "separação" ainda está pendente e deve ser mais trabalhado.

Nesse ponto da formação de imagens simbólicas, a mulher solicita uma conversa (a série de imagens foi pintada dentro de três meses) por achar que um importante processo simbólico está ocorrendo nela.

Esse exemplo demonstra que os símbolos raramente são acessíveis à consciência num ato criativo. Em geral, eles são trazidos à consciência mediante processos simbólicos; trata-se de vivenciar, formar e também, por fim, interpretar esses processos.

---

**7.** Cf. MAHLER, M. et al.

Cada imagem formada aqui também simboliza um aspecto do desenvolvimento; processos defensivos, como também situações de relação e transferência, desempenham nisso um papel fundamental.

Para a experiência dessa mulher, as imagens formadas, o primeiro plano, por assim dizer, e também a coisa mesma encontram-se numa relação misteriosa com as possibilidades ocultas, sustentadoras da vida, que não são totalmente compreensíveis, mas podem ser vivenciadas.

**Símbolo e o objetivo da terapia**

Quando os símbolos são vivenciáveis num processo terapêutico, temos a experiência de nos sentir mais vivos, mais emocionais. Há a confrontação entre o inconsciente e o consciente.

No símbolo, tornam-se visíveis não só nossas dificuldades atuais e específicas, mas também nossas especiais possibilidades de vida e desenvolvimento; nas dificuldades também se encontram possibilidades de desenvolvimento.

Os símbolos deixam isso claro, pois também exprimem inibições da vida, frequentemente em conexão com lembranças que eram reprimidas e agora são evocadas por eles. Ao mesmo tempo, no entanto, também abordam um tema de vida que aponta para o futuro. O símbolo, como foco do desenvolvimento psíquico, por assim dizer, é portador do desenvolvimento criativo num processo terapêutico. Portanto, o processo de individuação pode tornar-se vivenciável e visível no símbolo.

Uma suposição básica da psicologia junguiana é que é inerente à psique uma tendência de se desenvolver, de estar em movimento, o que faz dela um sistema autorregulador. O objetivo de uma terapia junguiana também se baseia na ideia de desenvolvimento. Jung formulou isso num ensaio de 1929:

> O efeito que busco é produzir um estado psíquico em que meu paciente começa a experimentar com sua própria natureza, onde nada está eternamente dado e irremediavelmente petrificado, um estado de fluidez, de mudança e vir-a-ser[8].

Esse objetivo terapêutico utópico mostra o que deve ser o objetivo da terapia: as pessoas não são mais fixas, tornam-se flexíveis, aprendem a aceitar muitas influências possíveis em sua vida. Penso que, como concepção ideal, o objetivo terapêutico formulado por Jung continua bastante estimulante. Mas outro objetivo terapêutico igualmente essencial poderia ser aprender a lidar com "épocas de seca", suportar estagnações até o ponto em que realmente nasça algo novo, tolerar tensões sem promessa de sucesso.

A formulação otimista do objetivo terapêutico de Jung deve ser explicada pela euforia inicial do pioneiro. Hoje nos tornamos mais concretos, talvez também mais modestos. Mas nosso objetivo terapêutico continua sendo o de lidar criativamente com a vida, de estar a caminho, mas também de poder lidar com períodos de estagnação. E, sobretudo, de poder aceitar a si mesmo como pessoa em transformação, com todos os ângulos e arestas que temos e nos constituem. O objetivo também seria – o que já está contido na definição de Jung – assumir o risco de ser si mesmo. Fromm formula isso de maneira bem mais drástica ao dizer: "Há pessoas que ainda não nasceram, e é preciso nascer antes de morrer"[9]. Segundo Fromm, nascemos por meio da criatividade.

---

**8.** JUNG, C.G. "Ziele der Psychotherapie". *GW* 16, § 99.

**9.** Cf. FROMM p. 53: "Ser criativo significa considerar todo o processo de vida um processo de nascimento, e não ver cada estágio de vida como um

O desenvolvimento criativo que leva a esse objetivo terapêutico torna-se visível no símbolo e é transmitido à consciência por meio dele também. No ensaio "A função transcendental", de 1916[10], Jung escreve amplamente sobre a formação de símbolos. Descreve como as tendências inconscientes e conscientes que podem ser contrapostas se mostram no símbolo, ou seja, um terceiro elemento; descreve como as posições opostas do consciente e do inconsciente são superadas nesse símbolo. Jung explica com veemência o processo – seguindo o pensamento da época na psicologia profunda: se os opostos se chocam, ou as intenções do consciente e do inconsciente se contradizem, a dinâmica psíquica se paralisa. Em seguida, a energia psíquica anima no inconsciente uma imagem que une em si as duas posições. Essa imagem é, então, novamente projetada na vida atual, mas mostra, com isso, quais tendências são opostas. Em geral, vivenciamos tendências opostas como tensão.

Jung descreveu o processo de formação de símbolos em 1916 do mesmo modo como, em princípio, descrevemos hoje o processo criativo, especialmente a fase da incubação. Essa fase é a segunda no processo criativo. Na primeira, tentamos resolver um problema com os velhos métodos, o que, entretanto, não é bem-sucedido. Em seguida, reunimos muita informação no intuito de encontrar uma solução. Em algum momento desistimos, pois sabemos que esse procedimento não conduzirá ao objetivo. Começa a fase de incubação. Perdemos a concentração, a tensão. O inconsciente ativado entra no lugar da concentração consciente. Conscientemente

---

estágio final. A maioria das pessoas morre antes de nascer completamente. Criatividade significa nascer antes de morrer".

**10.** Cf. JUNG, C.G. "Die transzendente Funktion". *GW* 8, § 131ss.

A dinâmica dos símbolos

nos sentimos frustrados, apreensivos, insatisfeitos; nós nos entregamos a fantasias que aparecem aos montes e recordamos sonhos. Também conhecemos essa fase de incubação em decisões menores: de repente, temos a sensação de não mais saber como nos decidir, sentimo-nos frustrados, com raiva de nós mesmos; nossa autoestima afunda. Na linguagem cotidiana também temos expressões para essa fase de incubação, como: "Estou ruminando isso", ou: "Está martelando na minha cabeça, mas estou tão indeciso, improdutivo". E, de repente, temos uma ideia de como podemos agir.

A fase de incubação é seguida, no processo criativo, pela fase da compreensão, da ideia súbita, que pode perfeitamente ser acessível ao consciente na forma de um símbolo.

A descrição do processo criativo[11] coincide com a definição junguiana do processo de formação de símbolos de 1916. Pois, basicamente, a ideia de Jung é que, pelo trabalho com símbolos em inúmeros pequenos atos criativos, finalmente nos tornamos nós mesmos.

Processos de mudança na psique como sistema autorregulador[12] provocam transformação no complexo do eu e também, portanto, na experiência sem que o caráter da identidade original se perca – esses processos são trazidos à consciência pelos símbolos e pela formação deles. Mas seria errôneo levar em conta nesses processos apenas o momento do nascimento do símbolo. É verdade, a comparação com o processo criativo mostra que o essencial do processo simbólico deve ser visto no lampejo de uma nova ideia e também, portanto, na experiência de um novo sentimento de vida, mas esse aspecto

---

**11.** Cf. MATUSSEK, D.

**12.** JUNG, C.G. "Die transzendente Funktion". *GW* 8, § 159s.

essencial é precedido por um longo processo de insegurança, frustração, de dura confrontação consciente. A asserção de Jung de que a psique é um sistema autorregulador talvez não esteja correta nesse caráter exclusivo em que ele a formula. A psique parece ser um sistema autorregulador contanto que o complexo do eu seja suficientemente coerente. Ainda tratarei minuciosamente desse tema no capítulo "Aspectos do complexo do eu".

# 3 Aspectos do complexo

Símbolos são focos do desenvolvimento humano. Eles condensam temas existenciais, abordam temas de desenvolvimento e, em conexão com estes, temas de inibição. Isso se torna nítido quando consideramos que símbolos retratam complexos. Jung diz que os complexos desenvolvem uma singular atividade de fantasia. No sono, a fantasia aparece como sonho, mas também na vigília continuamos a sonhar sob o limiar da consciência "em virtude de complexos reprimidos ou, de alguma outra maneira, inconscientes"[1].

Jung, já em 1916, apontou os conteúdos com ênfase emocional que são o ponto de partida de imaginações, isto é, formações de fantasias, sequências de imagens etc. Este é o ponto de partida da formação de símbolos. Esses complexos são centros de energia construídos em torno de um cerne de significado afetivo, supostamente provocados por uma dolorosa colisão do indivíduo com uma exigência ou um evento no mundo circundante para os quais não está preparado. Cada evento semelhante é, então, interpretado no sentido do complexo e ainda o intensifica[2]. Portanto, os complexos represen-

---

**1.** JUNG, C.G. "Die Probleme der modernen Psychotherapie". *GW* 16, § 125.

**2.** JUNG, C.G. "Über die Psychologie der Dementia Praecox", especialmente: "Der gefühlsbetonte Komplex und seine allgemeinen Wirkungen auf die Psyche". *GW* 3, § 77-106.

tam os pontos suscetíveis a crises no indivíduo. Mas eles são ativos como centros de energia, o que se exprime na emoção e constitui grande parte da vida psíquica. Muitas coisas estão contidas no complexo, impedindo que o indivíduo continue a se desenvolver pessoalmente. Mas eles também contêm os germes de novas possibilidades de vida[3]. Esses germes criativos se revelam quando aceitamos os complexos, quando permitimos que se desdobrem em fantasias e, portanto, em símbolos. Todos nós temos complexos; eles exprimem temas de vida, que também são problemas de vida. Constituem nossa disposição psíquica, da qual ninguém pode escapar. Os símbolos são, portanto, expressão de complexos, mas também, ao mesmo tempo, estações de processamento dos complexos. Os complexos, em si, não são visíveis. Podemos experimentar a emoção que lhes é própria; os modos de comportamento estereotipados no âmbito do complexo também são perceptíveis. Os complexos se tornam visíveis nos símbolos, por meio de fantasias. Pois onde há emoções, também há imagens. Os complexos se fantasiam, por assim dizer, nos símbolos[4].

Pode-se dizer resumidamente a respeito do complexo[5]: define-se um complexo (de *complexus* = inclusão, cerco, abarcamento) como conteúdos do inconsciente que são unidos pela mesma emoção e por um cerne de significado comum (arquétipo) e podem, em certa medida, representar uns aos outros. Todo evento afetivamente carregado torna-se um complexo. Não são apenas os grandes acontecimentos traumáti-

---

**3.** JUNG, C.G. "Allgemeines zur Komplextheorie". *GW* 8, § 210.

**4.** Para essas explanações, cf. KAST, V. *Die Bedeutung der Symbole*.

**5.** KAST, V. *Das Assoziationsexperiment*, p. 9ss. • JUNG, C.G. "Allgemeines zur Komplextheorie". *GW* 8.

A dinâmica dos símbolos

cos que produzem complexos, mas também aqueles pequenos eventos sempre recorrentes que nos ferem. Se os conteúdos do inconsciente são abordados no nível da emoção ou do significado, todas essas conexões inconscientes são ativadas (consteladas) juntamente com sua correspondente emoção de toda a história de vida e dos resultantes modos de comportamento desajustados, que se desenrolam estereotipadamente. Esse processo decorrerá com autonomia enquanto o complexo for inconsciente. Quanto maiores a emoção e o campo de associação, mais forte é o complexo, mais as outras forças são marginalizadas ou reprimidas. A força do complexo pode ser descoberta com o experimento da associação, evidentemente apenas em relação a todos os complexos que uma pessoa revela no experimento. Se os complexos constelantes não se tornam conscientes, eles serão encontrados como projeções. Se o eu consegue estabelecer contato com o complexo e experimentar e configurar as imagens e as fantasias emergentes, a energia inerente a um complexo pode então se tornar uma energia que vivifica a pessoa inteira. Os complexos também são vivenciados fisicamente, pois o essencial neles é a emoção, que também é experimentada fisicamente.

A teoria do complexo tem uma semelhança muito grande com a teoria dos sistemas COEX, tal como descrita por Stanislav Grof[6]. Os sistemas COEX são "systems of condensed experience". Trata-se aqui de específicas constelações de lembranças de experiências e fantasias condensadas, ordenadas em torno de um tema básico semelhante e carregadas de uma forte emoção da mesma qualidade. Elas influenciam a maneira como percebemos a nós mesmos e o mundo, nossos

---

**6.** Cf. GROF, S.

sentimentos, nossa formação de ideias, mas também nossos processos somáticos.

Hoje, todo mundo sabe que temos complexos, e os que mais nos atormentam são aqueles da esfera da autoestima. O valor de si próprio é a emoção que constitui o complexo do eu; o complexo de inferioridade se tornou tremendamente popular. Aqui é necessário dizer com mais precisão que temos um complexo no âmbito do sentimento do valor próprio, pois os complexos de inferioridade sempre são acompanhados pelos de superioridade.

Por isso, não podemos falar apenas de complexos como conteúdos do inconsciente, mas também devemos levar em conta que o complexo do eu, além de ter sido definido como complexo por Jung, representa até mesmo o complexo central. No experimento da associação é possível desenvolver a paisagem de complexo de uma pessoa em sua relação com o complexo do eu.

**Vivência do complexo**

Teoricamente, os complexos devem ser vistos como estrutura abstrata do inconsciente, e são componentes psíquicos extremamente efetivos em nossa vivência. Como experimentamos nossos complexos?

Exponho aqui a típica vivência de um complexo no complexo "de ser ignorado": há pessoas que, quando ignoradas, reagem complexadamente. Pessoas que julgam o fato de ser ignoradas apenas como negativo são incapazes de ver que às vezes não há nada de errado em ser ignorado. Jung diz a respeito do complexo: "Ele nasce obviamente do choque entre uma exigência de adaptação e a constituição especial do indivíduo, inadequada para essa exigência"[7]. Basicamente (ou em grande medida), a criança pode receber uma exigência de adaptação apenas das pessoas que lhe são mais próximas, de modo que podemos supor que os complexos retratam os padrões difíceis de nossa infância e de nossa vida posterior, juntamente com os afetos e as condutas estereotipadas ligados a esses padrões. Portanto, no complexo de ser ignorado se encontram a criança que não foi reconhecida e sua vivência com as pessoas mais próximas que desprezaram suas necessidades. Quando examinamos o cerne arquetípico desse complexo, percebemos que se trata de uma temática vítima-agressor. A criança ignorada seria uma vítima, e em algum lugar estaria alguém que a ignora, justamente um agressor. Mas não estou falando do complexo vítima-agressor, pois este pode se referir a muitos temas possíveis. Prefiro falar com mais precisão do complexo "ser ignorado".

Quem tem um complexo no âmbito do ser ignorado suspeita o tempo todo que poderia ser novamente ignorado. A vida toda é observada sob o aspecto do "Estou sendo ignorado?" (Também podemos questionar a vida com base em constelações de complexos totalmente diferentes, por exemplo: "Estou sendo desafiado? Não estou sendo desafiado?" Também poderíamos ver a vida sob o aspecto "bons acasos imerecidos" etc. É instigante considerar de quais e quantas perspectivas normalmente encaramos nossa vida. Vale perguntar: existem variantes, ou nós, talvez condicionados pela situação ou por nossa personalidade, ficamos apenas sob uma constelação de complexo que nos permite apenas uma perspectiva sobre a vida?)

---

**7.** JUNG, C.G. "Psychologische Typologie". *GW* 6, § 991.

Além dessa suspeita, existe a projeção baseada na seguinte concepção: "As pessoas têm, antes de tudo, a intenção de me ignorar". Essa forma de transferência de uma situação de vida da tenra infância (= projeção) pode resultar em que a pessoa seja realmente ignorada porque ela praticamente sugere aos outros que o façam.

Pessoas com esse complexo desenvolvem, além disso, uma pronunciada sensibilidade para situações de ser ignorado, não apenas no que concerne a si mesmas, mas também aos outros. Elas sabem quando as pessoas estão sendo ignoradas e podem, por exemplo, escrever belos tratados sobre o tema. Pois os complexos guiam nossos interesses e frequentemente nos dão energia para trabalhar esses temas. A sensibilidade para situações no cotidiano pode conduzir à atividade política, porque a pessoa quer remediar, em nível coletivo, uma área negligenciada. O fato de que essa atividade política tem a ver com nossa própria constelação de complexo nada diz contra sua legitimidade coletiva.

Até agora descrevi o efeito de um complexo importante, que está presente sem que tenha sido especificamente abordado – constelado. No entanto, um complexo pode ser especialmente abordado, isto é, constelado: internamente, por um sonho ou uma fantasia; externamente, ao nos encontrarmos com uma pessoa na qual podemos com facilidade projetar nossos próprios complexos, ou ao cairmos numa situação que ativa o antigo tema de vida e, portanto, a velha ferida. No caso do complexo "ser ignorado", isso significaria que a pessoa com essa marca de complexo é realmente ignorada ou se sente ignorada. Ela é tomada por uma forte emoção: pode ser fúria ou medo, bem como um sentimento específico, talvez também uma combinação de diferentes emoções que

A dinâmica dos símbolos

foi experimentada na situação marcante. O afeto que forneceu a base emocional ao complexo é novamente vivenciável com incrível intensidade quando o complexo é constelado. Essas emoções são acompanhadas por uma saraivada de lembranças que podem ou ser vagas no sentido de "Isso sempre acontece comigo" ou mais precisas, evocando situações que haviam deflagrado exatamente o sentimento agora experimentado. Aqui ressoa o tema "compulsão da repetição", que também pode ser tratado sob o tema "constelação do mesmo complexo de sempre". O afeto básico – geralmente fúria e medo, vinculados ao sentimento de ofensa e de vergonha por sempre ocorrer a mesma ofensa sem que se faça alguma coisa – provoca um comportamento ou mecanismos de defesa, ambos estereotipados. Estes também podem ser vistos como mecanismos de superação, como funções do eu, que sempre mobilizamos quando o eu está em apuros. Desse modo, o complexo é reprimido, mas não processado.

Se um complexo é tocado, reagimos com emoção exagerada; demonstramos, portanto, uma super-reação, pois, quando o complexo é inconsciente, não reagimos à situação atual, mas a todas as reações semelhantes que experienciamos antes no decorrer da vida. (Às vezes se ouve em brigas de casais: "Você sempre se apega a princípios!" Isso naturalmente quer dizer que alguém sempre pensa de modo categórico e é cheio de princípios, mas significa com frequência: "Você não reage emocionalmente ao que está acontecendo, mas a muitas experiências de sua vida".) Quem sabe alguma coisa sobre seus complexos pode entender que, apesar de haver uma situação deflagradora, a emoção provocada também se dirige a muitas outras pessoas que lhe são mais próximas. A intensidade da emoção exprime um acordo, um ajuste entre a intensidade do complexo e os mecanismos de defesa disponíveis. Mas, em estados de grande excitação, já não podemos dizer que temos complexos; ao contrário, os complexos nos têm[8]. Nessa situação, sentimo-nos presos, entregues a um acontecimento interno que não podemos mais influenciar. Normalmente, essa constelação de complexo termina num sentimento de vergonha; vergonha por estarmos aquém de nossas possibilidades de controle, por sermos bem menos autônomos do que imaginávamos.

Nessa constelação de complexo é impossível controlar a situação por meio da vontade, pois é precisamente o complexo constelado que anula nosso livre-arbítrio. Quanto maior a excitação ligada ao complexo e quanto maior a intensidade emocional do complexo, menor será nosso livre-arbítrio.

O modo de lidar com os complexos não pode ser nem a defesa nem o controle. Trata-se de deixar o complexo se exprimir em fantasias, de ver e compreendê-lo nos nossos padrões de relacionamento e integrá-lo à consciência pelo trabalho com os símbolos.

Caso estejamos relativamente conscientes de nossa estrutura de complexo, podemos também esperar reações complexadas em certas situações. Essa consciente expectativa de reações complexadas também pode trazer grande alívio. Registramos minuciosamente como reagimos numa situação que estimula, por exemplo, o complexo de autoridade e, na próxima situação desse tipo, podemos dizer a nós mesmos: "Agora meu corpo deveria reagir assim e assado, agora eu deveria sentir esse medo etc." Essa maneira de "contornar" o complexo é mais bem-sucedida quando acompanhada pela conscientização.

---

**8.** JUNG, C.G. "Allgemeines zur Komplextheorie". *GW* 8, § 200.

## Definições do complexo

Jung descobriu os complexos ao trabalhar com o experimento da associação, que repousa no princípio de que as pessoas, em qualquer momento, estão em condição de conectar ideias, e de que uma ideia facilmente chama outra à consciência. Basicamente, pode-se formar uma cadeia de associações a partir de qualquer palavra; em termos linguísticos, certas cadeias de associação são mais firmemente concatenadas do que outras. No experimento de associação, menciona-se uma palavra e pede-se ao indivíduo testado que reaja da forma mais rápida possível com uma palavra que lhe ocorrer. Originalmente, isso deveria permitir estudar a velocidade e a qualidade da reação.

Em seguida, Jung voltou seu interesse para as reações que surgiam com atritos, em que as pessoas, por exemplo, não reagiam com outra palavra, mas sorriam, demonstravam um movimento corporal, repetiam a palavra etc. Depois de um questionamento, constatava-se que o estímulo e a palavra provocadora tinham abordado uma experiência de vida problemática, um complexo.

O experimento de associação[9] é uma possibilidade de diagnóstico para determinar a relação entre a paisagem do complexo e o complexo do eu. Descobriu-se nisso que os complexos estão entrelaçados e se encontram numa relação especial com o complexo do eu. O que pode ser desenvolvido em condições experimentais também faz parte da vivência cotidiana. Todos nós sabemos que há palavras-estímulo para nós, palavras que abordam âmbitos de complexo, que nos levam a reagir com

---

**9.** Cf. JUNG, C.G. "Experimentelle Untersuchungen". *GW* 2. • KAST, V. *Das Assoziationsexperiment.*

um complexo. Faz parte desse reagir complexado o fato de que a emoção associada ao complexo é vivenciada uma vez, mas também depois se manifesta com bastante frequência em fenômenos físicos ou em signos expressivos, como, por exemplo, em gestos, caretas etc. Jung também considera os complexos "as *unidades vivas da psique inconsciente*, cuja existência e constituição só podemos essencialmente conhecer por meio daqueles [dos complexos, V.K.]" [itálicos V.K.][10]. Em outra passagem, ele fala de complexos como "pontos focais ou nodais da alma psíquica, que não gostaríamos de perder; de fato, que não *devem* faltar, pois, do contrário, a atividade psíquica entraria num estado de paralisia fatal. Mas eles designam as coisas inacabadas no indivíduo, o lugar onde ele, ao menos por enquanto, sofreu uma derrota, onde não pode se consolar de alguma coisa nem superá-la; portanto, o *ponto fraco* em todos os sentidos da palavra"[11]. Nessa passagem, Jung também diz que os complexos resultam "do choque entre uma exigência de adaptação e a constituição especial do indivíduo, inadequada para essa exigência"[12] e acrescenta que o primeiro complexo nasce do choque com os pais e é, portanto, o complexo parental.

Em *Psicogênese das doenças mentais*, Jung descreve que todo evento carregado de afeto se torna um complexo.

> Se o evento não encontra um complexo relacionado, já existente, e tem apenas significação momentânea, ele afunda gradualmente, com tom afetivo declinante, na massa latente das lembranças, onde permanece até que uma impressão relacionada o

---

**10.** JUNG, C.G. "Allgemeines zur Komplextheorie". *GW* 8, § 210.

**11.** JUNG, C.G. "Psychologische Typologie". *GW* 6, § 990.

**12.** Ibid., § 991.

A dinâmica dos símbolos

reproduza. Mas se um evento carregado de afeto encontra um complexo já existente, ele o reforça e o ajuda a predominar por algum tempo[13].

O que Jung descreve aqui são conhecimentos também formulados pela teoria do aprendizado, em que se baseia a terapia comportamental. Esses fatos da teoria do aprendizado desempenham papel importante no trato com complexos; são importantes de modo geral nas terapias, mesmo que elas não sejam chamadas teorias comportamentais.

Os complexos aparecem personificados no sonho[14]. Em Jung, o complexo desempenha um papel central para a compreensão das neuroses, pois, segundo ele, todas as neuroses contêm um complexo que se distingue de outros por ser fortemente carregado e, por isso, obriga o complexo do eu a se manter sob sua influência[15].

Esse contexto também inclui a concepção junguiana de que os complexos são psiques parciais fragmentadas[16]. Em *Tipos psicológicos* ele formula em termos menos precisos:

> Por tudo o que sabemos sobre eles, os complexos são grandezas psíquicas que escaparam ao controle da consciência e, destacados dela, levam uma existência separada na esfera escura da alma, de onde podem a qualquer momento impedir ou promover funções conscientes[17].

---

**13.** JUNG, C.G. "Über die Psychologie der Dementia Praecox". *GW* 3, § 140.

**14.** JUNG, C.G. "Allgemeines zur Komplextheorie". *GW* 8, § 203.

**15.** JUNG, C.G. "Die Dynamik des Unbewussten". *GW* 8, § 207s.

**16.** JUNG, C.G. "Allgemeines zur Komplextheorie". *GW* 8, § 204.

**17.** JUNG, C.G. "Psychologische Typologie". *GW* 6, § 988.

E essa "psique pequena, isolada" desenvolve uma atividade fantasiosa.

No sono, a fantasia aparece como sonho. Mas, na vigília, também continuamos a sonhar sob o limiar da consciência, especialmente em virtude dos complexos reprimidos ou, de alguma outra maneira, inconscientes[18].

Aqui está formulada a relação direta com o símbolo. No entanto, parece-me essencial levar em conta esse aspecto das psiques parciais ou das psiques fragmentadas, mesmo que não seja claro por que alguma coisa foi fragmentada. Em termos figurados, é também possível que alguma coisa não tenha sido integrada ao complexo do eu. O fato de o complexo não consistir simplesmente em algo reprimido, mas também em elementos inconscientes que ainda não podem ser conscientes também indica que não se trata necessariamente de psiques fragmentadas, mas de conteúdos psíquicos que ainda não estão relacionados ao complexo do eu. Há algo que poderíamos chamar de complexos específicos à idade: por exemplo, na meia-idade (dos 40 aos 55) a morte é experienciada como um complexo e, talvez também, a morte e a velhice. Pessoas que antes lidavam tranquilamente com o envelhecimento e a inevitabilidade da morte e não fugiam quando se deparavam com essas situações existenciais reagem exageradamente com angústia e depressão. Só agora esse complexo é existencialmente experienciável e precisa ser ligado à consciência.

Durante a vida, podem surgir complexos em conexão com temas de desenvolvimento.

---

18. JUNG, C.G. "Die Probleme der modernen Psychotherapie". *GW* 16, § 125.

A dinâmica dos símbolos

O aspecto da psique parcial parece-me importante na medida em que hoje falamos frequentemente de fragmentação do complexo do eu e do fato de o complexo do eu perder sua coerência, ou o homem perder seu sentimento de identidade e ter a impressão de que é determinado por "entidades" psíquicas diversas. Poderíamos explicar essa experiência pela concepção junguiana de que os complexos totalmente inconscientes se comportam como psiques parciais, ou ao menos conectar essa experiência a essa ideia. Trata-se, portanto, de ligar complexos inconscientes à consciência, especialmente porque a energia que se exprime no distúrbio emocional e constitui o complexo é, na visão de Jung, precisamente a energia que a pessoa sofredora necessita para continuar a se desenvolver. Isso fornece outra indicação da autorregulação da psique: se não é reprimida no distúrbio, há a possibilidade de cura.

Mas, para entrar em contato com os complexos, com o distúrbio, devemos nos voltar para as fantasias, os sonhos, os padrões de relação, para os símbolos em geral. Os complexos, por assim dizer, se exprimem em fantasias, o que fornece a possibilidade de convertê-los de forças inibidoras em forças promotoras. Isso ocorre na simbolização. Nesse sentido, os símbolos são estações de processamento dos complexos. E também é esse o motivo por que sonhos, imagens e todo o reino das imaginações[19] desempenham papel tão grande na terapia segundo C.G. Jung. Isso significa, em termos práticos, que nos concentramos nas emoções e perguntamos quais são as fantasias e imagens a elas conectadas. Essas imagens podem, então, ser pintadas ou também trabalhadas com a técnica da imaginação e, eventualmente, da imaginação ativa.

---

**19.** Cf. KAST, V. *Imagination.*

O essencial nisso é que o símbolo seja vivenciado, formado e, então, interpretado.

Como *exemplo de uma formação simbólica na confrontação com uma problemática paterna*, introduzimos aqui *uma série de pinturas* de uma mulher de 41 anos. Ela é casada e tem três filhos, entre quatro e oito anos de idade. Sofre de um complexo paterno bastante dominante.

Vale lembrar que os complexos se entrelaçam, motivo pelo qual também falo de paisagens de complexos no contexto do experimento da associação.

Visto que o complexo paterno e o materno se distinguem do complexo parental, sempre temos tanto um complexo paterno como também um materno. Esses complexos têm uma conexão interna. Por exemplo, no caso de um complexo materno positivo, em que o elemento sustentador da mãe é vivenciável, um complexo paterno nunca pode ter um efeito tão destrutivo como tem numa pessoa cujo complexo materno não apresenta essa função sustentadora. Os complexos paterno e materno merecem uma descrição mais precisa: embora tenham componentes típicos, eles são matizados pelas vivências com o pai pessoal e as figuras paternas e pelas vivências com a mãe pessoal e as figuras maternas que o indivíduo encontra no decorrer da vida.

Essa analisanda pinta seu complexo paterno (cf. caderno iconográfico, imagem 7), que é simbolizada no galo. Ela mesma diz a respeito: "Sempre viajo interiormente quando meu pai vem. O galo ainda tem poder sobre mim depois de tão longa confrontação". Ela tem a impressão de que passou a vida toda se confrontando com o complexo paterno, mas ainda continua sob seu poder.

A dinâmica dos símbolos

Essa mulher foi abusada sexualmente pelo pai na infância. O pai, como galo em pose imponente, mostra uma afetação sexual ou certa fantasia sexual, que parecem estar associadas a uma grande tensão, especialmente porque o roxo, que, em si, é uma cor de tensão, contrasta fortemente com a cor laranja, que também é uma cor da excitação erótica[20]. (Roxo naturalmente também poderia ser uma cor de integração, uma cor que une o azul e o vermelho, eliminando, portanto, uma tensão. Mas isso me parece pouco provável na combinação com o laranja.) Emocionalmente esse complexo paterno comunica uma tensão agitada. É a primeira vez que a analisanda representa sua situação dessa maneira.

Nossos complexos mais inconscientes estão sempre numa conexão com o complexo do eu. Nessa pintura, a analisanda também representou a si mesma, sem mãos, pés, pálida frente ao pai emocionalmente vital. Portanto, uma energia e vitalidade imensas estão envolvidas no complexo paterno, que nitidamente faltam ao complexo do eu. Essa imagem corresponde à afirmação da analisanda de que ela "viaja" quando o pai está presente; isto é, ela perde, por assim dizer, sua identidade.

Uma segunda imagem, pintada na mesma época, mostra, talvez com maior nitidez que a primeira, como é quando o complexo paterno da analisanda é constelado (cf. caderno iconográfico, imagem 8). A cabeça do pai ocupa todo o lado direito da imagem. Se a analisanda quisesse percorrer o caminho para a direita, rumo à realização da vida[21], nenhum caminho evitaria o pensamento, as fantasias, as ideias que constituem o complexo paterno. O eu se sente evidentemente pequeno,

---

**20.** Cf. RIEDEL, I. *Farben.*
**21.** Cf. RIEDEL, I. *Bilder.*

com o corpo todo amarrado. Novamente faltam as mãos e os pés: não há possibilidade de segurar alguma coisa, nenhuma possibilidade de realmente encontrar uma posição no mundo. Com essa imagem, a analisanda está dizendo que, quando seu complexo paterno está constelado, ela é praticamente incapaz de se mover, indefesa, violentada, incrivelmente pequena.

A cabeça roxa, por sua vez, transmite tensão; conectada à ave preta, agressiva, ela suscita a impressão de que esse complexo paterno está associado a uma agressividade e uma melancolia consideráveis, uma agressividade que se volta contra a analisanda.

O eu da analisanda, impotente e exposta, permite-nos compreender o que está por trás do elemento inibidor num complexo. Quando esse complexo paterno está constelado – e apenas nessa situação –, esse eu feminino se sentirá fraco, impotente, entregue. Mas nem sempre os complexos estão constelados. No caso dessa mulher, o complexo paterno é constelado sempre que seu pai concreto aparece, um homem já bastante idoso, que apenas gostaria de tomar café com ela e a família. Ela continua a ver nele o homem brutal, explorador de sua infância.

Os complexos são projetados e, portanto, distorcem a percepção: a analisanda não é capaz de ver o homem idoso, que seria muito grato por um pouco de atenção, com o qual talvez também seja possível falar sobre o abuso sexual. Ao contrário, continua a ver o pai que tanto a ameaçou e restringiu. Essa imagem paterna pode também se constelar nela quando ela sonha com o pai. Mas se o complexo não é abordado, nem externamente pelo comportamento paterno de alguma outra pessoa, nem internamente, ela é capaz de ser uma mãe e esposa contente. É verdade, os complexos determinam de modo

A dinâmica dos símbolos

geral nossos interesses e temores, mas são emocionalmente vivenciados como inibidores ou promotores apenas quando estão constelados. Se esse complexo paterno é constelado, todo o padrão de relacionamento pai-eu infantil é transferido. Quando a analisanda transfere esse complexo paterno – especialmente para homens entre 50 e 60 anos de idade –, sente-se impotente. Ela não consegue ver esses homens como eles são, mas vê seu pai e a si mesma como uma menina amedrontada, amarrada.

É preciso lembrar que na psicoterapia trabalhamos com a transferência, com essa percepção distorcida da realidade. As constelações de complexo são transferidas para o terapeuta, mas não no sentido de que um complexo é simplesmente transferido; transfere-se, antes, um padrão de relacionamento, porque todo complexo já sempre se encontra em relação com um eu. Se compreendermos esses padrões de relacionamento, também compreenderemos a criança que sofreu os choques dolorosos com o mundo circundante.

Nessa análise, esse padrão de relacionamento pai restritivo-filha restringida foi ocasionalmente transferido para mim: quando a analisanda me acusa de não lhe dar nenhum espaço, ou quando se expande tanto com um problema que eu tenho a impressão de estar amarrada. Abordar esses estados emocionais, de transferência e contratransferência, alça esse complexo à consciência.

Em situações em que me sinto amarrada pode estar ocorrendo na analisanda uma identificação com seu complexo paterno. Pois não só projetamos nossos complexos, também podemos nos identificar com eles. O eu se identifica com o complexo e, no caso da analisanda, com o lado do agressor. Na verdade, ela é a vítima, o pai é o agressor. Se ela agora se identifica com essa cabeça masculina, nenhum caminho a contorna, todo mundo que lida com ela torna-se facilmente a mulher paralisada. Pode ser também que a questão fique muito intelectualizada. Na identificação com o complexo, podemos perceber todo o poder que ele contém: o que as pessoas agentes do complexo um dia fizeram à criança, a pessoa que se identifica com o complexo faz agora a outras pessoas de seus relacionamentos. Não raro, essas últimas se tornam a criança sofredora que o próprio indivíduo foi. Mas justamente nisso reside a chave para compreender emocionalmente a situação marcante e, assim, modificar a constelação do complexo.

Essa identificação com o complexo parece-me de grande importância, pois, em minha opinião, acontece com muito mais frequência do que a projeção. A identificação com o complexo significaria que, na identificação com aquele que é o principal, posso manter minha identidade. Precisamente a identificação com o complexo paterno parece-me de especial importância. Há muitas pessoas que procuram terapia e se queixam de grande sofrimento, embora tenhamos a impressão inicial de que funcionam muito bem em nosso mundo. Não funcionam bem porque têm um complexo do eu bem-estruturado, mas porque se identificam com o complexo paterno e, portanto, dominam todas as coisas paternas que devem ser dominadas em nossa vida cotidiana. Geralmente, essas pessoas não chamam atenção no mundo do trabalho. No entanto, há um grande vazio, elas não vivem sua própria identidade, mas uma identidade do complexo.

Os complexos são transferidos; um complexo paterno é, via de regra, transferido para tudo o que é paterno, primordialmente para parceiros masculinos. A analisanda diz a respeito da terceira imagem:

A dinâmica dos símbolos

> É uma imagem para meu parceiro, que tanto consome minha energia. O crocodilo toma minha coloração, minhas bolinhas ficam na parte cinza. O crocodilo me devora com sua desconsideração, sua mesquinhez. Mas, ao mesmo tempo, essa situação me torna criativa (cf. caderno iconográfico, imagem 9).

A interpretação da analisanda é que o crocodilo devora a coloração: sua distinção emocional, sua alegria com a vida, sua força vital de trabalho. No entanto, também poderíamos ver a imagem no sentido inverso e dizer que o crocodilo traz as cores.

Quando um complexo é constelado, tudo é interpretado no sentido dele; como o complexo paterno dessa analisanda é experienciado como devorador da vida, inicialmente não se pode assumir outra perspectiva. Vendo de fora, seria perfeitamente concebível entender o crocodilo como um lado agressivo, devorador nessa mulher, que poderia revelar grande vitalidade se ela o reconhecesse e não precisasse projetá-lo.

A quarta imagem da série é, no início, surpreendente, porque não se vê mais o complexo paterno (cf. caderno iconográfico, imagem 10). A analisanda diz a respeito: "Desenhei um círculo mágico ao meu redor". Essa imagem mostra que nunca somos influenciados por um só complexo e sempre temos chance de experienciar nossa própria identidade, caso ela esteja sob influência dos complexos mais importantes ativados. Em todo caso, essa imagem retrata uma identidade totalmente diferente da que vimos até agora. Isso é de suma importância: há diferentes imagens de nossa identidade. No entanto, essa forma de identidade tem de ser protegida por um círculo mágico, que se encontra sobre um plano de fundo roxo. Fica evidente que, para essa analisanda, o roxo é justamente a cor para a matização pessoal do complexo paterno. Essa imagem exprime uma alegria espontânea com a corporeidade, com a autopercepção. A analisanda diz: "Crocodilo, corvo, pai no iceberg, rosto, nada disso pode me atingir, me destruir". A imagem também comunica essa impressão; ela continua: "Estou desenvolvendo as mesmas forças do crocodilo, do corvo, do pai no iceberg – são forças ótimas". Isso significa que os elementos próprios do complexo são retirados da projeção; isto é, o pai ou a mãe não são mais culpados, ela reconhece que os complexos pertencem ao si-mesmo, são psiques parciais em nós. Trata-se de nós mesmos, mesmo que os complexos tenham surgido de colisões com as pessoas que nos são mais próximas. Quando somos capazes de aceitar isso, entramos em contato com o complexo – e acho que isso é representado pela imagem: a mulher, embora no círculo mágico, tem contato com o crocodilo, com o pai, com o corvo. Ela está em contato com aquilo que constitui seu complexo paterno e, por isso, também pode dizer que possui toda essa energia contida no complexo paterno.

Essa é uma ideia a que damos pouca atenção. Reclamamos de nossos complexos com alta carga de energia, mas não sabemos que eles podem enriquecer enormemente nossa vida, que eles contêm a energia – se conseguimos conectá-los ao complexo do eu – que necessitamos para dar mais cor à nossa vida. É também por isso que a interpretação no nível subjetivo se revela tão útil: uma forma de interpretação em que tudo o que aparece numa imagem, num símbolo, num sonho é visto como parte de nossa própria personalidade. Nessa perspectiva, assumimos certa responsabilidade. Mas também temos a sensação de que aí existem energias que podem nos vitalizar.

A dinâmica dos símbolos

Na imagem seguinte, o complexo paterno é novamente representado em forma diferente (cf. caderno iconográfico, imagem 11): ele ainda conserva algo de diabólico, as cobras ainda estiram a língua para ela. O eu tem uma figura essencialmente mais definida, embora ainda sem pés, mas pelo menos com uma indicação de mãos e um rosto delineado. Também é novo o rosto azul, meio fantasmagórico, com lábios vermelhos exuberantes, que olha detrás da cortina e que a pintora identifica como sua mãe. A cortina cinza por cima da imagem da mãe está levemente puxada para o lado. A configuração especial do complexo paterno nessa imagem, com esse tenso componente sexual, novamente chama à consciência situações de incesto infantil. No plano emocional, muita coisa é lembrada; e a raiva em relação à mãe, que, de algum modo, deve ter percebido a situação no plano de fundo, é novamente vivenciável.

Em minha opinião, essas imagens mostram como esse complexo se modifica em conexão com o complexo do eu, assume lentamente outra forma e é inserido num contexto de vida mais amplo. Mas o que ainda se vivencia é principalmente o aspecto inibidor, e pouquíssimo o aspecto promotor, à parte uma grande sensibilidade para a estreiteza da vida patriarcal e exploradora.

Os complexos são as pessoas agentes em nossos sonhos. Como ilustração, gostaria de acrescentar alguns sonhos dessa analisanda, da mesma época das pinturas.

> Sonho 1: Meu pai está correndo muito pela rodovia, estou sentada ao lado dele, impotente, entregue. Choro, fico batendo as mãos, vem aquele meu choro de criança, minhas mãos doem porque bato com elas com muita força. Tenho um colapso.

Sonho 2: Meu pai quer comer bolo em minha casa. Não dou. Ele fica incrivelmente furioso. Eu me rendo.

Sonho 3: Um juiz paternal me condena à morte por afogamento. Relampeja uma esperança: talvez eu possa fugir mergulhando. Mas novamente me resigno: com certeza o juiz prenderá uma pedra em mim para que eu não possa nadar.

O primeiro sonho não mostra como lidar com esse complexo paterno. Ele não é fantasiado de uma maneira promotora; ao contrário, trata-se novamente de um inventário. Quando está entregue ao complexo paterno, o comportamento da sonhadora é o mesmo de sua infância: ela tem o choro infantil, causa dor e machuca a si mesma, arruína a si mesma. Isto é, esse complexo é tão destrutivo que ela, ao se identificar com ele, tem de destruir a si mesma. Evidentemente, não há para o eu outro caminho senão se identificar com o agressor.

No segundo sonho, contudo, o pai onírico deseja entrar em contato com ela e pede um alimento doce, como as crianças normalmente fazem. A mulher teria, portanto, uma possibilidade de deixar essa imagem paterna se modificar, caso se envolvesse com ela.

No terceiro sonho, o pai é transferido no sonho também. Mesmo que nos encontremos sob um complexo paterno dominante, não sonhamos constantemente com o pai, mas frequentemente com figuras paternas. E a analisanda sonha agora com um juiz. Por conseguinte, o pai é vivenciado por ela como alguém que julga. Com efeito, o pai a condena à morte.

A dinâmica dos símbolos

Como contrarregulação do inconsciente, aparece uma pequena esperança de que ela possa sair mergulhando, de que o elemento "água" possa lhe trazer salvação. Essa esperança dura pouco, pois ela volta a se sentir completamente sob a influência do complexo paterno: o juiz providenciará para que ela não possa mais se salvar. Mas é de extrema importância essa pequena esperança dentro do sonho, a esperança de que possa haver um elemento materno em que o pai não tem mais influência.

A autorregulação da psique ocorre, pois, de duas maneiras: quando deixamos o complexo fantasiar, o que é inibidor pode se tornar promotor, porque, em última instância, por trás do complexo está o arquétipo. Outra possibilidade de autorregulação é que a paisagem de complexos é um sistema em que pode aparecer uma contrarreação, em que o medo, por exemplo, se torna esperança. Se alguém tem um complexo paterno com efeito tão destrutivo como no caso da analisanda, naturalmente faz sentido que imagens positivas do arquétipo materno ou do complexo materno se constelem, o que normalmente é possível na relação terapêutica.

**Complexos com influência promotora**

Como toda vivência afetivamente carregada se torna um complexo, vivências alegres também deveriam se tornar complexos. A alegria pode ser experienciada como disposição, sentimento, mas também como afeto. Temos a tendência de negligenciar os afetos que nos dão asas, nos tornam mais vivos. Falamos o tempo todo de medo, fúria, tristeza etc., mas há situações que não provocam medo, mas alegria; e isso também pode ser vinculado a complexos.

*Exemplo de irrupção de um complexo que provoca alegria.* – Um homem de 30 anos, com quem estou realizando um experimento de associação, demonstra uma reação peculiar à palavra-estímulo "verde". Primeiro, seu rosto se ilumina, depois ele ri, bate com a mão na mesa e, em seguida, na coxa – seu tempo de reação é realmente longo. Por fim, diz radiante: "amarelo". A reação não é de modo algum fluida; as características expressivas que o homem mostra – o brilho, a risada, os movimentos – são vistos como sinais de complexo. Esse homem tem um complexo de verde, que apresenta cinco características de complexo, indicando um complexo com forte carga energética. Por isso, eu lhe pergunto sobre as associações com o verde, com a palavra-estímulo que constelou esse complexo. Ele me diz, radiante, que não se lembra de nada especial. Pergunto-lhe novamente, ele volta a dizer que não se lembra de nada ruim a respeito. Observo-lhe que não precisa pensar em algo ruim, pode ser algo bonito. Ele diz: "Ah, claro, alguma coisa bonita!" Então ele começa a se exaltar e conta que gosta imensamente da primeira grama verde da primavera. Lembra-se de que uma vez, quando criança, escapou de casa durante a primavera (ele cresceu cercado de proteção, não podia se deitar no chão para não pegar resfriado etc.) e lá estava a primeira grama verde. Deitou-se na grama, rolou nela e achou maravilhoso. Esse sentimento sempre retorna ao seu corpo quando se lembra da grama verde. E ainda continua tendo necessidade de rolar nessa grama verde.

Essa é uma imaginação marcada por complexo, que não precisa ser repelida. Ela fomenta o sentimento vital de revivificação, de nova vida. Os modos de conduta estereotipados também estão presentes. Em toda primavera ele ainda se deita na grama nova e também sobe às montanhas para ter essa experiência várias vezes no ano.

A dinâmica dos símbolos

Podemos encontrar complexos fomentadores de outras maneiras. Às vezes, aguardamos certos eventos com alegria tão grande que esquecemos todo o resto. Pensamos apenas no que realmente gostaríamos de fazer e, na fantasia, unimos as vivências futuras ardentemente desejadas com lembranças de como as coisas eram boas antes. Isso também é um efeito de complexos, que só nos atrapalha quando há um abismo muito grande entre expectativa e experiência. Normalmente, esses complexos nos animam, de modo que não os levamos a sério como complexos.

A situação de apaixonar-se é um pouco diferente. Quando nos apaixonamos, também somos tomados por um complexo. Todos os sinais de um complexo estão presentes: a realidade é interpretada ou reinterpretada apenas no sentido do estar-apaixonado. Outros complexos passam para segundo plano. O interesse se dirige exclusivamente à pessoa ou ao objeto de amor e, talvez, a poemas de amor. Estar apaixonado estimula a lembrança de amor e do estar apaixonado, ativa a fantasia em alto grau; todas as experiências de amor já vividas ressoam em nossa vivência atual, causam uma super-reação e modos de comportamento extremamente estereotipados. Quando estamos apaixonados, sempre achamos que tudo o que fazemos é totalmente único, que ninguém mais no mundo pensará como nós. Se caem em nossas mãos cartas de amor de outra pessoa, e nelas encontramos, por exemplo, expressões linguísticas iguais, os mesmos nomes carinhosos e "gestos de amor incomuns" iguais ou semelhantes aos nossos, fica nítido que se trata de modos de comportamento estereotipados, não apenas em relação à nossa própria vida, mas coletivamente. Em nossa própria vida já é difícil inventar novos gestos para novos amores; no nível coletivo, isso parece ao menos igualmente difícil. Quando estamos apaixonados, rodamos um programa do estar-apaixonado, que pode ser muito bonito, mas também, de alguma forma, é justamente programático.

No entanto, o estar-apaixonado é um complexo que normalmente nos promove bastante, estimula nosso sentimento de identidade, anima-nos a arriscar mais, experimentar mais. Porém é um complexo que também pode nos inibir: se, por exemplo, temos de realizar um trabalho monótono, que exige tempo e atenção, esse complexo do estar apaixonado pode nos atrapalhar na execução da tarefa. Mas, em termos de sentimento vital – e esse é o verdadeiro critério –, o mais provável é que esse complexo nos incentive.

Há complexos que inibem, outros que promovem. Esse é um lado da realidade. O outro é que, em todo complexo, ainda que inicialmente se trate de um complexo inibidor, esse tema inibidor sempre será também, se nos envolvermos com ele, um tema de desenvolvimento, um estímulo para o desenvolvimento.

# 4 Aspectos do complexo do eu

Um bem-elaborado experimento de associação mostra a relação entre o complexo do eu e os complexos que no momento podem ser abordados e constelados.

O complexo do eu assume uma posição de destaque em toda a paisagem de complexos. Mas seria mesmo legítimo falar de um complexo do eu, já que os complexos são definidos como "grandezas psíquicas que escaparam ao controle da consciência"?[1]

Jung diz que o complexo do eu forma o "centro característico" de nossa psique, mas é apenas um entre diversos complexos. "Os outros complexos entram, com menor ou maior frequência, em associação com o complexo do eu e dessa maneira se tornam conscientes"[2]. Nisso, o eu representa "um complexo psíquico de conexão interna especialmente sólida"[3]. Em outra parte, Jung diz:

---

1. JUNG, C.G. "Psychologische Typologie". *GW* 6, § 988.

2. JUNG, C.G. "Die psychologischen Grundlagen des Geisterglaubens". *GW* 8, § 582.

3. Ibid., § 580.

O complexo do eu é, numa pessoa normal, a suprema instância psíquica: entendemos com isso a massa de representações do eu, que pensamos vir acompanhada da poderosa e sempre viva tonalidade emocional de nosso próprio corpo.

A tonalidade emocional é um estado afetivo acompanhado de inervações corporais. *O eu é a expressão psicológica da união firmemente associada de todas as sensações físicas comuns.* Por isso, a personalidade é o complexo mais firme e forte e (pressupondo boa saúde) resiste a todas as tempestades psicológicas. Disso se segue que as representações que concernem diretamente à nossa própria pessoa são as mais estáveis e interessantes, o que se pode exprimir em outras palavras: elas têm a mais forte *tonalidade de atenção*[4].

Nessa definição bastante inicial (publicada pela primeira vez em 1907), Jung estabelece uma distinção entre o complexo do eu e o eu. A seguir, descreverei esse eu como as funções reunidas do eu, que, por assim dizer, refletem o complexo do eu e os outros complexos. Isso deixará bastante claro que o corpo e o sentimento do corpo são vistos como base do complexo do eu. Assim, se este é o complexo central, é apenas lógico que todas as associações que o constituem e, portanto, têm a ver diretamente com nossa própria pessoa e nosso sentimento de valor próprio são os mais essenciais para o indivíduo.

Em 1964, Jung redefine o complexo do eu de um modo abrangente:

O eu [o complexo do eu, V.K.] como conteúdo da consciência não é, em si, um fator simples, ele-

---

**4.** JUNG, C.G. "Über die Psychologie der Dementia Praecox". *GW* 3, § 82s.

A dinâmica dos símbolos

mentar, mas complexo, que, como tal, não pode ser descrito exaustivamente. Segundo mostra a experiência, ele repousa em dois... diferentes fundamentos, a saber, um somático e um psíquico... O fundamento somático do eu consiste, como foi mostrado, em fatores conscientes e inconscientes. O mesmo se aplica à base psíquica: de um lado, o eu repousa no campo total da consciência, de outro na totalidade dos conteúdos inconscientes[5].

Essa definição amplia o conceito de complexo do eu: a tonalidade emocional do complexo do eu, a autoestima, são, portanto, expressão de todas as sensações corporais, mas também de todos os conteúdos psíquicos da representação que são percebidos como pertencentes à nossa própria pessoa.

## O complexo do eu e a vivência da identidade

As associações ligadas ao complexo do eu giram em torno do tema da identidade e do seu desenvolvimento, e, relacionado a estes, do tema da autoestima.

A base de nossa identidade é o sentimento de vitalidade e, intimamente ligado a este, o da atividade do eu: é o sentimento de estar vivo, no qual se enraíza a possibilidade de se introduzir ativamente como eu na vida e, por fim, realizar-se.

Vitalidade, atividade do eu e autorrealização se condicionam mutuamente. No curso do desenvolvimento, a atividade do eu inclui também cada vez mais a autodeterminação, em oposição à determinação exterior. O significado crescente da atividade do eu, da atividade pessoal, adquire grande nitidez no desenvolvimento da criança pequena. Ao arriscar a atividade pessoal e a autorrepresentação no decorrer da vida,

---

**5.** JUNG, C.G. "Das Ich". *GW* 9 II, § 3 e 4.

experimentamos nossos limites de modo mais ou menos doloroso; isto é, tornamo-nos conscientes de nosso complexo do eu. Também faz parte da identidade própria o seguro saber sobre nós mesmos, sobre as concepções que temos de nós, definindo-nos e confrontando-nos em relação às ideias que os outros têm de nós e trazem até nós. A precondição desse complexo do eu definido é que o complexo do eu, na idade apropriada, se diferencie do complexo parental e, portanto, se torne cada vez mais autônomo, e o indivíduo se exponha a relacionamentos e experiências.

Essas fronteiras da identidade devem ser vistas como transitórias e permeáveis. Tornar-se si mesmo significa sempre retraçar as fronteiras entre si mesmo e o mundo, entre si mesmo e o inconsciente. Essas fronteiras podem ser vivenciadas, mas também transpostas; nos relacionamentos elas são o pressuposto para uma relação eu-você, em que o eu pode se diferenciar do você. Interiormente, elas protegem contra a inundação de conteúdos inconscientes. Uma parte essencial da experiência das fronteiras é a vivência de livrar-se delas; assim nos identificamos com outra pessoa, nos unimos emocionalmente um com o outro, algo que vivenciamos sobretudo no amor e na sexualidade, mas também na total empatia com outra pessoa.

Um complexo do eu definido nos permite tolerar situações de perda do eu, na confiança de que poderemos nos reorganizar em nossas fronteiras.

Também falamos de um complexo do eu coerente num contexto de fronteiras claras, mas permeáveis.

A vivência da identidade implica também a vivência da continuidade: o saber de que – atravessando todas as mudanças e transformações – nós também continuamos num processo de vir-a-ser. A consciência de nossa ligação com antepassados e descendentes também contribui para nosso sentimento da continuidade. Se essa ligação perde importância, por condições pessoais e socioculturais, a vivência da continuidade em nossa própria vida passa a ocupar posição mais central, e se torna mais premente a pergunta sobre até que ponto experimentamos os desenvolvimentos em nosso complexo do eu como contínuos. A falta de continuidade é essencialmente prejudicial à autoestima.

Experimentamos continuidade principalmente na vivência de nossas emoções. Estas seguem um padrão biológico, que parece se modificar pouco no decorrer da vida. O que se altera é nossa maneira de lidar conscientemente com elas. Em cada vida há uma determinada paleta de medos, raiva, alegria. Quando observamos com precisão nossos ataques de fúria, por exemplo, poderemos nos lembrar de que, no tocante à experiência, não parecem diferentes daqueles de nossa infância. Apenas aprendemos a lidar com eles.

Vivenciamos as emoções fisicamente. As sensações físicas – que incluem, sobretudo, a experiência de emoções – formam a base do complexo do eu e provocam a vivência da continuidade na consciência da identidade. A experiência da identidade também inclui o interesse por nós mesmos, interesses por como atuamos, pelo que provocamos, pelo significado de nossa história. Além disso, a experiência da identidade inclui as inúmeras fantasias que temos a respeito de nós mesmos. Aqui também é fácil estabelecer a relação com o complexo do eu: a emoção de um complexo se desdobra em fantasias, o complexo do eu como complexo central deveria causar muitas fantasias centrais acerca de nós mesmos – o que deve ser entendido como complementação do saber a nosso respeito. De fato, muitas fantasias giram em torno de como gostaríamos de ser, de viver, do sucesso que gostaríamos de obter etc., juntamente com a fantasiada afeição do amor, respeito e mimo das outras pessoas. Essas fantasias ideais de nossa autoimagem nos fazem reprimir lados que não se conciliam com essa autoimagem e deixar que se transformem em "sombra", que se tornem inconscientes. Outras fantasias não correspondem tanto a uma autoimagem ideal, mas giram em torno do que poderia ocorrer de desagradável ao nosso eu e do que diminui a autoestima ou até mesmo aniquila o eu. Aqui também está em atividade – embora ocultamente – um ideal de eu bastante exigente, mas não nos julgamos capazes de satisfazer suas pretensões com nossa própria força.

Ainda outras fantasias não correspondem necessariamente a concepções ideais; elas derivam de situações marcantes da infância. Por exemplo, um homem de 35 anos está sempre fantasiando sua posição secundária e até mesmo desenvolve uma filosofia sobre por que se deve aspirar a uma posição secundária. No entanto, ele realiza coisas extraordinárias. Depois de longo trabalho, a análise traz à consciência uma constelação de complexo que deixa bastante claro que seu pai queria ser de primeira ordem, de modo que cada filho deveria ser pelo menos de segunda ordem.

O ideal de eu é um acordo entre, de um lado, o projeto de vida geralmente inconsciente, que está em harmonia com nosso si-mesmo e nossa vitalidade, e, de outro, as fantasias de nossos pais, irmãos, entorno etc. sobre nossa personalidade e o desenvolvimento dela. O ideal de eu está em constante transformação ao longo da vida, assim como mudam as fantasias dos outros a nosso respeito. O melhor que pode ocorrer é que o complexo do eu se transforme com a incessante confrontação entre ideal de eu e sombras[6]. Além disso, no decorrer da

---

**6.** A *sombra* designa lados em nós que não podemos aceitar, que não concordam com nosso ideal de eu, nem frequentemente com os valores postos pela sociedade. Por isso, nós os reprimimos e preferimos vê-los em outras pessoas, na projeção, onde também os combatemos. Além da sombra pessoal, há também a sombra coletiva.
Sobre a sombra pessoal: quem gosta de se considerar generoso tem lados mesquinhos na sombra; quem gosta de parecer não agressivo tem suas agressões na sombra e, quando sua sombra se constela, pode ser agressivo sem o perceber. É fácil reconhecer a sombra quando estamos atentos. Por exemplo, queremos de forma deliberadamente amigável dar uma informação a alguém que secretamente nos irrita. É possível ouvir a irritação em nossa voz cortante. Se percebemos esse tom cortante e preferimos não reprimi-lo, teríamos então de mudar nossa autoimagem de pessoa totalmente amigável. Mas isso não é tão simples, pois gostaríamos de corresponder à nossa autoimagem. Se sentimos que não correspondemos, reagimos inicialmente com incerteza e ansiedade. Também encontramos a sombra em nossos sonhos, em que aparecem ladrões, pessoas gananciosas, vagabundos, sádicos, assassinos etc. Se, durante o sonho, ou ao nos lembrarmos dele, sentimos aversão quase insuperável, isso certamente tem a ver com nossa sombra. Isso não significa que somos assassinos, mas indica que também podemos vivenciar em nós propriedades que vinculamos a um assassino. A diferença entre nós e um assassino é que, via de regra, podemos controlar conscientemente nossos impulsos homicidas para que não irrompam. Mas é perfeitamente sensato reconhecer que podemos ter uma fúria assassina ou agir de modo completamente destrutivo perante certa situação e que, portanto, não somos tão equilibrados como realmente acreditamos. A sombra nos mostra que não somos apenas como gostamos de nos ver; ao contrário, ela nos confronta com o fato de que também encontramos em nossa alma justamente aquilo que sempre combatemos conscientemente. Inicialmente, contudo, não encontramos a sombra em nossa psique, mas projetada em outras pessoas. Podemos discorrer longa e minuciosamente sobre as condutas e práticas predatórias de algum contemporâneo; não apenas descrevemos com prazer essas práticas, mas também naturalmente as condenamos, mostrando assim que somos melhores pessoas. Ao nos interessarmos pela pessoa em que projetamos nossa sombra – e que pode, sem dúvida, ter práticas predatórias –, vivemos, em parte, nossa própria sombra. Na condenação moral dessa pessoa, nós nos distanciamos novamente, o que significa que por um momento ficamos aliviados – nossa sombra não é mais tão completamen-

te reprimida –, mas não assumimos nenhuma responsabilidade por nosso lado de sombra. Assim não precisamos sofrer o conflito moral. Tornar-se consciente da sombra significa perguntar por que realmente temos de nos inquietar com as práticas predatórias de uma pessoa, mesmo quando não nos prejudicam diretamente. Raramente nos fazemos essa pergunta. Com frequência, projetamos nossa sombra nas pessoas que se encontram longe – onde a sombra representa mínimo perigo –, em estranhos, em pessoas de países distantes, pessoas de grupos marginais. Nesses casos, devemos nos perguntar onde, em nossa vida, podem ser detectadas as propriedades que imputamos a essas pessoas e que podem resultar em condenações generalizadas: por exemplo, os italianos são barulhentos. Talvez também tenhamos em nós um lado que gostaria de se exprimir com mais barulho, mais alegria com a vida, menos controle do que o permitido por nossas próprias normas. Portanto, a aceitação da sombra significa ver que ela é uma parte de nós e evitar que a projetemos. Mas isso acarreta conflito e ofende nosso senso de valor próprio. Por outro lado, a aceitação da sombra também traz alívio, liberdade, fortalecimento ao nosso senso de valor próprio. A aceitação significa conflito porque temos de admitir que temos lados em nós que detestamos profundamente, que não podemos esconder, pois se tornam visíveis em nossas ações. Ofenderá nosso senso de valor próprio enquanto nos identificarmos apenas com as boas imagens a nosso respeito. Vivenciamos alívio pela aceitação da sombra, porque não precisamos o tempo todo reprimir certos lados em nós, não precisamos ser sempre melhores do que somos. São lados que, com muita frequência, também estão associados a uma grande vitalidade. Pois a sombra não é somente o que normalmente designamos como moralmente mau. Nesses lados que não aceitamos, que talvez também não sejam socialmente aceitos, frequentemente há alguma coisa que pode nos ser perigosa, mas também algo extraordinariamente vital. A aceitação da sombra tem consequências de longo alcance. Quando conhecemos nossa sombra e aceitamos sua existência, passamos a contar com a presença de sombra nos outros. Lidamos de modo mais benevolente com fracassos e erros, ficamos mais tolerantes. Se a aceitação da sombra fosse um valor coletivamente aceito, também seria mais fácil responder pelos erros. Essa tolerância ou solidariedade também deveria se estender aos grupos marginalizados; a aceitação da sombra teria, portanto, consequências psicossociais. Pessoas marginalizadas nos incomodam bastante, pois encarnam os lados de sombra das pessoas do sistema estabelecido. A aceitação da sombra seria um pressuposto da democracia e da solidariedade, como também teria importância no nível político. Com o tempo seremos obrigados a praticar essa aceitação da sombra. Projetamos nossa sombra em pessoas que estão longe para que

A dinâmica dos símbolos 81

vida, o complexo do eu se diferencia dos complexos parentais e permanece sempre em confrontação com os complexos paterno e materno e suas extensões coletivas, por exemplo, os complexos de autoridade, de auxiliador etc. O complexo do eu também se confronta com instâncias exigentes, que demandam a realização de valores individuais e coletivos próprios de uma autoimagem ideal. Essas instâncias provêm de exigências éticas das pessoas mais próximas, pais, professores, de sistemas religiosos coletivos e também, mais tarde, dos filhos, que trazem às gerações mais velhas novos sistemas de valores e a exigência de sua realização. Essas instâncias que contam com sistema de valores e reclamam sua realização são marcadas pelas pessoas de nossa infância que proibiam e ordenavam apenas em seu caráter de exigência, mas não tanto no que tange ao conteúdo. Recorrendo à terminologia freudiana, podemos falar nesse contexto de superego, que, entretanto, considero pertencente ao par formado por ideal de eu e sombra.

simplesmente não retornem. Nós as tememos por isso e organizamos exércitos inteiros pois elas poderiam nos atacar. Tememos essas pessoas em vez de temer nossas sombras. Mas o mundo se torna menor: podemos viajar para longe sem grande esforço. Mal podemos evitar encontrar, ver, talvez até mesmo amar pessoas de etnias nas quais projetamos certas propriedades. Só então notamos: elas não são nada daquilo! O que fazemos agora com nossa sombra? A solução aqui só pode ser a aceitação. O fato de querermos viver com a sombra não pode simplesmente significar que devemos introduzir em nossa vida todo e qualquer elemento dela. Por certo, muita energia, muita alegria de viver se escondem na sombra: basta pensar em quantas coisas prazenteiras que demonizamos e como poderíamos recuperá-las da sombra. Mas resta o problema moral com o qual temos de lidar responsavelmente. Somos responsáveis pelo modo como lidamos com a sombra que nos é consciente. Também somos responsáveis em adquirir consciência cada vez maior de nossa sombra. Para poder aceitá-la precisamos de diferentes virtudes além da responsabilidade. Toda atitude consciente manda para a "sombra" outros valores – devemos suportar repetidamente a confrontação entre o ideal de eu e a sombra.

Uma parte essencial da vivência da identidade é a experiência da autonomia, que pertence ao complexo do eu. Não ficamos totalmente autônomos no decorrer de uma vida, mas cada vez mais livres. As dependências continuam, renovam-se. A independência entra no lugar da dependência onde nos tornamos autônomos, onde, por exemplo, nos percebemos cada vez mais como nós mesmos em nossa identidade; deixamos de ser apenas os resultados das situações moldadas pela relação com os pais. Se o complexo do eu se emancipou o suficiente dos complexos parentais, podemos entrar em relação com os pais, nos quais normalmente projetamos esses complexos, sem que constantes distorções causadas por complexos impossibilitem a relação.

Como qualquer complexo, o complexo do eu se funda sobre um cerne arquetípico, que, no sentido junguiano, é o si-mesmo. Muito já se falou de autorrealização, autodeterminação, sentimento de si, autotransformação em conexão com o complexo do eu e a descoberta da identidade. (Na tradição freudiana, o que é descrito aqui como complexo do eu é chamado de "si-mesmo".) Portanto, o si-mesmo é entendido aqui como totalidade da personalidade atual e futura; ele releva no decorrer da vida nosso oculto objetivo de vida por meio do desenvolvimento do complexo do eu, desenvolvimento este também intencionado pelo si-mesmo. Isso significa, contudo, que a conscientização do complexo do eu deve ser vista dinamicamente: podemos sempre esperar novas constelações durante a vida, como são descritas pela psicologia do desenvolvimento em seus estágios típicos. Elas são então superpostas pelo processo de individuação totalmente especial, que tem a ver com as possibilidades de vida absolutamente pessoais e a confrontação com as situações moldadoras.

A dinâmica dos símbolos 83

Como todo complexo, o complexo do eu também é caracterizado por um tema de desenvolvimento e um de inibição. O primeiro deles pode ser visto no desenvolvimento rumo a mais autonomia na autorrealização, autoexpressão, na autoconsciência crescente, na capacidade de praticar a autopreservação e na aceitação do risco de relacionar-se cada vez mais consigo mesmo. O tema inibidor seria reconhecido na determinação exterior por estruturas sociais, por relações humanas concretas e na determinação interior por complexos dissociados. Com frequência, é difícil dizer se sofremos uma determinação exterior ou interior, porque esses complexos dissociados são projetados, motivo pelo qual frequentemente temos a impressão de ser totalmente determinados por uma instância exterior. Frente a esse sentimento, é certamente sensato avaliar o que de nossa dificuldade psíquica é projetada no mundo exterior, mas isso não significa que possamos declarar as estruturas coercivas da sociedade como meras percepções provocadas por complexos. Elas devem ser percebidas e modificadas, de modo semelhante às estruturas coercivas de nossa psique.

## O complexo do eu na perspectiva da psicologia do desenvolvimento

O si-mesmo, entendido por Jung como princípio formativo apriorístico no desenvolvimento de um indivíduo[7], também governa a construção do complexo do eu. Inicialmente, a criança é inconsciente do complexo do eu; ela se torna gradualmente mais consciente mediante a experiência do eu físico, também chamado de si-mesmo físico, sobretudo quando

---

**7.** JUNG, C.G. "Zwei Schriften über Analytische Psychologie". *GW* 7, § 303.

as pessoas que lhe são mais próximas percebem, aceitam e respondem às suas reações. Em sua corporeidade como base do complexo do eu, a criança experimenta uma forma de aceitação e também de direito à existência. Esse desenvolvimento continua e leva a criança a diferenciar cada vez mais entre eu e não eu e, finalmente, a perseverar no eu como conclusão desse desenvolvimento.

Esses passos de desenvolvimento na *infância* são descritos por diferentes tendências na psicologia do desenvolvimento[8]. Os primeiros estágios da humanidade e dos seres humanos são uma superfície de projeção ideal para nossas fantasias acerca de primórdios em geral e da totalidade que associamos a eles, da subsequente separação do todo e também acerca da renovada totalização como um processo básico na vida e no desenvolvimento humanos. É incontestável que fases de separação e religamento das pessoas que nos são mais próximas, fases de mais autonomia e fases de segurança desempenham um importante papel e se alternam no desenvolvimento[9]. No entanto, acho que frequentemente damos atenção demasiada a essa primeira fase da vida. A independência e o relacionamento com emoções provocadas por ela como medo, agressão, interesse, alegria, amor são temas básicos da conscientização do complexo do eu.

Na psicologia junguiana, a conscientização do complexo do eu é guiada pelo si-mesmo; trata-se, portanto, de um desenvolvimento espontâneo. Esse complexo do eu exprime-se inicialmente na corporeidade, no afeto, nas manifestações emocionais que são percebidas pelas pessoas mais próximas da criança. Assim

---

**8.** Cf. ERIKSON, E.

**9.** Cf. MAHLER, M. et al.

se cria uma intersubjetividade pré-verbal. Essa percepção das emoções da criança pequena e a resposta a elas parecem confirmar a existência da criança e assegurar a existência do complexo do eu. Essa confirmação do eu parece estar diretamente ligada ao sentimento de poder criar comunhão[10]. A confirmação da existência, que é inicialmente a aceitação emocional da vida física do bebê e depois se estende a todas as manifestações da criança, parece ser a tonalidade de atenção que a criança mais tarde pode dar ao seu complexo do eu. Isso constitui, portanto, a precondição para o interesse em si mesmo, para o cuidado de si mesmo, a autoproteção. Todavia, não compartilho a opinião de que nunca mais se pode recuperar o que foi perdido nessa situação moldadora da infância. Na vida sempre há novas situações de partida, em que são possíveis novas formas de assegurar a existência, que podem ser bastante profundas. Mas a confirmação emocional não pode derivar de apenas uma pessoa; via de regra, várias pessoas percebem e confirmam as manifestações de um bebê. Uma pessoa talvez tenha uma maneira mais bem-sucedida, que entenda melhor o bebê, enquanto outra, uma menos bem-sucedida. Quando manifestações importantes da vida são confirmadas, o complexo do eu tem uma boa base; se ele é mantido coeso por uma tonalidade emocional de interesse amoroso, a pessoa se sente em ordem com o "eu" e, em geral, também se acha interessante. E pode observar amorosamente o mundo circundante e a si mesma, incluindo suas quinas e arestas. Surge então o que chamamos um complexo do eu coerente, um eu que, via de regra, está certo de sua identidade.

---

**10.** Cf. BÜRGIN, D. & STERN, D.

Se constatamos um complexo do eu menos coerente num adulto, pode haver muitos motivos para isso: doença física bastante cedo, pouca concordância entre a criança e as pessoas que lhe são mais próximas, falta de outros relacionamentos próximos que pudessem preencher lacunas emocionais etc. Parece-me ocioso atribuir sempre aos pais a culpa por esses distúrbios iniciais. Qualquer pensamento que esteja sempre procurando um culpado pressupõe que possamos nos desenvolver sem conflito e até mesmo ter uma vida sem doença, bastando que nós façamos tudo certo. E esse último "nós" é facilmente imputado às mães – "Se ao menos as mães fizessem tudo certo!" –, as mesmas mães que dão vida aos filhos ao gerá-los[11].

A psicologia do desenvolvimento nos últimos dez anos, baseada na observação de bebês e das pessoas que lhe são mais próximas, demonstrou claramente quantas ações espontâneas provêm da criança – o complexo do eu poderia realmente ser ativado pelo si-mesmo –, e também como é essencial responder a essas ações, como é essencial simplesmente ver essas ações. No entanto, essas respostas nem sempre podem ser ótimas; as pessoas mais próximas da criança vivem uma vida própria, marcada por conflitos, esperanças, medos.

Do ponto de vista da psicologia do desenvolvimento, a conscientização do complexo do eu pode ser considerada sob os aspectos de fases de despertar e fases de consolidação. As primeiras são compreendidas como fases em que o indivíduo pode experienciar nova vida, novos discernimentos, novas possibilidades de conduta, fases em que novas perspectivas se abrem para ele. As fases de consolidação são compreendidas

---

11. Cf. RHODE-DACHSER, C. *Abschied.*

A dinâmica dos símbolos

como fases em que essas novas atitudes são integradas e são experienciáveis como atitudes habituais. No desenvolvimento do complexo do eu na infância, as fases de despertar e consolidação seguem-se umas às outras com grande velocidade. Fundamentalmente e em linhas bastante gerais – falarei a seguir, em contextos bastante amplos, do desenvolvimento típico ideal do complexo do eu –, a infância é um período em que o complexo do eu pode ser experienciado com nitidez cada vez maior, inicialmente em relação e entrelaçado com uma base pai-mãe nutridora e suportadora. Essa base se exprime nos fatos de a criança receber resposta às suas manifestações emocionais e autoexpressões e de ser criada uma segurança para as incertezas emocionais nos relacionamentos sociais[12]. Também fazem parte dela uma resposta emocional ao interesse de vida da criança, o cuidado necessário, a imposição de limites onde a própria criança não pode estabelecê-los etc.

Inicialmente, concebemos o complexo do eu majoritariamente entrelaçado com os complexos parentais; durante a infância, os complexos parentais se diferenciam em complexos materno e paterno.

A *adolescência* seria então uma fase de despertar bastante típica. O complexo do eu se desenvolve nitidamente, separando-se dos complexos materno e paterno. O adolescente se torna consciente de que é uma pessoa independente, separada, diferente dos pais, o que se pode perceber especialmente no fato de que ele integra a sombra do sistema familiar em seu plano de vida e se contrapõe a ela, como também se vê separado dela. No nível dos complexos, o adolescente percebe que, justamente agora que se separou dos pais, a voz dos pais

---

**12.** Cf. BÜRGIN, D.

em determinadas situações é incômoda; intrapsiquicamente, ele continua refletindo sobre o que o pai diria em certas situações, como a mãe reagiria a elas. Desse modo, ele tem a experiência de que não é tão fácil livrar-se dos pais intrapsiquicamente. O complexo do eu se contrapõe de forma nítida a um complexo paterno ou materno, às vezes também a um complexo fraterno, o que é uma possibilidade de nos conscientizarmos de como os complexos atuam em nossa vida. Naturalmente, também nessa idade, o complexo do eu em parte ainda se identifica com os complexos paterno e materno.

Na adolescência, o complexo do eu se encontra sob domínio do arquétipo do herói: a vontade própria é acentuada, a espontaneidade é defendida, o adolescente quer se tornar consciente de sua própria identidade, mas também das conexões com outras pessoas. As relações que ele próprio escolhe se tornam importantes; a responsabilidade pelas próprias ações é assumida cada vez mais e com maior consciência do que no final da infância. *Anima* e *animus*, imagens femininas e masculinas da alma, que nos ligam à nossa profundidade, estão latentemente presentes e são vivenciadas na projeção em fascinações eróticas e sexuais[13].

---

13. A respeito desse tema, cf. "Eine Auseinandersetzung mit dem Animus- und Animabegriff". In: KAST. *Paare*, p. 157-177. • *Anima* e *animus* são descritos de diversas maneiras ao longo do tempo, mas sempre como imagens arquetípicas, que medeiam entre o consciente e o inconsciente. Uma definição publicada em 1928 diz: "Se eu tivesse de sintetizar numa palavra o que constitui a diferença entre homem e mulher, o que caracteriza o *animus* em oposição à *anima*, poderia dizer: assim como a *anima* produz humores, o *animus* produz opiniões" ("Zwei Schriften über Analytische Psycologhie". *GW* 7 § 331). Essa definição pode ser complementada por uma afirmação no comentário a "Das Geheimnis der Goldenen Blüte", 1929: "Assim como a *anima* do homem consiste em relações afetivas inferiores, o *animus* da mulher consiste em julgamentos inferiores, ou melhor: em opiniões" ("Studien

A dinâmica dos símbolos

über alchemistische Vorstellungen". *GW* 13, § 60). Em 1956, ele declara: "A *anima* é o arquétipo do vivo por excelência, além do sentido e da responsabilidade" ("Mysterium Coniunctionis". *GW* 14/II, § 312). E numa carta de 1957: "A *anima* simboliza a função relacional. O *animus* é a imagem das forças espirituais de uma mulher, simbolizadas numa figura masculina. Se o homem e a mulher não se conscientizam dessas forças internas, estas aparecem na projeção" (*Briefe* III, p. 139). Portanto, o jovem Jung vê a *anima* distorcida, o *animus* distorcido; o velho Jung vê as possibilidades de vida que residem no *animus* e na *anima*, para além da patologia. *Anima* e *animus* são distorcidos porque, de um lado, estão ainda vinculados aos complexos parentais; de outro, porque são reprimidos. Isso acontece porque estão frequentemente ligados a anseios, emoções fortes, motivo pelo qual tendemos a rejeitá-los. *Anima* e *animus* rejeitados são também *anima* e *animus* distorcidos. Como tudo o que é reprimido, dissociado, esses símbolos arquetípicos forçam caminho até a consciência e provoca um afluxo repentino de indisposições, que não raro nascem de uma fantasia à qual não podemos nos entregar. Sempre que Jung fala dos pontos em comum de *animus* e *anima*, ele descreve que se trata de imagens arquetípicas que medeiam entre o consciente e o inconsciente – como todas as imagens arquetípicas – e que o aspecto criativo do inconsciente é levado à consciência essencialmente pelo *animus* e pela *anima*. Visto que *animus* e *anima* são arquétipos, eles exercem sobre a consciência efeitos que, habitualmente, estão ligados a imagens arquetípicas. Eles têm um efeito coercivo, numinoso, cercado por uma atmosfera de mistério, incondicionalidade, consequência emocional extrema. Portanto, só podemos falar de *animus* e *anima* quando se pode encontrar essa vivência emocional com as imagens interiores ou na projeção sobre outras pessoas. Onde estão as diferenças? As definições de Jung deixam claro que o *animus* é projetado sobre um homem ou homens; a *anima*, sobre uma mulher ou mulheres. De resto, Jung explica que mulheres têm um *animus* e os homens uma *anima* porque o primeiro fator formador de projeção no menino é a mãe e na menina, o pai. Se levamos em conta que *animus* e *anima* são designados como arquétipos e, pelo que sei, não há nenhuma passagem em que Jung fala de arquétipos específicos a um ou outro sexo, então se ergue a pergunta se *animus*/*anima* não são imagens internas que podem ser experienciados por ambos os sexos. Se Jung parte da ideia de que o primeiro fator formador de projeção na menina é o pai, então penso que ele estava concebendo a psicologia da mulher como simplesmente oposta à do homem, o que não é de modo algum admissível. "Primeiro fator formador de projeção" poderia ser, tanto no homem como na mulher, a mãe ou talvez o pai e a mãe. Acho, portanto, que *animus* e *anima* aparecem tanto no homem como na mulher e representam aspectos da psique masculina e da feminina.

Partamos dos fenômenos: parece-me inquestionável que homens e mulheres possam ser fascinados por homens e mulheres, que essa fascinação tenha algo de numinoso e, portanto, *anima* e *animus* sejam projetados. Há figuras de *anima* típicas, que, em minha opinião, aparecem em sonhos, anseios e fascinações de homens e mulheres, por exemplo, ninfas, uma mocinha fascinante, sereias, fadas boas, bruxas, prostituas, santas etc. Essas formas só são figuras de *anima* quando acompanhadas por um sentimento forte, geralmente um desejo. De igual modo, figuras de *animus* aparecem em sonhos, fantasias e nas projeções de homens e mulheres; há, por exemplo, o estranho misterioso, o rapaz divino, o pensador fascinante, uma divindade lançadora de raios, um homem misterioso semelhante a Cristo etc. Emocionalmente, essas figuras de *animus* transmitem entusiasmo, não tanto fascinação psíquica como as figuras de *anima*, mas sim inspiração. Ao perguntar a colegas quais emoções associavam a *animus* e *anima*, cheguei ao seguinte resultado: todos foram unânimes em dizer que *anima* nos torna mais vivos. Expressões como "expandir-se espiritualmente", "desejo de união", "desejo de simbiose e a sensação de nunca atingir essa simbiose por completo". Alguns salientaram que esse desejo se dirigia à esfera religiosa, e a esfera sexual também foi levada em conta. "É um desejo de não fazer sexo simplesmente, mas mergulhar na corporeidade em que a sexualidade pode ser bastante abrangente, ter algo em nós que nos torna completos." Mas o arrebatamento pela arte, pintura, poesia, o fenômeno de poder se perder dentro de alguma coisa também foram designados como emoção que é experimentada na constelação da *anima*. Como direção no espaço, a emoção deflagrada por uma constelação de *anima* foi comparada com a horizontal; é também uma emoção de expandir-se, de estar dentro da vida, do poder deixar ser, da serenidade. Nesse expandir-se também se inclui, então, a possibilidade de se relacionar com inúmeras coisas.

Para a emoção ligada ao *animus* constelado, expressões como "enlevação espiritual", "inspiração" foram as primeiras citadas, depois "vibrar internamente pelo prazer de ser estimulado", "relacionar uma coisa com outra", "fascinação por palavras". A emoção conectada ao *animus* leva as pessoas a apreender, a querer apreender "o que mantém o mundo intimamente coeso", penetrar uma questão, chegar a uma solução, "sacar fogo das coisas e de si próprio". Como direção no espaço, a vertical é nitidamente atribuída a essa emoção. Esses desejos e essas necessidades humanas básicas associadas às emoções pertencentes a *animus* e *anima* parecem-se claramente humanas e, portanto, podem ocorrer tanto no homem como na mulher. Em geral, encon-

A dinâmica dos símbolos 91

Em utopias pessoais, o si-mesmo também se faz notar em grandes projetos de vida.

O que impressiona exteriormente como revolução fascinante, surgimento de novos valores, de novas atitudes, novos interesses é, internamente, um processo de transformação doloroso. Cada transição na vida tem seu decurso típico: as transições se anunciam por uma insatisfação, que pode chegar a uma maciça desvalorização da situação de vida atual. O indivíduo começa a fazer inventário. Esse inventário do que a vida trouxe até agora deve ser entendido no sentido do trabalho de luto[14]. O indivíduo relembra o que constituiu sua vida até então, mas também o que está definitivamente faltando, o que agora deveria ser incorporado à vida. Surgem novos valores no sentido de novos ideais. Mas ainda não foram desenvolvidos sistemas de valores capazes de possibilitar uma nova qualidade de vida. O indivíduo com a sensação de estar em meio a uma reorganização vive uma insegurança quanto à identidade. O complexo do eu é menos coerente do que o normal: isso provoca ansiedade, mas também significa que o complexo do eu pode ser reorganizado. Situações em que nossa identidade se abre, em que nos movemos em direção a uma nova identidade, implicam inicialmente essa insegurança na identidade, em conexão com um nítido desenvolvimento de ansiedade. Via de regra, isso

---

tramos *anima* e *animus* projetados; somos fascinados por outras pessoas, tendemos a fantasiar a respeito dessas outras pessoas, a respeito de nossas relações com elas; esse fato e essas fantasias exprimem, portanto, nossa religação com nossa psique mais profunda. A união de *animus* e *anima* – intrapsiquicamente ou numa fantasia de relação com uma pessoa real – traz consigo um sentimento vital de inspiração espiritual-psíquica que muitas vezes é difícil de separar do sentimento de amor.

**14.** Cf. KAST, V. *Trauern*.

significa que velhos distúrbios psíquicos e somáticos voltam a se inflamar. Agora podemos lidar com eles. Os complexos problemáticos se constelam; problemas típicos com as pessoas que nos são mais próximas são novamente vivenciados. Toda transição nos oferece uma chance de novamente lidar com um tema de desenvolvimento que, até então, não tínhamos abordado da melhor maneira possível. Em situações de transição, as pessoas parecem mais suscetíveis a doenças. O propósito da doença é que cuidemos de nós mesmos, sejamos nossa própria base paterna e materna nutridora, para que o complexo do eu possa se reerguer. Por causa das crises de identidade, funcionam menos mecanismos de defesa, e isso torna o indivíduo mais aberto para novos desenvolvimentos, que se aproximam dele de fora ou de dentro[15]. Essas novas atitudes são testadas no mundo exterior. As fases de transição seguem as regras do processo criativo.

A *idade adulta jovem* (25-40) é uma fase de consolidação. Sem dúvida, o complexo do eu continua sob a dominância do arquétipo do herói, ainda é essencial conservar a agudeza de consciência adquirida, perceber a vontade própria e também impô-la – nos limites de uma individuação relacionada que também permite autorrealização para outras pessoas. A configuração concreta do cotidiano, a experiência de poder efetuar alguma coisa entram cada vez mais no lugar dos sonhos de uma vida cobiçável. No entanto, o arquétipo do herói não tem mais dominância tão absoluta como na adolescência; o arquétipo parental também é atuante, seja na criação dos próprios filhos e no cuidado com eles, seja no cuidado para com filhos simbólicos. Nossa própria infância é revista

---

**15.** Cf. KAST, V. *Der schöpferische Sprung.*

nas experiências com os filhos em crescimento, e o passado, portanto, torna-se mais uma vez presente como experiência, o que é um pressuposto para nos soltarmos dele. Por meio dos filhos, lados infantis também são estimulados no adulto, revividos ou vividos pela primeira vez. O jovem adulto tem uma vivência relativamente segura de sua identidade, já encontrou, na maioria dos casos, uma posição profissional e cumpre seus deveres familiares. Problemas de relacionamento opressivos com o cônjuge exigem, após esclarecimento escrupuloso no plano relacional concreto, que o indivíduo se separe novamente de seus próprios complexos paterno e materno, que são facilmente transferidos para o cônjuge. Nessas crises de relacionamento – geralmente em sua fase final –, também é possível reconhecer formas de projeção de *animus* e *anima*. Essas projeções são hesitantemente abolidas, não levamos a mal nosso parceiro por não corresponder exclusivamente à nossa imagem de *anima/animus* e ser simplesmente humano também. Subsiste o anseio, que também se exprime no fato de os arquétipos de *anima* e *animus* serem constelado como um par interior, o que estimulará o desejo por um aprofundamento da relação amorosa, por um senso de inteireza da relação. Também se constela latentemente o arquétipo da criança divina, que, às vezes, é demasiadamente projetado nos próprios filhos.

A *meia-idade* (40-55) acarreta um nítido despertar e uma reavaliação dos valores. É uma fase em que despontam grandes modificações, justamente em relação ao complexo do eu. Se até então o complexo do eu, no sentido da expansão, se encontrava sob domínio do aspecto dos arquétipos do herói e dos pais, agora novas limitações entram no campo de visão. Se o indivíduo tem a experiência de estar nos melhores anos de todos, também sabe que outros melhores não se seguirão.

A dinâmica dos símbolos

3/4

5/6

7

# A dinâmica dos símbolos

9

10

A dinâmica dos símbolos

11

O ponto de virada na vida decorre dessas experiências de plenitude vital, da grande realização do que está inerente no complexo do eu. No início, ainda impera o sentimento vital de plenitude, de competência, de "estar no topo", e nos regozijamos com ele – aqui também ainda ressoa, qual música de fundo, a consciência a respeito de uma virada de vida. O sentimento de plenitude também se exprime no fato de termos criado muitas coisas que agora também devemos manter vivas ou abandonar pouco a pouco. Isso vale para relacionamentos, vida profissional, o trato conosco. Fazemos muito pela família, pela sociedade – isso é normal e esperado, não é mais considerado de modo especial. A gratificação narcisista, mais fácil de atingir em anos mais jovens por desempenhos especiais, desaparece, ou não é mais notada porque nos acostumamos com ela. Por isso, o que fazemos deve ser nutridor em si mesmo, pois, do contrário, a falta de gratificação narcisista pode ser perturbadora. Nosso complexo do eu recebe pouquíssima confirmação do exterior e, com isso, perde coerência. Sentimo-nos inseguros em nossa identidade, reagimos com ansiedade.

Essa fase da meia-idade é também uma época da verdade. As ideias grandiosas da juventude ou foram cumpridas, total ou parcialmente, ou não o foram de modo algum. Não podemos melhorar nosso valor próprio propondo a nós mesmos em algum momento fazer com maestria tudo o que ainda não fizemos. As utopias para nossa vida devem se tornar utopias realistas.

Os limites são perceptíveis, sobretudo no fato de não mais haver um tempo ilimitado de vida. O envelhecimento também se mostra na repetição cada vez maior de situações; a repetição é um elemento estrutural do tempo. Tornar-se mais velho implica tornar-se lento, especialmente para *performances* de ponta. Essa experiência de um limite imposto pela própria vida, não por incompetência, pode nos ensinar a desfrutar a aceitação de sermos comuns, mortais. Pode nos ensinar a sentir que ser comum já é suficientemente especial; aceitamos aquilo em que nos tornamos, incluindo o envelhecimento físico. Isso significa que a vida, sob o ditame do complexo do eu no sentido da expansão do eu, ultrapassou seu ponto alto. Se negamos isso, podemos esperar resignação e cinismo; se o aceitamos – se procedemos a um trabalho de luto –, nossa vitalidade permanecerá dentro de nossos limites.

Uma reorientação também é possível porque o complexo do eu deveria estar relativamente emancipado nessa faixa etária. Conflitos com o mundo circundante são esperados e, portanto, não podem constelar nossos complexos a qualquer momento, inesperadamente. Nessa idade, o indivíduo conhece a natureza do homem e a sua própria: conhece a agressão, a inveja, com as quais devemos contar, o sadismo, o preconceito. Se aceitamos que as pessoas são assim e, portanto, experienciamos que nossa própria sombra pertence, ao menos em parte, ao complexo do eu, podemos lidar de forma mais realista com esses problemas cotidianos, para os quais também desenvolvemos estratégias. O complexo do eu parece, portanto, relativamente livre, não mais tão determinado por complexos. Nossas constelações de complexos fundamentais ainda continuarão perceptíveis; eles são os problemas que nos distinguem, mas já não nos determinam totalmente. Esse complexo do eu relativamente autônomo implica assumirmos responsabilidade por nossa própria vida, delegarmos menos, perguntarmos o que para nós, pessoalmente, é agora importante em face da morte, o que tem substância, o que realmente constitui a vida. Em face da efemeridade, a criatividade pode ser vivida no sentido pontual de autorrealização. O arquétipo da criança divina encarna-se agora de maneira decisiva. Os arquétipos *anima* e *animus* são mais bem integrados do que antes; a dupla *anima-animus* é ativada na psique como par arquetípico, o que se vincula a uma capacidade para o amor. Mas também podemos experimentar um grande anseio de amor, que significa amor, relação, mas também completude interior. Na união *anima-animus* como um par interior, o si-mesmo é abordado e pode ser vivenciado[16]. O incremento da capacidade para o amor nessa idade e o próprio amor já não almejam tanto a afirmação da identidade ou a segurança da existência do complexo do eu. Sem dúvida, as pessoas nessa idade também querem isso, porém o mais importante é a união com um todo mais vasto. Acredito ver um efeito prático desse amor numa crescente capacidade de cuidado para com os descendentes e antepassados, um cuidado que doa sem esperar retorno e, uma vez ativo, pode familiarizar as pessoas dessa faixa etária com a ideia de que o futuro pertence aos jovens e que agora elas devem estar preparadas para abdicar de toda forma de poder. Se puderem aceitar isso, elas poderão se alegrar com a juventude e com o fato de que estão crescendo outras pessoas capazes de compartilhar responsabilidades. Elas podem lhes dar o que têm, sem precisar se atolar em rivalidade ou inveja.

O cuidado para com os pais idosos, que normalmente também faz parte dessa fase da vida, desperta o sentimento para a própria idade avançada do indivíduo, arquetipicamente alicerçada pela imagem do velho sábio ou da velha sábia, ou também pela imagem amedrontadora da senilidade ou da

---

**16.** Cf. KAST, V. *Paare.*

morte. O cuidado nos contextos de vida externos também nos leva, como consequência, a cuidar de nossa própria vida; nós nos voltamos internamente para nosso si-mesmo e estabelecemos um vínculo com um todo mais vasto. Essa relação agora entra em primeiro plano: o eu permanece fiel a si próprio e ao que foi criado, mas aceita limites e volta-se internamente para o si-mesmo, sem, ao mesmo tempo, desistir das posições no mundo exterior. Mas isso acontece gradualmente.

Se as pessoas sofrem de distúrbios narcisistas e o complexo do eu é pouco coerente e sempre precisa de muita resposta emocional para poder ser vivenciado como existente, elas agora não podem mais reprimir isso, pois o próprio envelhecimento é vivenciado como a ofensa narcisista decisiva ou como redenção. Esses distúrbios podem e devem ser tratados pela terapia.

Enquanto a meia-idade pode ser compreendida como fase de despertar, a *idade adulta posterior* (55-75) pode ser novamente uma fase de reprocessamento. Aspectos relacionados ao sexo oposto em nossa personalidade e as correlatas emoções e fantasias foram integrados tanto quanto possível. Uma relação com o todo mais vasto está estabelecida, mas a influência exercida sobre ele é cada vez mais pontual. Na idade adulta mais tardia, o complexo do eu é influenciado pelo arquétipo do velho sábio ou da velha sábia. Com toda a experiência de vida, julgamos situações, damos ideias aos jovens ou também os contradizemos. Essas pessoas mais jovens são enviadas aos seus próprios caminhos, devem agir por conta própria. Ocasionalmente temos influência, que é, no entanto, veementemente exercida dentro dos limites da dignidade e da experiência da idade. Começamos a nos recolher do mundo e a olhar para trás. Se esse olhar retrospectivo é paralisante e se manifesta na mera idealização do passado, desvalorizando o presente e o futuro, e bloqueia o fluxo da vida trazendo insatisfação, estamos diante de um típico distúrbio dessa faixa etária. Por fim, nessa fase reavaliamos o que constituiu o complexo do eu em sua continuidade, o que foi a quintessência das relações. O arquétipo da morte espreita latente.

Na *velhice* (75-90), ocorre o recolhimento. O indivíduo agora deve ser capaz de se tornar dependente; o complexo do eu perde sua flexibilidade. Egoísmo obstinado e aceitação de dependência; renúncia à vontade do eu e ideia de emancipação podem ser observados lado a lado. Na idade avançada, o indivíduo se encontra novamente sob o domínio de seu corpo, que ainda permite um maior ou menor grau de liberdade. É possível observar uma reorganização em direção do eu físico.

Do ponto de vista da psicologia do desenvolvimento, o complexo do eu é inicialmente um complexo inconsciente, que se torna consciente ao longo de nosso desenvolvimento. Portanto, ele poderia servir de modelo para a conscientização de um complexo, em que a confirmação emocional não poderia nem deveria ser efetuada pelas pessoas que nos são mais próximas, mas pelo próprio eu.

No entanto, como mostra a psicologia junguiana, o complexo do eu não é apenas o complexo central, mas também está sempre associado, com maior ou menor força, a todos os outros complexos. Em última análise, todos os complexos pertencem ao complexo do eu, que se mostra coerente quando se desenvolve e se separa dos complexos parentais na idade apropriada. O desenvolvimento do complexo do eu ocorre espontaneamente, mas as novas etapas de desenvolvimento requerem uma confirmação emocional externa. Em outras palavras, desenvolver-se e separar-se dos complexos parentais e fraternos, bem como associar novos complexos ao eu em idade apropriada, significa que a relação entre o eu e o si-mesmo é permeável e que os impulsos de desenvolvimento levados ao eu pelo si-mesmo podem ser integrados.

## As funções do eu

O complexo do eu se distingue dos outros complexos por ser refletido mais nitidamente pelas funções do eu. Os outros complexos também são refletidos pelas funções do eu; no entanto, quando já estão conectados ao complexo do eu e, portanto, não mais totalmente inconscientes. As funções do eu nos possibilitam perceber, ver, por assim dizer, o complexo do eu, possibilitando-nos desenvolver uma consciência de nós mesmos; por outro lado, elas são as funções que normalmente atribuímos ao nosso eu e talvez até mesmo consideremos como nosso eu e pelas quais sistematizamos o mundo da consciência. As possibilidades de nos tornarmos conscientes de nós mesmos, do nosso complexo do eu e da sistematização do mundo, bem como a consciência do mundo, fazem com que possamos nos orientar, saber o que está fora e o que está dentro, diferenciar o eu do não eu, assimilar as reações dos outros e, em consonância com elas, modificar nosso comportamento.

As funções do eu primordialmente autônomas são capacidade de percepção, sensação, capacidade de se lembrar, pensamento, formação de conceitos, orientação no espaço e no tempo, orientação em nossa própria pessoa, atenção, atividade motora, mas também os mecanismos de defesa. Essas funções do eu podem funcionar suficientemente, mas também podem ser perturbadas de variadas maneiras; esse é um tema da psicopatologia. Se o complexo do eu é delimitado de modo relativamente coerente e interconectado em si mesmo, carregado com uma tonalidade emocional do interesse, se, portanto, o vínculo entre si-mesmo e complexo do eu é permeável, então podemos perceber o mundo aproximadamente do mesmo modo que as outras pessoas, temos um mundo comum. Nossas recordações não são desfiguradas, e nosso pensamento é compreensível aos outros. Mas nossa apreensão do mundo é sempre codeterminada por nossos complexos. A realidade que julgamos real é, primordialmente, sempre nossa própria realidade. Mas, se essas funções do eu funcionam, podemos cambiar essas realidades uns com os outros e temos a impressão de viver no mesmo mundo.

Se um complexo com elevada carga emocional é constelado, ele atrapalha o complexo do eu. Além disso, ocorre uma projeção do complexo constelado, causando, por exemplo, uma distorção da percepção, no sentido de estar condicionada pelo complexo.

Voltemos ao complexo paterno, anteriormente retratado pela analisanda. Se esse complexo já está constelado, a analisanda subitamente perceberá como más as pessoas que lhe são amistosas ou até mesmo simplesmente indiferentes. Isso, por sua vez, deflagra nela medo e agressão, o que acaba por distorcer ainda mais a percepção.

Se o complexo do eu perde totalmente a coerência, isto é, se ele se torna fragmentado, de modo que os complexos individuais estão quase desconectados entre si, então as funções do eu estão claramente perturbadas: ocorrem lacunas de memória, percepções falsas; a orientação no espaço e no tempo, mas, sobretudo, a orientação em nossa própria pessoa são reduzidas.

As funções do eu são frequentemente associadas ao conceito "consciência". Mas ainda não sabemos o que realmente é a consciência.

## A constelação do complexo do eu

É da natureza dos complexos que eles se constelem, isto é, que eles inibam ou promovam a consciência. A pergunta que se levanta é se o complexo do eu também pode se constelar de modo especial ou se ele está sempre constelado. A experiência nos mostra que há períodos em que nos ocupamos pouco com nossa identidade e também pouco nos importamos com nossa autoimagem. Então há outros períodos em que questões sobre nossa identidade, um sentimento de valor próprio ferido e, relacionados a isso, sentimentos de ansiedade, agressão e dúvidas etc. ocupam um torturante primeiro plano. Com base em experiências, deveríamos dizer que o complexo do eu também pode constelar: nessas situações, vemos o mundo sob o aspecto de nosso complexo do eu e do sentimento de valor próprio, isto é, cada vez mais perguntamos o que nos faz bem, ou mal, o que nos sustenta, o que nos diminui, talvez também o que nos idealiza e desvaloriza.

Se complexos estão constelados – e alguns deles sempre estão constelados de alguma forma –, o complexo do eu é influenciado por eles. É normal quando se constata, num experimento de associação, que o paciente tem um complexo no âmbito do sentimento de valor próprio. Todas as pessoas têm um complexo no âmbito do sentimento de valor próprio. Resta perguntar quão coerente é o complexo do eu e como ele se parece. O complexo do eu pode, portanto, ser constelado ou pela constelação de outro complexo ou de forma central. No entanto, essas duas formas de constelação estão frequentemente relacionadas; o processamento dos complexos inconscientes, as ofensas que experimentamos são temas dos complexos do eu. As reações marcadas por complexos sempre afetam nosso sentimento de valor próprio.

Em geral, o complexo do eu é constelado quando nos envergonhamos por não conseguir realizar um trabalho do eu que achamos que devemos realizar, mas também quando as pessoas tocam num lado que queremos manter oculto de nós mesmos e dos outros. Nosso ser deficitário é então revelado, exposto; nós também nos envergonhamos e nos sentimos ofendidos porque talvez alguém nos tenha diminuído de forma bastante específica em nosso valor próprio. Todavia, ofensas que causam constelação do complexo do eu também estão relacionadas à nossa necessidade de aceitação. Se essa necessidade não é mais satisfeita, se somos muito pouco vistos, pouco percebidos, pouco apreciados, se nosso complexo do eu recebe pouquíssima confirmação e atenção exteriores, esse complexo do eu também pode "brotar".

Quando vivenciamos uma ofensa, quando nos sentimos envergonhados ou limitados em nossa atividade do eu justamente quando estamos bem-dispostos para assumir riscos, então aparece o sentimento de autoderrota ou, talvez, um sentimento de não valermos nada – isso é popularmente chamado de complexo de inferioridade. Ou até mesmo um sentimento de que realmente somos um nada, um nada que pode ser aniquilado ou também ser destrutivo. No entanto, essa reação pode ser observada em pessoas cujo complexo do eu é, em si, pouco coerente. A emoção seria então de medo, de sentimentos destrutivos ou também de fúria.

Se nosso complexo do eu não se fragmentou sob a ofensa, então reagimos com comportamentos estereotipados para reestabilizar a autoestima. Nesse contexto, devemos inicialmente citar os mecanismos de defesa. Então dizemos, por exemplo, que somos imensamente gratos pela crítica, porque a crítica nos faz avançar. Queremos, com isso, desfazer a ofensa que experimen-

A dinâmica dos símbolos 111

tamos. Com essa reversão – que, naturalmente, só é reversão se a crítica nos ofendeu –, podemos, por um momento, resgatar nossa autoestima. Não precisamos tanto admitir a ofensa, mas isso também nos impede de trabalhar sobre ela.

Também podemos tentar lidar com a ofensa, o que, entretanto, pressupõe um complexo do eu coerentemente vivenciável e uma boa autoestima; além disso, também só é possível quando a ofensa não nos acertou num ponto muito central. Então perceberemos a ofensa, bem como nossa insegurança e tristeza com o fato de nossa autoimagem evidentemente não se coadunar com a imagem que o mundo faz de nós; constataremos que limites foram apontados, e perguntaremos qual é a relação entre a ofensa e um comportamento errôneo de nossa parte, e como eventualmente podemos corrigi-lo. Lembranças de situações boas na vida, de boas possibilidades de relacionamento, de conquista, mas também lembranças da aceitação de pessoas que nos amam e protegem nos devolvem a boa autoestima. As consequências da ofensa podem se tornar visíveis no modo como corrigimos nosso comportamento ou ser utilizadas em situações que requerem autoafirmação.

Outros comportamentos estereotipados menos construtivos, mas frequentes, podem ser reconhecidos, por exemplo, no desenvolvimento de fantasias de grandeza, na fantasia de figuras idealizadas, grandiosas e talvez também de pessoas iguais a nós, mas de algum modo superiores e que podem nos ajudar. E, por fim, podem ser reconhecidos também tanto na destruição como na desvalorização. Esses comportamentos estereotipados devem ser entendidos como autorregulação da psique; só são patológicos quando se tornaram atitudes que não podem ser influenciadas. Como reações elas ajudam a manter a coerência do complexo do eu.

## A compensação por meio de fantasias de grandeza

Cito, como ilustração, um sonho descrito por Udo Rauchfleisch em seu livro *Allmacht und Ohnmacht*. Rauchfleisch fala de um paciente de 25 anos que fez má figura numa situação competitiva bastante insultante. Ele vivenciou, portanto, uma ofensa dolorosa, cotidiana.

> Eu estava sentado num trapézio bem no alto de um grande ginásio, perto do teto, balançando de um lado para o outro. E olhava para as pessoas, que me pareciam pequenas tão distantes lá embaixo. Sentia-me livre e contente. Algumas delas tentaram, várias vezes, segurar o trapézio onde eu estava sentado. Mas eu não deixava, mordendo na mão da pessoa que agarrava o trapézio, forçando-a a soltá-lo[17].

Esse sonho exprime uma compensação clássica, uma autorregulação. O eu onírico age como um "si-mesmo grandioso" infantil. Quando somos crianças pequenas, temos a sensação de ser onipotentes, todo-poderosas, de que ninguém nos fará mal; e, nessa fase da vida, precisamos disso urgentemente para que continuemos a nos desenvolver. Nossa psique também faz proveito desse mecanismo de compensação mais tarde; nesse processo, o si-mesmo grandioso não é reativado apenas no sonho, mas também na fantasia. Muitas pessoas constatam que têm fantasias de atos heroicos, de entradas espetaculares etc. em situações em que foram ofendidos ou não atingiram o efeito que realmente queriam atingir. A compensação por meio da reativação do si-mesmo grandioso não indica se o que fazemos então é eticamente bom ou mau. Obviamente, a psique se interessa apenas em restabelecer um sentimento de valor próprio suficientemente bom.

---

17. Cf. RAUCHFLEISCH, U., p. 145.

## A compensação por meio de imagens parentais poderosas idealizadas

Outra forma de compensação, sendo talvez também um padrão de comportamento estereotipado, é a ativação de figuras parentais poderosas, idealizadas, seja no sonho, na fantasia ou em relações concretas.

Um *exemplo*: uma mulher, de trinta e poucos anos, tem uma experiência bastante ofensiva com um homem que, em sua opinião, estava interessado por ela. Inicialmente, ela não cede aos desejos sexuais do homem, que então lhe diz que no fundo se sentiu aliviado, porque achava seu corpo balofo e, além disso, ela cheirava mal.

Ela narrou essa vivência na terapia, chorando, agitada, confusa. Peço-lhe que se concentre nas fantasias que estão aflorando. Ela diz:

> Estou passeando com meu pai e minha mãe. Estou com um vestido apertado, e meu pai, que usa várias correntes de ouro e é prefeito ou reitor de uma boa universidade, mostra nitidamente que me acha bonita e atraente.

Isso também é uma forma de compensação; a mulher regride muitos anos em sua vida. Vê-se no papel da garotinha caminhando entre o pai e a mãe, que lhe oferecem muita proteção: nenhum homem pode lhe fazer mal. Além disso, o pai é nitidamente idealizado, com as correntes de ouro e sua função de prefeito ou reitor universitário. O complexo paterno foi ativado numa forma idealizada, e ela, como filha desse pai, é alguém afinal, é valiosa. O medo de não ser sexualmente atraente é afastado. Depois dessa fantasia, a analisanda também se sente claramente melhor, começa a falar de como vivencia seu corpo e do temor de como os homens poderiam vivenciá-lo. Isso mostra que essas possibilidades de comportamento estereotipado, essas formas estereotipadas de compensação também objetivam estabilizar a autoestima até que o conflito abordado também possa ser atacado. Mas nem sempre é esse o caso.

### A compensação por identificação especular

Uma identificação especular se exprime no fato de fantasiarmos ou sonharmos uma relação com uma pessoa que consideramos excelente e que se iguala a nós em aspectos essenciais. Essa relação nos valoriza narcisicamente.

Um *exemplo de compensação por identificação especular*. – Um homem de 48 anos tem uma discussão com seu filho de 24, que o acusa de não ter conseguido nada na vida. O pai, um homem com tendências depressivas, sente-se destruído, imprestável depois dessa conversa; ele tem a impressão de realmente não ter alcançado nada na vida e de que seu filho tem razão. Ele cogita se não seria melhor, em tais circunstâncias, dar um fim à própria vida. Ele sonha:

> Furgler, o membro do Conselho Federal suíço, bate em minha janela como se quisesse me chamar para sair. Como somos da mesma impressionante liga estudantil, iremos juntos a um jogo de futebol e depois a um bar. Nós dois estamos vestindo o suéter do fã-clube do time de St. Gallen.

O homem conta que, depois do sonho, se sentiu imediatamente melhor. Se o membro do Conselho Federal Furgler é, por assim dizer, seu amigo, nada de mal pode lhe ocorrer. Ele saberia o que fazer em qualquer situação. Literalmente: "Você sabe, não é pouca coisa ir a uma partida do St. Gallen com o Furgler, nem todo mundo pode fazer isso". O sonho restabeleceu o sentimento de valor próprio. A questão da tendência suicida desapareceu.

O que aconteceu aqui é uma compensação mediante uma identificação especular. O próprio sonhador acha que é aproximadamente da mesma idade de Furgler. No entanto, não sabe explicar a liga estudantil. Mas são ambos fãs do St. Gallen e, por isso, têm muitas coisas em comum.

### Raiva destrutiva como compensação

Quando nos sentimos *im*potentes, podemos ser tomados de uma raiva *im*potente, acompanhada de fantasias de destruição. Fantasias de destruição permitem ao complexo do eu sentir-se numa fase de ativação quase onipotente; por isso, é tão difícil dominar a ira destrutiva. Essa é a única possibilidade para o indivíduo se sentir vivo e forte nessa situação. Mas essa forma de compensação restitui o sentimento de valor próprio por apenas pouco tempo. Logo depois, o indivíduo facilmente sentirá vergonha e uma renovação da ofensa. A fúria destrutiva se exacerba tão facilmente porque a ofensa precisa ser repelida por novos episódios destrutivos.

*Exemplo de afastamento de uma ofensa mediante raiva destrutiva.* – Um homem de 35 anos tem um problema no trabalho. Seu chefe lhe comunica que não pode mais receber promoções. Isso o ofende enormemente, ele acha injusto e pensa que sua vida está acabada.

Há meio ano, ele faz terapia por causa de uma insatisfação fundamental com a vida. Ele descreve essa experiência, essa ofensa e acrescenta: "Uma fantasia está aflorando em mim agora. Estou demolindo completamente o estabelecimento do meu chefe". Eu lhe peço que prossiga por um momento nessa fantasia. Ele está sentado na cadeira, movendo as mãos como se estivesse destruindo coisas. Também se pode ver que está causando dor a si mesmo. O analisando diz sem cessar: "Isso é bom! Faz bem! Ele vai ter de pôr tudo em ordem".

A raiva destrutiva cessa, o analisando não sente vergonha, nem culpa, que muitas vezes aparecem após fantasias de fúria destrutiva; ao contrário, ele se sente incrivelmente bem. Isso é especialmente importante no caso desse analisando, porque, via de regra, ele dirige a raiva destrutiva contra si mesmo depois das ofensas vivenciadas, para as quais ele é de tal modo sensibilizado que praticamente as coleciona. Após as ofensas, ele frequentemente fantasia sobre como poderia bater o carro contra uma árvore, de modo que sua morte fosse "fatalmente certa".

Na psicodinâmica dos casos de suicídio, as ofensas desempenham papel importante, juntamente com a fantasia de que apenas com o suicídio seria possível evitar um colapso total do sentimento de valor próprio[18].

O analisando diz após essa fantasia de destruição: "Agora que deixei a firma em pedacinhos não posso mais trabalhar lá. Acho que mudarei de firma. Então posso pensar qual trabalho eu realmente quero fazer".

Esse exemplo deixa claro como o sentimento de valor próprio ofendido é restabelecido pela compensação, até mesmo compensação mediante destruição, de modo que é possível se confrontar com o mundo de uma maneira muito mais realista. Também podemos lidar com os problemas de maneira essencialmente mais objetiva e testar se queremos ou não produzir algo novo na vida.

Todo conflito que temos é um estímulo para limitar ou desenvolver o complexo do eu. Se apenas nos defendemos e

---

18. Kast, V. *Der schöpferische Sprung*, p. 66ss.

A dinâmica dos símbolos

mostramos comportamentos estereotipados, sem trabalhar o conflito, não podemos tirar proveito das dificuldades.

## Compensação por depreciação

A depreciação depois de uma ofensa é uma conduta estereotipada bastante comum e, em minha opinião, muito perigosa. Depreciamos pessoas mais próximas que sentimos como ofensivas e que evidentemente parecem demasiado poderosas; depreciamos relações em que podemos nos ofender, depreciamos o mundo que não oferece aceitação suficiente às necessidades de nosso complexo do eu.

*Exemplo de conservação da autoestima suficientemente boa por meio da depreciação.* – Uma mulher de 28 anos que está em terapia há três meses por dificuldades de relacionamento é filha de uma mãe muito bem-sucedida e de um pai com menor sucesso. Por um lado, ela gosta de ter uma mãe assim, com quem se relaciona bem, mas "num piscar de olhos" a considera uma pessoa difícil. Sua mãe tem pouco mais de 50 anos; se a filha traz um homem para casa, este – de acordo com a analisanda – se interessa pela mãe depois de meia hora. A filha se enche de uma fúria silenciosa, que então se exprime em cinismo. Nesse momento, ela vivencia a mãe como dominadora, rival, simplesmente terrível. Quando aborda o assunto com a mãe – ao que ela não oferece objeção –, esta diz: "Não posso fazer nada se todos esses rapazes têm um complexo materno e me acham atraente". Depois de um fim de semana em que se repetiu esse padrão de relacionamento, a analisanda sonha:

> Encontro minha mãe num café imundo. Ela parece horrível. Usa dentadura, seu cabelo está caindo, está deformada de tão gorda, simplesmente horrorosa.

Ela traz esse sonho para a sessão de análise e diz a respeito: "O pior de tudo é que senti pela manhã uma alegria imensa com esse sonho. E não me envergonho por isso. O sonho despertou uma boa autoestima em mim. De repente, eu me dei conta de que, em vinte anos, ainda terei uma boa aparência, mas ninguém pode dizer como minha mãe parecerá em vinte anos. Isso me consolou".

Esse sonho compensa seu péssimo sentimento de valor próprio, pois nele ela deprecia a mãe, que normalmente idealiza, e faz dela uma pessoa terrivelmente feia. Essa depreciação restitui-lhe uma autoestima suficientemente boa.

Nem sempre precisamos de um sonho para estabilizar nosso sentimento de valor próprio. Por exemplo, podemos facilmente depreciar colegas bem-sucedidos que provocaram inveja e, com isso, perturbaram nosso valor próprio, comentando, por exemplo, que eles são, sim, diligentes, mas não estão dizendo nada de novo.

Depreciamos em decorrência de uma inveja secreta, não admitida, o que mostra a necessidade de uma ativação no campo de nossa autoestima. Nossas estratégias de depreciação são variadas; podem aparecer na forma de crítica ao nos confrontarmos com manifestações criativas, como filme, teatro etc.

Com essa postura queremos nos proteger de inveja, inquietude e conflito. O problema acarretado nessa situação é que criamos um entorno totalmente desvalorizado e também desvalorizamos nossas relações. Ninguém nem nada valem alguma coisa; e, quando pressupomos que certa aceitação externa é indispensável para uma boa autoestima, isso significa que seremos aceitos apenas por pessoas depreciadas. Obviamente, essa aceitação também não vale nada. Ao depreciarmos o mundo ao redor, insidiosamente desvalorizamos a nós mesmos.

A dinâmica dos símbolos

Essa estratégia de depreciação produz um círculo vicioso; o mundo acaba por se tornar desvalorizado, sem sentido, e nós próprios também. Caímos num círculo depressivo.

## A compensação como atitude

Os mecanismos de comportamento estereotipados que compensam uma autoestima baixa estão a serviço da autorregulação da psique. É uma reação autônoma, processual, que restabelece suficientemente o sentimento de valor próprio bom, possibilitando uma confrontação com o conflito iminente. Esses mecanismos de compensação ficam patológicos quando se tornam atitudes, quando as pessoas precisam viver permanentemente nessas compensações a fim de suportar a vida.

Se esse mecanismo de compensação se torna uma atitude, se alguém atravessa a vida como se estivesse sentado num trapézio no alto de um ginásio, afugentando a mordidas as pessoas que querem pegá-lo, se ele deve ter sempre outra pessoa ao redor de si a quem possa admirar ou procura constantemente um admirador, então estamos diante de um distúrbio de valor próprio, um distúrbio narcisista.

Essas atitudes não existem apenas na fantasia, mas são apresentadas como exigências aos relacionamentos.

Na terapia, situações típicas de transferência e contratransferência correspondem a essas possibilidades de compensação: se uma pessoa confirma seu valor próprio ferido reativando um si-mesmo infantil grandioso, ela irá introduzir tanto nos relacionamentos como na relação terapêutica o desejo: Confirme para mim que sou extraordinário! Que estou acima de todos! O terapeuta talvez não confirme que alguém é extraordinário, mas sim que tal pessoa *é* como é, que está em ordem. Frequentemente, essas carências narcisistas surgem porque as expressões do complexo do eu não são emocionalmente reasseguradas, ou também porque o indivíduo recebe a mensagem de que sua maneira de se manifestar e se representar não está em ordem.

As crianças, por exemplo, levam broncas frequentes por causa da ativação de seu complexo do eu, são reprimidas porque fazem bagunça, quando inventam alguma coisa; são reprimidas porque se exprimem e talvez o façam com mais barulho do que o permitido pelas regras. O que realmente incomoda é provavelmente o fato de se tratar de uma criança, que é criativa, que ousa ser ela mesma e talvez também ultrapasse seus limites. A criança é confrontada pelas pessoas que lhe são mais próximas, as quais, por um lado, invejam as possibilidades que a criança tem e, por outro, têm grande medo de que a criança não seja suficientemente "ajustada". Por isso, comunicamos à criança que seu comportamento não está em ordem, muitas vezes precisamente quando ela está totalmente em ordem, quando a criança tem, por si mesma, o sentimento de ter feito algo extraordinário, alguma coisa boa, de ter introduzido no mundo alguma coisa bastante satisfatória. Se recebe nessa situação o sinal "Você não está em ordem", a criança fica insegura quanto ao seu bom sentimento sobre si mesma. A emoção "Estou em ordem" – outra expressão para a boa autoestima – se transforma em profunda insegurança.

Em posteriores situações de estresse que atingem o valor próprio, essa incerteza pode aflorar e é compensada por fantasias de onipotência e grandeza. Se isso se torna uma atitude, o indivíduo pode se tornar alguém que está sempre em busca de outras pessoas que o confirmem e admirem. Essa confirmação e admiração, mesmo que bem-sucedidas, são de pouco proveito, pois produzem apenas mais gula por confir-

A dinâmica dos símbolos

mação e admiração. A admiração não nutre. Essas pessoas precisam de muita confirmação emocional de sua existência, para estarem certas de que essa existência está em ordem.

A compensação por figuras parentais revivificadas, idealizadas é uma experiência frequente na relação analítica, sendo o analista a figura parental idealizada; o analisando, a criança ou vice-versa. Nesse tipo de compensação, torna-se claro que a pessoa que assume o papel de dependência abre mão de muita autonomia. Mas, em troca, recebe proteção. Se esse mecanismo de comportamento se torna uma atitude, estamos diante de pessoas que estão sempre em busca de alguém que possam admirar – geralmente, no nível de autoridade, não de igualdade –, de alguém que elas possam seguir. Estão dispostas a renunciar a uma grande parte de autonomia.

No processo terapêutico, o terapeuta é idealizado, recebe total onipotência e é admirado. O analista reage a esse tipo de transferência idealizante, que não é fácil tolerar, porque estimula suas próprias fantasias de onipotência[19], que podem provocar uma desconscientização do complexo do eu, de modo que o analista se torna incapaz de perceber seus próprios limites do eu. Além disso, essas formas de transferência naturalmente deixam claro que nós, os terapeutas, não somos mais vistos como seres humanos.

Na compensação por identificação especular, o indivíduo busca alguém cuja opinião e cujos valores condizem com os seus, que assegure suas próprias opiniões e valores, e, portanto, também ofereça confirmação no plano social. Além disso,

---

**19.** A respeito do tema, cf. as explanações em JACOBY, M. *Individuation und Narzissmus.*

essa pessoa também deve ser alguém que goze de certa importância.

Do ponto de vista da teoria dos complexos, pode-se dizer que esse indivíduo, em seu complexo do eu, se separou mais dos complexos parentais do que aquele que busca uma relação idealizante; ele se desenvolveu mais na direção de uma relação eu-você, embora não aspire a uma relação eu-você: ele procura um gêmeo, que, por seu poder, suas possibilidades de dominar a vida, lhe dê confirmação e proteção.

Na relação terapêutica, esses mecanismos comportamentais se exprimem como atitudes quando os analisandos traçam paralelismos entre sua biografia e a biografia do analista; descobrem que estavam no mesmo ano no mesmo lugar, de repente dirigem o mesmo tipo de carro. As reações responsáveis por mostrar que as vivências e os pensamentos talvez não tenham sido iguais são seguidas por uma vigorosa correção. Essas atitudes, que se manifestam na transferência e contratransferência, podem ser entendidas com base na situação marcante da infância, juntamente com o negativo sentimento de vida ligado a ela. Mas essas atitudes contêm também uma exigência por uma confirmação bastante determinada, que o complexo do eu do analisando necessita e pode ser dada pelo analista.

### A fragmentação

Se não conseguimos restabelecer o sentimento de valor próprio por mecanismos comportamentais estereotipados, que são, ao mesmo tempo, possibilidades de compensação e, assim, também garantir certo autorrespeito, vivenciamos uma fragmentação. Sentimo-nos totalmente confusos, não podemos mais nos orientar, as funções do eu deixam de cumprir seu serviço, somos tomados por diferentes emoções. Fragmenta-

A dinâmica dos símbolos

ção refere-se ao fato de o complexo do eu se esfacelar em seus complexos separados, que levam, então, uma existência à parte, em que o entrelaçamento, normalmente existente, é abolido. Em vez de falar com um eu, falamos com um complexo paterno, com um complexo de culpa etc. A estrutura do eu se desintegra. Nessas situações, a autorregulação não é mais possível. A autorregulação funciona apenas enquanto nosso complexo do eu é suficientemente coerente.

Na fragmentação, a coerência é abolida, a estrutura do eu se desintegra, as funções do eu cessam de cumprir seu serviço. Isso não quer dizer que algumas pessoas são constantemente fragmentadas enquanto outras nunca vivenciam o processo de fragmentação – ou que, em outras palavras, a autorregulação da psique não funcione em algumas pessoas e sempre em outras. O tema da fragmentação também deve ser visto como um processo. Há irrupções na vida, como perdas, casos de luto, que fragmentam o complexo do eu; nessas ocasiões, a autorregulação não é possível. Mas também há ofensas que são tão centrais que provocam uma fragmentação. Pessoas com uma reação psicótica têm um complexo do eu fragmentado, o que também impossibilita temporariamente a autorregulação. Mas, gradualmente, recomeça o processo de restituição; o eu recupera os limites e o processo de autorregulação também se reinicia.

Recentemente, a gestalt-terapia evidenciou de modo plausível esse processo de restituição em pessoas que padecem de reação psicótica. Figuras mostram que as possibilidades de compensação não estão mais presentes, tampouco a coerência – as imagens consistem em fragmentos. Além disso, é possível reconhecer que há uma restituição – supostamente deflagrada por trabalho em grupo (caso em que o grupo atua como recipiente coesivo) ou pela relação com outra pessoa ou pela introdução de material arquetípico, que, em si, é claramente estruturado (por exemplo, mediante contos de fadas), ou apenas pela passagem do tempo[20]. Evidentemente, pessoas que puderam desenvolver um complexo do eu pouco coerente tendem, no decorrer da vida, a uma fragmentação ou à perda da estrutura do eu mais do que pessoas que puderam desenvolver um complexo do eu coerente – elas são, por assim dizer, estruturalmente fracas. No entanto, devemos levar em conta que as pessoas também podem ter ilhas-de-eu bastante coerentes dentro de um complexo do eu debilmente coerente, enquanto pessoas com um complexo do eu coerente terão ilhas que não são tão coerentes. Também há situações de vida, eventos de vida que nenhum complexo do eu pode realmente dominar, nem precisa dominar, no sentido de um funcionamento sem fricção alguma.

*Exemplo de vivência da fragmentação do eu.* Um homem de 48 anos perdeu a esposa e uma filha num acidente de carro. Ficou com dois filhos, um de 11, outro de 14 anos de idade. O homem não tem talento algum para assuntos domésticos, é pouco afeito às questões do dia a dia. Sente-se desorientado, confuso, "não sabe onde está com a cabeça", e é enviado pelo médico a uma intervenção em crise.

Durante uma de nossas conversas, ele diz: "Aliás, tive um sonho que realmente acabou comigo". Isso é muito típico para uma autorregulação ausente: sonhos que nos dão o golpe de misericórdia. Este foi seu sonho:

> Um monstro arranca minhas mãos, meu coração, uma perna já está longe de mim; talvez já tenha

---

**20.** Cf. KRAPP, M.

A dinâmica dos símbolos

> perdido a cabeça. Tenho a impressão de que estou me dissolvendo. E, ao despertar com essa dissolução, penso que ela tem sua razão de ser, pois, seja como for, eu prefiro morrer.

O homem narra esse sonho sem emoção alguma, como se estivesse recitando uma fórmula matemática.

Esse sonho é um retrato preciso de sua situação. Ele diz estar confuso, e posso perceber isso em seu modo de falar: ele me pergunta, por exemplo, se sua mulher está morta ou não, se sei para onde ele levou seus filhos, se sou a terapeuta ou a médica que falou com ele. O complexo do eu fragmentado torna-se evidente no sonho, e as funções do eu distorcidas se mostram no relacionamento real: ele não confia mais em sua percepção; não pode depender da memória; não fala mais de modo ordenado.

Esse estado da fragmentação do eu é relativamente frequente em choques devidos a uma perda repentina. Essas pessoas também não querem mais perceber o mundo, não querem mais se lembrar; ou a roda do tempo tem de girar para trás, ou elas não conseguem mais encontrar seu próprio caminho.

Esse homem diz temer estar louco, o que é expressão dessa fragmentação, do sentimento de estar dilacerado, comum em processos de luto.

Não é fácil descrever a forma terapêutica de lidar com isso, porque, no fundo, simplesmente compartilhamos a situação com o indivíduo. Não fugimos, mas também não dividimos o pânico. Substituo para ele suas funções do eu, digo-lhe, por exemplo, que ele me disse ter deixado os filhos na casa do irmão, o que provavelmente seria verdade. Ele também me disse que sua mulher havia morrido, o que também é verdade.

Asseguro-lhe de que está desorientado, mas, às vezes, também tem ilhas de orientação. Tento assimilar seu sentimento de dilaceramento, seu grande medo que eu sinto e que está ligado a esse sentimento. Ao mesmo tempo, procuro comunicar-lhe que esses sentimentos condizem com a situação e são difíceis de suportar. Seu sonho representou um tema arquetípico, também conhecido como tema do desmembramento, e que está relacionado à morte e ao renascimento. Por exemplo, Osíris foi despedaçado pelo deus da morte Seth, e Ísis teve de procurar todos os seus pedaços e juntá-los. Osíris foi então reanimado e assumiu o lugar de um deus. Em diferentes mitos, a morte e o desmembramento como ritual são a fase de transição necessária para o renascimento e a nova fecundidade[21].

Essa referência a um símbolo da humanidade que, além do mais, repousa no processo de morte e renascimento desperta esperança e é essencial para o terapeuta, pois o medo que acompanha essa fragmentação também lhe é comunicado: é o puro medo existencial. Não é sensato tocar no tema da transformação quando o indivíduo vive uma situação de dilaceramento. É importante que o terapeuta sinta em si a esperança ligada a esse tema e, ao mesmo tempo, assimile as emoções que acompanham esse desmembramento. É essencial saber que estamos lidando com um mito de transformação, em última análise, com um mito de criação; essa esperança é, por assim dizer, o recipiente terapêutico, em que o complexo do eu pode novamente experienciar a si mesmo como coerente.

Cinco meses depois do primeiro sonho, acontece essa integração. Um sonho exprime que o complexo do eu e, portanto, uma nova identidade, uma nova autoestima podem ser

---

**21.** NEUMANN, E. *Die Grosse Mutter*, p. 184s.

A dinâmica dos símbolos

novamente experienciados. Também reaparecem os limites
que não estavam mais presentes no primeiro sonho:

> Sonhei que estava nu e bastante fraco num *spa*.
> Três mulheres e três homens me envolvem com
> um lençol molhado. A sensação é de uma quentu-
> ra agradável. Sinto minha pele, sinto-me de novo,
> sinto-me vivo, sinto os limites. Tenho o sentimento
> de recuperar um pouco de força.

Parece-me essencial o fato de ele sentir novamente sua
pele, sentir-se novamente; a pele é nosso limite permeável do
si-mesmo corporal. O sonhador está feliz com o sonho e diz
que agora sente a si mesmo novamente.

Quando sentimos nosso si-mesmo corporal, nosso eu físico, temos a impressão de sermos idênticos a nós mesmos. No
caso de pessoas fragmentadas, parece-me bom tentar fazê-las
sentir seu corpo novamente, se isso ainda lhes é possível. O
interessante no sonho em questão é que o sonhador é tratado
com esse invólucro molhado, o lençol molhado num *spa*, um
lugar onde cuidamos do corpo e, também, do eu físico.

Antes do advento dos tranquilizantes, os psicóticos eram
envolvidos nesses lençóis molhados quando estavam muito
agitados. Essa ideia foi retomada por uma clínica universitária
em Genebra: pessoas que se encontram num estado muito
agitado ou catatônico são embrulhadas em lençol molhado. O
corpo reage com calor. Uma equipe ao redor cuida do paciente nesse "embrulho", criando, portanto, uma situação em que
cuidado e confiança podem se desenvolver. O paciente, por
meio do próprio corpo, pode vivenciar o sentimento de existir.
Pode ser, portanto, uma situação de morte e renascimento ou
uma restituição do complexo do eu[22].

---

**22.** Cf. DE COULON, N.

O homem teve esse sonho muito antes de alguém me chamar a atenção para esse método do "embrulho". Nesse contexto, também é interessante que ele tenha recebido o cuidado de três mulheres e três homens, ou seja, de aspectos masculinos e femininos. Simbolicamente, o tema "morte e renascimento" foi retomado nesse sonho, sendo especialmente representado o renascimento do complexo do eu.

Depois do sonho, o homem pode realizar o assim chamado trabalho de luto, é capaz de aceitar lembranças da vida em comum com a mulher e a filha, e lidar com problemas que está vivenciado na vida conjunta com os filhos, que também estão em luto pela mãe e pela irmã.

Em seguida, constata-se que esse analisando não dispõe de um eu mal-estruturado, sua coerência de eu é perfeitamente satisfatória. Apenas a grande perda, que lhe sobreveio como um choque, tinha causado a fragmentação de seu complexo do eu.

É típico que as pessoas reajam com uma fragmentação total ou parcial do complexo do eu quando perdem alguém que significava muito para elas. Isso não deve surpreender se levamos em conta que uma perda provoca grandes reajustes em nossa identidade, e que o trabalho de luto deve finalmente levar a uma identidade do eu transformada. Nessas situações de luto não podemos julgar se essas pessoas são habitualmente eu-frágil ou eu-forte. Podemos, no entanto, discernir isso ao levar em conta o período de recuperação que elas necessitam até que possam dispor novamente de suas funções do eu. Os termos "força do eu" e "fragilidade do eu" representam a expressão popular daquilo que até agora chamei de coerência do eu boa ou má, o que também significa que o complexo do eu tem estruturas nítidas e claros limites do eu.

A dinâmica dos símbolos

Força do eu significa, portanto, que o eu é capaz de vincular complexos constelados ao complexo do eu e não precisa acionar muitos mecanismos de defesa quando emoções desconhecidas são vivenciadas ou quando aparecem fantasias amedrontadoras. De modo geral, esses mecanismos de defesa estabelecem, por um momento, um equilíbrio psíquico. Visto que o complexo que quer ser integrado é reprimido ou dissociado, devemos contar com distúrbios mais intensos. Quem, portanto, tem de acionar mecanismos de defesa de modo menos rigoroso pode lidar mais facilmente com o conflito que é expresso em cada complexo. Assim, exceto em casos extremos, podemos com base nos mecanismos de defesa acionados e perceptíveis determinar a força do eu ou a fragilidade do eu, difíceis de diagnosticar. Vale a regra: quem pode aplicar mecanismos de defesa variados, modulados, adquiridos tardiamente, tem um eu mais forte[23], isto é, um complexo do eu coerente, com estruturas capazes de suportar fardos pesados.

A capacidade de integrar complexos constelados ao complexo do eu significa que uma pessoa está em condição de lidar com conflitos, contradições, e preparada para sempre questionar-se a si mesma e ver-se de modo novo. Também significa que ocorre o desenvolvimento do complexo do eu. No âmbito dos relacionamentos, um eu mais forte significa a capacidade de nos envolvermos com outras pessoas, aceitá-las em suas peculiaridades, mesmo que não combinem conosco, "entrelaçarmo-nos" emocionalmente sem medo de nos perder no longo prazo. Ser eu-forte significa poder assumir o risco de perder a boa imagem uma vez, mas também de perder a si mesmo, manter-se altruísta numa relação. Mas é preciso

---

**23.** MENTZOS, S., p. 62.

enfatizar que a força do eu não é apenas algo habitual, pois nosso eu pode ser mais forte ou mais frágil de acordo com a situação.

Podemos detectar a fragilidade do eu se, ao contrário do que ocorre na sua própria força, mecanismos de defesa são rapidamente acionados, sobretudo mecanismos de defesa precoces, particularmente a dissociação e a negação. Estes dois estão frequentemente inter-relacionados. A forma mais vivenciada de dissociação é aquela em que nos declaramos exclusivamente bons e, os outros, exclusivamente maus. Esses mecanismos de dissociação indicam que há enorme ansiedade, mas uma escassa tolerância a ela, que deve ser reprimida a todo custo. O inconsciente pode ser integrado, ou algo como um processo de individuação começa, apenas quando o complexo do eu é resistente, quando está presente uma coerência do complexo do eu. Por isso, é tão essencial pensar no complexo do eu e também em como podemos restabelecer essa coerência em situações em que ela está ausente.

O próprio Jung menciona, em várias passagens de sua obra, que a integração do inconsciente ao consciente – o processo de individuação – só é possível quando a consciência ou o eu é suficientemente forte, quando, portanto, está presente uma consciência capaz de suportar fardos.

Por isso, quando o método do processo de individuação parece sensato, é de suma importância resolver como restabelecer a coerência do complexo do eu em situações em que ela não é garantida.

# A dinâmica dos símbolos

### *Reflexões terapêuticas sobre o restabelecimento da coerência do complexo do eu*

Visto que o complexo do eu é definido como complexo central, podemos inicialmente transferir-lhe a maneira como lidamos com complexos.

O complexo precisa ser reconhecido. A autoestima da pessoa cujo complexo do eu está constelado deve ser percebida. Ela também deve ser encorajada a perceber e exprimir as correlatas fantasias. Em geral, isso não é fácil e exige grande confiança entre analisando e analista. Como descrevi antes, essas fantasias são, com grande frequência, fantasias de grandeza ou destruição, das quais o analisando normalmente se envergonha. Se o terapeuta não consegue destacar a significância das fantasias, estas terão de ser reprimidas novamente.

Com enorme frequência, os sentimentos devem ser reconhecidos pelo terapeuta. Eles não são assimilados apenas por meio de manifestações verbais, que muitas vezes podem mais mascarar do que revelar sentimentos mais profundos, mas também por meio da percepção da expressão corporal, da atmosfera predominante, ou mediante a concentração do analista sobre sua própria psique, que responde à situação especial. A palavra "empatia" foi criada para essa capacidade de assimilação e compreensão. Não se trata apenas de produzir uma atmosfera empática em que as pessoas possam se comunicar, mas realmente de o terapeuta formular as emoções que parecem pairar no ar. Essa situação é comparável às situações no desenvolvimento do complexo do eu, em que as pessoas mais próximas à criança pequena percebem seus sentimentos expressos – numa modalidade totalmente distinta – e dão à criança a certeza de que tais sentimentos podem ser entendidos e estão em ordem.

Como todo complexo retrata os padrões de relacionamento da infância, que facilmente se dividem de novo em duas pessoas, os choques mais difíceis que inibiram ou distorceram o desenvolvimento do complexo do eu constelam-se com facilidade na terapia, como já mostrei ao tratar da compensação por grandeza ou por figuras paternas idealizantes etc. Se esses padrões de relacionamento são vivenciados e compreendidos emocionalmente – aqui, a situação da criança de outrora deve ser entendida, mas também a das pessoas que lhe eram mais próximas –, então uma nova vivência e um novo comportamento se tornam possíveis.

Na terapia, não apenas se repete e se repara a antiga infância. O essencial é que haja uma pessoa que possa também se envolver confiavelmente com emoções bastante desagradáveis e tente compreendê-las e explicar o motivo de sua existência para o indivíduo que as sente e delas se envergonha. Aqui me parece importante que o terapeuta não assuma simplesmente um papel superprotetor – no seguinte sentido: essa pessoa teve uma vida tão dura que agora quero lhe propiciar muitas coisas boas –, mas crie um solo nutridor ao levar a sério e formular todas as expressões emocionais. Para isso é imprescindível uma confiabilidade emocional e não necessariamente uma presença contínua. A meu ver, uma parte integrante da confiabilidade emocional é que nós, como terapeutas, não abandonemos nossos próprios sentimentos. Por exemplo, se estamos irritados e alguém nos chama a atenção por isso, devemos assumir essa irritação e não agir como se estivéssemos apenas reflexivos. Isso significa que devemos dar segurança ao âmbito social dessas pessoas, ao lhes confirmar que as emoções que elas percebem são também corretas; e se não estão corretas, devem ser corrigidas. Além disso, penso

A dinâmica dos símbolos

que confiabilidade emocional significa que o terapeuta declare nitidamente quais regras são válidas nessa relação e que também sejam respeitadas.

Não raro, pessoas em situações em que o complexo do eu está fragmentado ou sob grande pressão exigem do terapeuta presença quase permanente. Se essa exigência é atendida, será pedida cada vez mais presença. Não acho que o profissional deva estar sempre presente – tampouco as pessoas que eram mais próximas da criança. Mas, quando presente, deve se envolver emocionalmente com o indivíduo.

Quando as funções do eu não são mais operantes, quando as pessoas ficam confusas e as lembranças se tornam turvas e o pensamento incoerente, então o terapeuta colocará as funções do eu à disposição delas, assim como descrevi no caso do homem com trauma do luto. As funções do eu devem ficar à disposição, nos âmbitos da vida, apenas enquanto isso for necessário.

Mas me parece que não fornecemos apenas as funções do eu, mas também a autorregulação da psique. Este sistema não é mais possível no analisando quando o complexo do eu não é coerente ou é pouco coerente. Penso que, nesses casos, o inconsciente compartilhado pelo analisando e o analista cria a possibilidade de que o analista vivencie a contrarregulação e a introduza no processo analítico.

*Um exemplo de como o analista põe suas funções do eu à disposição do analisando.* – Durante a primeira sessão do analisando que perdera esposa e filha num acidente de carro e me parecia bastante desorientado, subitamente vejo fórmulas matemáticas diante de mim: uma equação com muitas incógnitas. Não entendo nada dessa imagem; o homem não me parece como uma equação com muitas incógnitas; há muito não tenho mais intimidade com matemática. Isso deve ser uma forma de contratransferência: evidentemente, meu inconsciente assimilou alguma coisa do inconsciente desse homem, que então chegou ao meu consciente, e formulo. Digo-lhe: "Isso me parece estranho, mas, de repente, vejo diante de mim uma equação com muitas incógnitas. Isso quer dizer alguma coisa para você?" Ele responde, sem hesitar: "Você sabe, equações com muitas incógnitas podem ser facilmente resolvidas". Pede-me que eu dê mais detalhes e lhe diga quantas incógnitas são etc., e sugere soluções. Depois me olha espantado e diz: "Isso ainda funciona. Estou muito contente. Afinal não estou louco". Eu não podia saber que ele tinha interesse por matemática; essa imagem que me ocorreu aparentemente tocou uma parte saudável do seu eu e lhe devolveu o sentimento de ainda funcionar, um sentimento que é extremamente importante nessa situação. Penso, portanto, que a autorregulação não está mais funcionando nele, mas em mim.

Os sonhos e as imagens do analisando nessa situação também são extremamente importantes para mim. Sem dúvida, essas mensagens inconscientes normalmente não serão percebidas pelo analisando, enquanto o complexo do eu não apresentar certa coerência, mas os sonhos e as imagens podem iluminar a relação analítica, podem retratar padrões de relacionamento, indicar a disposição emocional do analisando e ser novamente um pressuposto para que o analista também perceba, de fato, essa disposição emocional. Deve-se levar bastante a sério o fato de que, embora pessoas nessas situações ouçam e vejam mensagens nos sonhos – que são frequentemente de imagens fortes e impressionantes –, os sonhos não modificam suas emoções.

Mas isso não é uma regra universal. Parece-me bastante importante lembrar que ninguém tem simplesmente uma fraca coerência do eu, que também pode ser condicionada pela situação, e sempre há situações em que essas pessoas podem reagir com um eu mais forte. Parece-me problemático não perceber os terríveis sentimentos do não-poder-ser, do ser-sempre-estranho dessas pessoas, mas também me parece problemático torná-las mais doentes do que estão ou declarar como doentes aqueles aspectos com os quais elas podem desenvolver e aproveitar estruturas autônomas como uma fuga para frente.

Lidar terapeuticamente com pessoas que sofrem de um complexo do eu pouco coerente, ou com pessoas que se encontram em situações em que a coerência do complexo do eu se perdeu temporariamente tem muito a ver com o modo como concebemos o desenvolvimento do complexo do eu. Na psicologia junguiana, isso significa levar as pessoas à vivência de que seu si-mesmo está por trás de seu desenvolvimento do eu: torná-las conscientes do eixo eu/si-mesmo, como diz Neumann[24]. Isso pressupõe que o terapeuta não se veja como mãe onipotente, sem a qual essa pessoa não poderia continuar vivendo. Ao contrário, devemos aplicar nossas funções materno-paternas para que, na relação terapêutica, essa pessoa se experiencie a si mesma de novo e aconteçam os processos de desenvolvimento que nós, como terapeutas, devemos aceitar e confirmar.

---

**24.** NEUMANN, E. *Das Kind*, p. 51.

# 5  Aspectos do arquétipo

Os arquétipos são o cerne dos complexos[1]. Por isso, há também muitos complexos típicos, que se tornaram bastante populares, como, por exemplo, o complexo paterno, o complexo materno, o complexo de poder, ou complexo de ansiedade[2] etc. Visto que os símbolos são as estações de processo dos complexos, Jung também distingue entre símbolos de caráter pessoal e símbolos de caráter suprapessoal. O primeiro extrai seu significado primordialmente da história de vida do indivíduo; e o segundo são símbolos tipicamente humanos, que também dão às pessoas estímulos novos, essenciais e afetam muitas pessoas. As obras criativas normalmente abordam símbolos suprapessoais. Jung diz a respeito das fantasias de caráter suprapessoal:

> Essas imagens de fantasia indubitavelmente têm seus análogos mais próximos nos tipos mitológicos. Por isso, é de supor que correspondam a certos elementos estruturais *coletivos* (e não pessoais) da psique humana em geral[3].

---

1. JUNG, C.G. "Synchronizität als ein Prinzip akausaler Zusammenhänge". *GW* 8, § 856.
2. Prefácio de C.G. Jung para S.X. Jacoby.
3. JUNG, C.G. "Zur Psychologie des Kindarchetypus". *GW* 9/I, § 262.

A dinâmica dos símbolos                                              137

De diversos paralelismos entre temas mitológicos existentes, de temas comparáveis da história da religião, da arte, da poesia etc., Jung conclui que há elementos estruturais básicos na psique, que ele chama de arquétipos. O efeito desses arquétipos é descrito, por exemplo, da seguinte maneira:

> Do inconsciente emanam efeitos determinantes que [...] garantem a cada indivíduo uma semelhança, até mesmo igualdade de experiência, bem como de sua representação imaginativa. Uma das principais provas disso é, por assim dizer, o paralelismo universal entre temas mitológicos, que, em virtude de sua natureza como imagens primordiais, chamei de arquétipos[4].

Em outra passagem, Jung diz que os arquétipos provocam "modos de comportamento e função determinados num estágio pré-natal"[5]. Os arquétipos intervêm "na formação dos conteúdos conscientes, regulando, modificando e motivando-os"[6]. Então podemos dizer resumidamente que os arquétipos são constantes antropológicas da vivência, da representação, do processamento e do comportamento. São, por assim dizer, expressão da "natureza humana", do ser humano[7].

As representações e experiências arquetípicas que vivenciamos com nossa consciência devem ser diferenciadas do arquétipo em si. Representações arquetípicas "são estruturas

---

**4.** JUNG, C.G. "Über den Archetypus mit besonderer Berücksichtigung des Animabegriffs". *GW* 9 I, § 118.

**5.** JUNG, C.G. "Medizin und Psychotherapie". *GW* 16, § 206.

**6.** JUNG, C.G. "Theoretische Überlegungen zum Wesen des Psychischen". *GW* 8, § 404.

**7.** JUNG, C.G. "Die psychologischen Aspekte des Mutterarchetypus". *GW* 9/I, § 152.

amplamente variadas, que remetem a uma forma básica *abstrata*. Esta se caracteriza por certos elementos formais e por certos significados fundamentais, que, entretanto, só podem ser apreendidos de maneira aproximativa"[8]. Além disso, essas representações arquetípicas são transmitidas por nossos complexos pessoais, o que também explica por que muitos fatores pessoais estão entrelaçados com o que é típico numa situação arquetípica.

Portanto, o arquétipo é, de um lado, um fator estruturante nos âmbitos psíquico e físico; isto é, os processos psíquico e físico se movem dentro de uma certa tipicidade humana. As pessoas têm, em determinadas situações, emoções comparáveis, impulsos comparáveis. O arquétipo, que, em si, é irrepresentável e transcende a consciência, produz imagens semelhantes, bem como reações instintivas e físicas. De outro, o arquétipo contém uma dinâmica bastante especial[9], pois é capaz de fazer com que algo passe da potencialidade para a atualidade, que haja uma constelação, que sintamos algo como uma força motriz. Von Franz fala dessa dinâmica como "princípio de movimento espontâneo que transcende a consciência"[10]. Jung emprega vários conceitos semelhantes para esse dinamismo, como "princípio de atividade e movimento espontâneos", e diz que esse dinamismo provoca uma livre criação de imagens e uma manipulação soberana delas[11]. A conclusão que pode ser tirada daí é que "o inconsciente não

---

**8.** JUNG, C.G. "Theoretische Überlegungen zum Wesen des Psychischen". *GW* 8, § 417.

**9.** Ibid., § 414.

**10.** VON FRANZ, M. *Zahl und Zeit*, p. 36.

**11.** JUNG, C.G. "Zur Phänomenologie des Geistes im Märchen". *GW* 9/I, § 393.

A dinâmica dos símbolos 139

é meramente condicionado pela história, mas produz ao mesmo tempo o impulso criativo – assim como a natureza, que é extremamente conservadora e, em seus atos de criação, transcende sua própria condicionalidade histórica"[12].

O conceito de inconsciente coletivo também está ligado ao conceito de arquétipos. Jung diferencia, de um lado, o inconsciente pessoal, cujos elementos estruturais são sobretudo os complexos emocionalmente carregados, e consiste em experiências reprimidas, em vivências que nos poderiam ser conscientes, e, de outro, o inconsciente coletivo e seus elementos estruturais, os arquétipos. Jung diz a respeito do inconsciente coletivo: "Ele é [...] idêntico a si mesmo em todas as pessoas e forma, com isso, uma base psíquica geral de natureza suprapessoal presente em todos os indivíduos"[13].

Os arquétipos seriam, portanto, influências do inconsciente reguladoras, modificadoras, motivadoras, que inicialmente não têm a ver com os nossos problemas representados pelos complexos. Por isso, imagens arquetípicas ou símbolos suprapessoais são também vistos como "material saudável"; embora, em conexão com o arquétipo, doente e saudável não sejam categorias, nem mau e bom, porque o arquétipo se encontra além de bom e mau, ou doente e saudável[14]. No entanto, quando o eu é suficientemente coerente, podemos experienciar grandes impulsos transformadores ao aceitar representações arquetípicas. Ao relacionarmos problemas pessoais a processos coletivo-arquetípicos – como retratados, por exemplo, nos

---

**12.** JUNG, C.G. "Die Struktur der Seele". *GW* 8, § 339.

**13.** JUNG, C.G. "Über die Archetypen des kollektiven Unbewussten". *GW* 9/I, § 3.

**14.** JUNG, C.G. "Psychologie und Dichtung". *GW* 15, § 160.

contos de fadas –, a emoção da esperança é despertada, esperança de que os problemas sejam superados. Além disso, fantasias também são evocadas, geralmente baseadas nesses símbolos arquetípicos, que transmitem a sensação de mais autonomia, mais competência para lidar com a vida, e com mais significância.

Para Jung, representações arquetípicas são o equipamento básico da psique humana, atemporal, necessário à vida. Sem ele o homem não pode viver.

> Há problemas simplesmente insolúveis por nossos próprios meios. Admiti-lo tem a vantagem de tornar-nos verdadeiramente honestos e autênticos. Assim se coloca a base para uma reação compensatória do inconsciente coletivo [...] Se tivermos tal atitude, forças auxiliadoras adormecidas na nossa natureza mais profunda poderão despertar e vir em nosso auxílio, pois o desamparo e a fraqueza são vivência eterna e eterna questão da humanidade. Há também uma eterna resposta a tal questão, senão o homem teria sucumbido há muito tempo [...] A reação necessária e da qual o inconsciente coletivo precisa exprime-se mediante representações formadas arquetipicamente[15].

Em outra passagem, ele diz:

> Qualquer relação com o arquétipo, quer vivenciada quer apenas dita, é "comovente", isto é, ela atua; pois solta em nós uma voz mais poderosa do que a nossa. Quem fala através de imagens primordiais, fala como se tivesse mil vozes; comove e subjuga, enquanto ao mesmo tempo eleva o que está

---

**15.** JUNG, C.G. "Über die Archetypen des kollektiven Unbewussten". *GW* 9/I, § 44s.

A dinâmica dos símbolos 141

> designando, da esfera do uma-só-vez e transitório, à esfera do ser eterno; eleva o destino pessoal ao destino da humanidade e com isso também libera em nós aquelas forças auxiliadoras que desde sempre possibilitaram à humanidade salvar-se de todos os perigos e também sobreviver à mais longa noite[16].

Aqui Jung vincula as representações arquetípicas ao efeito dos processos criativos. Mas creio que ele aqui também tenha se referido a um objetivo terapêutico: o indivíduo sofredor pode relacionar seus problemas àqueles que sempre constituíram o ser humano; isso desperta, sobretudo, a esperança de poder viver com os problemas, lidar bem com a vida.

Nessas tentativas de descrição por parte de Jung, também fica claro como uma constelação arquetípica é vivenciada pela consciência. Com base nos complexos, já sabemos que as constelações arquetípicas estão carregadas de grande emoção; elas normalmente nos fascinam. No contexto da grande emoção que é liberada pelas constelações arquetípicas e levada ao consciente, Jung fala de "numinosidade". São imagens que cativam, prendem, que também são coercivas. São experiências coercivas que comunicam a impressão de significância, de sermos pessoalmente referenciados por alguma coisa como o destino. Se um arquétipo é constelado, somos tomados por uma fortíssima emoção, acompanhada de fantasias intensas, visões, ideias de uma utopia – também podem ser fantasias sexuais potentes. Não conseguimos nos livrar do tema, tentamos compreender essas imagens que tanto nos ocupam, pesquisando algo comparável, conhecido da história

---

**16.** JUNG, C.G. "Analytische Psychologie und dichterisches Kunstwerk". *GW* 15, § 129.

da humanidade. Aplicamos o método da amplificação: trata-se de uma tentativa de inserir a imagem arquetípica, a ideia arquetípica que nos ocupa em um contexto de significado mais amplo, de ampliá-la mediante imagens semelhantes. Dessa maneira, é mais fácil obter acesso ao conteúdo significante de uma imagem. Esse método também faz sentido porque o arquétipo, por si, não é visível, e as representações arquetípicas se sobrepõem de variadas maneiras e, além disso, são distorcidas por complexos e especificidades culturais.

Na amplificação, os temas não são observados apenas isoladamente, mas em sua típica conexão, em seu ambiente típico. Para que a amplificação não leve à conclusão de que tudo é tudo, e o homem e a vida e o mundo são uma totalidade – o que indubitavelmente também são –, devemos atentar para o fato de que os temas possuem conteúdo expressivo emocional comparável.

Um tema arquetípico é, por exemplo, "a criança divina". Aparece em diversas mitologias, como Jesus, Krishna, Hermes, Buda etc. A "criança divina" sempre nasce de maneira especial, maravilhosa, ocasionalmente também duas vezes, ou há uma concepção incomum (cf. o nascimento virgem de Jesus). A criança é então abandonada, passa por sérios perigos e, frequentemente, é confrontada com uma força demoníaca, que deseja liquidar a criança. A ameaça por um adversário acaba por fortalecer a criança, que, em sua invencibilidade, mostra que é um ser capaz de transformar o mundo.

O tema mitológico da "criança divina", juntamente com os elementos estruturais relacionados, encontra-se na religião, na arte, na literatura, em sonhos. A fenomenologia é semelhante, assim como o é a forte emoção que nos toma. Se aceitamos esse tema, também irrompe em nós esperança no futuro, na inovação, no crescimento em direção da independência. Se podemos experienciar o símbolo da "criança divina", se o arquétipo da "criança divina" é constelado, isso vem acompanhado por um elemento de possível remodelação, de modificação criativa, mas também de confronto entre novo e velho; mas, no todo, trata-se de um símbolo para a experiência da possibilidade de mudança, que, em última análise, não pode ser totalmente explicada.

O símbolo da "criança divina" significa a criança em nós; mas, para além disso, significa o recomeço sempre possível de toda vida. Esse tema da "criança divina", juntamente com seus fatores estruturais, também sofre influência específica da cultura. Por exemplo, Jesus é certamente uma criança diferente de Krishna. Relata-se que Krishna participou de travessuras infantis, como amarrar vacas pelos rabos etc. Certa vez, ele comeu barro e foi delatado pelos amigos. Quando sua mãe lhe pediu contas, ele disse que os amigos estavam mentindo. Sua mãe lhe ordenou que abrisse a boca; então viu toda a criação: sol, lua, continentes, montanhas, oceanos. Quanto a Hermes, diz-se que, ainda bebê, roubou um rebanho de bovinos, algo dificilmente imaginável no caso de Jesus[17].

A vivência da constelação arquetípica também é modificada por nossos complexos: conforme as vivências que associamos à condição infantil, à infância, teremos uma experiência diferente desse arquétipo. No entanto, penso que situações difíceis da infância podem abafar, mas não eliminar o aspecto de esperança que reside nesse tema arquetípico. É nisso que se mostra outra dimensão do arquétipo. Isso se torna claro em pessoas que sofrem de uma doença compulsiva: a psicodinâmica da neurose compulsiva consiste no fato de uma instân-

---

**17.** Cf. SCHWARZENAU, P.

cia onipotente, proibitiva, ao estilo de um deus punitivo, estar em conflito com uma criança que gostaria de se desenvolver, ter um futuro, viver. O doente compulsivo se identifica com a instância onipotente, proibitiva. Com isso, ele tenta controlar as consequências dos atos, em particular as consequências da vida e qualquer transformação criativa. No tratamento da doença compulsiva, o arquétipo da "criança divina" é geralmente ativado, juntamente com o arquétipo do adversário a ele pertencente e ligado a essa instância proibitiva. Apesar dessa tensão, o tema da "criança divina" é vivenciado como portador de esperança.

### A crítica de Bloch à teoria dos arquétipos de Jung

Ernst Bloch foi um dos maiores críticos de Jung. Sua crítica se refere, sobretudo, ao conceito de arquétipo. Bloch atacou Jung em seu livro *O princípio esperança*[18]. Seus argumentos são injustos, esplendidamente emocionais. Vinte anos após a morte de Jung, Bloch ainda se irava com o "herege de Zurique". Insultamos dessa forma apenas alguém que nos é próximo.

As acusações de Bloch: o arquétipo é algo ultraconservador, terrivelmente regressivo; a humanidade não poderia se desenvolver dessa maneira, não haveria transformações políticas. Bloch acrescenta que Jung teve uma visão totalmente errada do arquétipo; segundo ele, no arquétipo residiria toda a potência para a utopia, a fantasia para tudo o que pode modificar o futuro. Ele fala de "esperança arquetipicamente encapsulada".

Portanto, Bloch escolheu a dedo um aspecto que evidentemente podemos encontrar em Jung, a saber, a noção de que

---

18. Cf. BLOCH, E.

as pessoas permanecem as mesmas – até mesmo ao longo de milhões de anos. Mas ele ignorou, ou reivindicou para si, o outro aspecto: desse fundamento psíquico, brota também o impulso criativo, estruturalmente determinado pelo arquétipo.

Em várias passagens, Jung diz que o inconsciente não é apenas "historicamente condicionado, mas produz, ao mesmo tempo, o impulso criativo"[19]; além disso, diz que o processo criativo consiste numa "ativação inconsciente do arquétipo e em seu desenvolvimento e modelação até a obra acabada", e "dar forma à imagem primordial [...] é, de certo modo, uma tradução para a linguagem do presente"[20]. Justamente os arquétipos que mais faltam ao espírito da época são ativados; e os arquétipos são reinterpretados no contexto desse espírito, ao qual, portanto, são acrescentados elementos que haviam sido negligenciados.

A crítica de Bloch, ilícita a meu ver, é, contudo, importante, pois sempre se negou certa relevância política à psicologia junguiana. Essa falta de relevância política (caso ainda não tenha sido provada até agora) tem menos a ver com o conceito de arquétipo do que com a tendência de considerar o mundo exterior, o mundo político, os interesses políticos menos importantes do que o mundo interior; com a tendência de não levar a sério que o processo de individuação, embora seja um processo interno de integração, é também um processo externo de relacionamento. Se é verdade que as constelações arquetípicas só podem ser consteladas no sentido de uma imensa autorregulação, então deveria ser possível, por exem-

---

**19.** JUNG, C.G. "Die Struktur der Seele". *GW* 8, § 339.

**20.** JUNG, C.G. "Analytische Psychologie und dichterisches Kunstwerk". *GW* 15, § 130.

plo, reunir imagens arquetípicas atualmente consteladas de diferentes pessoas, para tratar, digamos, a questão da "natureza ameaçada". Em minha opinião, constelações arquetípicas ocorrem apenas onde temos uma relação intensa com outro indivíduo, com uma coisa ou uma ameaça. Arquétipos, enquanto elementos estruturais do inconsciente coletivo dotados de dinâmica, são apresentados em símbolos à consciência pelos complexos pessoais como conteúdos do inconsciente pessoal. Mas sempre se levanta a pergunta se não haveria alguma coisa entre o inconsciente pessoal e o inconsciente coletivo. Szondi falava de um inconsciente familiar, Erich Fromm postulou um inconsciente social; esses conceitos poderiam facilmente ser introduzidos na psicologia junguiana, tanto mais porque Jung, nos estudos de associação diagnóstica, fala dos assim chamados "complexos familiares", isto é, implicitamente se refere a um inconsciente familiar. Acredito ser bastante típico que haja complexos concernentes a toda uma sociedade, ou pelo menos a toda uma geração. Assim, temos, por exemplo, a impressão de que a geração de 68 demonstrou uma constelação de complexo coletivo bastante determinado, que motivou suas ações. Ou podemos constatar que atualmente muitas pessoas têm trabalhado sobre o assim chamado complexo materno, o que, segundo minha experiência, não está simplesmente ligado ao fato de que essas pessoas teriam sofrido experiências ruins fundamentais no âmbito "mãe". Se as questionamos individualmente, descobrimos, com frequência, que elas tiveram uma mãe suficientemente boa. Portanto, seria possível pensar que o complexo relativo ao aspecto materno é, coletivamente, problemático; e todos nós participamos do plano coletivo.

No entanto, se quiséssemos introduzir o conceito de um inconsciente coletivo, não deveríamos ter em vista apenas o que é reprimido, o que foi negligenciado, mas também pensar no novo que aspira vir à luz, em algo que aspira ser integrado à consciência – nesse caso, por exemplo, o aspecto positivo do arquétipo da mãe.

**Constelação arquetípica e relação**

Quando as constelações arquetípicas são vivenciadas? Visto que estão na base de nossos complexos, elas seriam vivenciadas em todas as situações em que os complexos são constelados. Mas em tais situações elas normalmente permanecem em segundo plano.

Nesse contexto, Jung fala frequentemente do caráter regulador da constelação do arquétipo; os arquétipos se constelam quando a consciência se distancia muito de seus fundamentos. Minha experiência é que as constelações arquetípicas ocorrem frequentemente numa relação. Do ponto de vista da psicologia do desenvolvimento, também devemos conceber aqui que o arquétipo materno e o paterno também são ativados pela relação com a mãe e o pai; esses arquétipos, por sua vez, seriam matizados pela emoção predominante ligada às pessoas que nos são mais próximas. Por outro lado, também devemos levar em conta que a ativação desses arquétipos sobrecarrega nossos pais com exigências de aspectos paternos e maternos, coisa que sempre existiu na história humana.

Pode haver constelações arquetípicas espontâneas que são apropriadas à dimensão criativa do arquétipo. Mas essas constelações são, com bastante frequência, ativadas na relação com outra pessoa, o que sempre demanda certa atitude consciente. Essa situação parece-me claramente expressa na visão de ser humano dos contos de fadas. De início, os heróis e heroínas sempre fazem tudo o que está em seu poder (após algumas tentativas fracassadas). Com a consciência do eu, eles buscam, portanto, superar as dificuldades com que se confrontam, assumem o máximo possível de responsabilidades. Tentam, por conseguinte, agir com autonomia. Vem então o momento em que devem admitir que não sabem mais para onde ir, que chegaram ao fim. Nessa situação, é frequente que durmam ou tenham um sonho (Jorinde e Joringel), ou sejam encontrados no dia seguinte por alguém que os leva à cena dos eventos posteriores. Aqui também se nota o modelo do processo criativo.

Essa perspectiva ecoa no trabalho de Jung, quando ele afirma a existência de problemas que não podemos resolver com nossos próprios recursos e que a confissão disso ofereceria então a condição para ocorrer uma reação compensatória do inconsciente coletivo[21]. Este é o caminho sugerido: inicialmente devemos esgotar nossas atividades do eu e então esperar uma boa ideia, uma pessoa que possa nos ajudar, uma emoção que nos preencha de esperança.

A criança que cresceu com pessoas que lhe permitiram experimentar por si mesma, mas também perceberam quando a situação superava as forças da criança e a ajudaram, pode muito mais facilmente confiar em que algo de bom a aguarda no mundo. Esse indivíduo até mesmo acredita que tem direito a isso; e, com bastante frequência, o que ele espera se torna realidade. Pessoas que sempre tiveram de fazer tudo sozinhas precisam de muita confiança para permitir a experiência de

---

**21.** JUNG, C.G. "Über die Archetypen des kollektiven Unbewussten". *GW* 9/I, § 44s.

A dinâmica dos símbolos 149

que elas também podem obter alguma coisa. Notar que alcançaram algo é um fato totalmente essencial para elas. Com frequência, é primeiramente num relacionamento humano que essas pessoas vivenciam a confiança fundamental e necessária para que se abram a imagens arquetípicas.

*Exemplo da vivência de constelações arquetípicas.* – Uma mulher de 18 anos teve experiências maternas negativas: sua mãe biológica não a queria perto de si; ela foi enviada primeiro para uma avó, depois para a outra. Por fim, encontraram uma mãe adotiva para ela. Desse modo, ela foi enviada de uma figura materna para outra; quando aos 6 anos estava finalmente integrada a uma família em que se sentia bem, sua mãe biológica, por ter se casado, buscou-a de volta. Teve início, então, uma vida carregada de conflitos.

Com 18 anos, a jovem procura terapia porque tem medo de maltratar o filho que gerou ainda solteira. Seu sentimento de vida é: ninguém me quer, todo mundo me manda embora, não sou ninguém, não sou capaz de nada, mas vou mostrar uma coisa para vocês: vou acabar com vocês todos, assim como acabaram comigo.

Seus primeiros sonhos são marcados por formas maternas, que ela designa como bruxas: formas potentes, enigmáticas, que a encerram em masmorras, que a alimentam com comida envenenada etc.

Esse aspecto arquetipicamente matizado do complexo materno, o aspecto "bruxa", é transferido para mim. Ela diz: "Você é a bruxa pior de todas, você é boazinha comigo agora, mas vai me enxotar na primeira oportunidade". Pouco ajuda minha compreensão de que ela deve pensar e agir assim por causa de sua história de vida.

Lutamos uma com a outra por aproximadamente um ano e meio. Muitas vezes tenho o impulso de mandá-la embora. Mas, com o tempo, me acostumo com esse tipo de briga; começamos a lutar uma com a outra amistosamente, o que se reflete em seus sonhos. Aparecem novas figuras femininas: mães gordas com "verdadeiros aventais" e cabelos amarrados. Estão cozinhando com ela numa cozinha. Seu comentário: "O que tenho a ver com essas coisas antiquadas em minha alma?"

Falo com ela sobre seu sentimento, que é extremamente ambíguo: de um lado, ela se sente muito bem com essas mulheres maternais; de outro, tem a impressão de que poderia perder toda sua autonomia. Para mim isso é um sinal de que o arquétipo da mãe foi constelado em seus aspectos de nutrição e cuidado, em oposição ao aspecto envenenador de antes. E isso também significa que ela poderia ser maternal para si própria e seu filho, e ela não precisa mais ver o mundo todo apenas como uma mãe envenenadora. Por isso, ela precisa se defender menos e, consequentemente, necessita menos arsenal de defesa.

Basicamente, confiamos em que, tão logo a imagem problemática expressa no complexo seja experienciada e também emocionalmente compreendida, uma experiência dos aspectos apoiadores, permissivos e, portanto, do lado materno positivo dentro de uma relação seja desenvolvida, o que possibilita, portanto, evocar o arquétipo materno em seu aspecto positivo.

Nos sonhos dessa mulher aparecem então as mais variadas figuras maternas. Inicialmente, ela própria se encontra numa posição de filha. Em seus sonhos, ela se separa dessas mães e se une a elas como amiga; externamente, ela vivencia que está se desenvolvendo como uma mulher essencialmente materna, não apenas em relação a si mesma, mas também em relação ao seu próprio filho.

Segundo minha experiência, a abertura para essa esfera arquetípica ocorre, amiúde, em relações em que é possível confiança, principalmente em nossas próprias forças. O exemplo anterior deixa claro que as formas ativadas são cada vez menos marcadas pelo complexo original, porém cada vez mais correspondem a possibilidades humanas gerais, que estão acessíveis e disponíveis a essa pessoa no mundo cotidiano. Contudo, isso não significa que o âmbito do complexo problemático original simplesmente desapareça; na verdade, a essa vivência do complexo se acrescentou o reconhecimento de que há também outras experiências que se contrapõem ao complexo.

A vivência de constelações arquetípicas não acarreta simplesmente soluções concretas para os problemas, mas, muito comumente, uma modificação da disposição emocional básica que permite ao eu enfrentar os problemas correntes.

*Exemplo de mudança da disposição emocional básica mediante constelações arquetípicas.* – Um homem de 34 anos sofreu, por dois anos, várias e prolongadas fases de depressão. Sintomas de apatia estão em primeiro plano; ele se movimenta o mínimo possível e ganha muito peso, o que o incomoda. Sente-se vazio e tem a sensação de que sua vida é substituível: "Eu sou substituível, meus filhos também, minha mulher é substituível, a Suíça é substituível, você é substituível, tudo é substituível".

Esse sentimento de vida transmite impotência, incerteza, angústia. Esse homem raramente sonha, e, quando sonha, são sonhos que se aproximam bastante de coisas concretas. Sonha, por exemplo, que tenta amarrar os sapatos mas não consegue.

Após dois anos de terapia, em que tentamos várias vezes assimilar seu sentimento de vida, e criar, pela transferência e contratransferência, o entrelaçamento emocional com sua infância e também movimentar seu inconsciente pela imaginação etc., ele traz um sonho que modifica nitidamente sua situação. Ele relata o sonho vivenciando-o de novo na imaginação, ou seja, no presente. Portanto, também o apresento aqui nessa forma.

> Parece que algum monstro está me cuspindo, talvez uma baleia, ou talvez também um submarino ultramoderno, capaz de ejetar as pessoas pela parte da frente. Acho que é um submarino, mas também é uma baleia. Sou lançado numa praia, isso dói muito. Preciso correr, do contrário as ondas me puxam de volta para o mar. Estou sem fôlego, finalmente chego à terra firme, respirando como nunca respirei na vida (nessa hora o paciente também respira profundamente), respiro como se tivesse nascido de novo. É assim também que me sinto.

Depois de um suspiro profundo, sentado em sua cadeira, ele diz bastante satisfeito: "Estou respirando de novo".

No que diz respeito aos sinais somáticos, o indivíduo não respira de maneira apropriada na disposição depressiva; sua respiração é rasa. Por isso, até mesmo em disposições depressivas, é benéfico ao indivíduo fazer alguma coisa que o deixa ofegante, porque assim ele pelo menos respira de novo – caso isso ainda seja possível. Para o sonhador, esse "Estou respirando de novo" é de extrema importância.

Ele continua narrando que foi atirado com uma força incrível e faz a seguinte associação: "É como se alguém me dissesse: ou você é destruído agora ou continua vivendo. Agora me sinto totalmente vivo, respiro de modo diferente, quero viver. Posso viver de novo". Essas são as associações ao seu sonho que exprimem a mudança emocional.

A dinâmica dos símbolos

153

Aqui se torna claro que constelações arquetípicas são levadas à nossa consciência por meio de símbolos, nesse caso pelo conhecido tema do ser devorado por uma baleia, modernizado pelo aprisionamento num submarino. Pelo que sei, e ele também, não existem submarinos que expelem as pessoas pela frente. Provavelmente esse tema se refere, antes, a projéteis. Mas fica claro que ele sonha com o tema mitológico da baleia, a viagem marítima noturna, o renascimento. No entanto, não conversamos sobre isso, pois o importante é a emoção que ele tem e esse "eu nasci de novo": ambos exprimem o tema de melhor modo do que qualquer explicação.

Isso não resolveu nenhum de seus problemas. Mas agora ele os aborda com atitude completamente diferente.

Esse sonho funcionou como uma grande libertação; em seguida, ele passou a respirar de forma mais consciente, ele estava vivendo.

## Consequências do conceito do arquétipo para lidarmos com símbolos

Os símbolos são as estações de processamento dos complexos; os arquétipos estão por trás dos complexos. Temos mais relação ou com símbolos pessoais ligados à nossa história de vida, ou com símbolos suprapessoais que exprimem conteúdos arquetípicos. No entanto, os símbolos suprapessoais são levados à consciência pelos complexos. Portanto, em última análise, o arquétipo está na base do símbolo, que o aponta como o elemento enigmático, "uma imagem arquetípica de caráter difícil de definir"[22].

---

**22.** JUNG, C.G. "Die praktische Verwendbarkeit der Traumanalyse". *GW* 16, § 340.

Aqui fica claro que um símbolo nunca pode ser totalmente explicado. Nele há sempre um excedente de significado, que pode ser a causa de sempre haver novas formações de fantasias, novos impulsos criativos.

A técnica da interpretação na psicologia junguiana corresponde a esses contextos estruturais. Eu gostaria de exemplificar isso por meio da teoria da interpretação de sonhos.

O sonho, como expressão simbólica, é inicialmente examinado como sequência de imagens (1º passo). Por isso é razoável que o sonhador, ao narrar o próprio sonho, o reviva na imaginação[23], e é também razoável e útil que o analista veja o sonho como sequência de imagens, embora seja óbvio que nossas imagens jamais serão as imagens de outro indivíduo. Essa visão da sequência de imagens nos leva a vivenciar o símbolo, perceber a emoção relacionada a ele ou liberá-la passo a passo vivenciando-a.

As perguntas levantadas nesse contexto (2º passo) são: como é a reação emocional espontânea ao sonho? Como o indivíduo se sente, que estado de ânimo transmite? Também investigamos situações que são obscuras e poderiam indicar que ocorreram repressões, que poderiam ser indícios, portanto, de complexos reprimidos. Essa vivência do símbolo poderia ser seguida por uma forma concreta, como a pintura, ultrapassando sua configuração na imaginação.

O terceiro passo da interpretação inclui a assimilação do contexto, que consiste em informação, associação e amplificação. A informação está comprometida com a ideia de que o indivíduo que sonha pertence a um mundo real, onde há problemas a resolver e, além disso, ele se envolve em relações que

---

**23.** Cf. KAST, V. *Imagination.*

A dinâmica dos símbolos

também o confrontam com obstáculos. Por isso, perguntamos pela situação de vida atual do indivíduo, por quais problemas eram especialmente prementes na época do sonho; buscamos informações sobre figuras no sonho – em que contexto o indivíduo já as encontrou antes, o que significam. Com isso, abordamos a história de vida, as fantasias etc. do indivíduo.

As associações estão ligadas à ideia de que os símbolos são estações de processamento dos complexos. As associações devem nos ajudar a descobrir quais padrões de relacionamento complexados ou, talvez, quais complexos são tocados pelo sonho. Associações são a coletânea de emoções que evocam figuras, lugares e situações oníricas. Isso pode ser determinado pelo próprio sonho ou pelas lembranças provocadas por ele. Com frequência, aqui também são associados padrões de relacionamento emocionais. Surge então a pergunta: Onde o sonhador se comporta como as figuras do sonho. Em todo caso, esse padrão de relacionamento também pode ser identificado na relação analítica.

A amplificação tem a ver com a ideia de que o cerne do complexo é um arquétipo. Fazem parte da amplificação a produção de analogias com sonhos anteriores, como também a inclusão de temas mitológicos relacionados, encontrados em contos de fadas etc. Como o sonho, via de regra, retrata um processo simbólico, o processo dentro do sonho recebe atenção especial. Consideramos a situação de partida, a pergunta sobre onde o eu do sonho se encontra, qual situação problemática é representada; depois, damos atenção para onde acontecem coisas surpreendentes e mudanças inesperadas no sonho, e quem as provoca. O importante é a relação entre o eu do sonho e outras figuras do sonho, análoga ao complexo do eu com sua posição central em comparação com outros complexos. Essa pergunta também fornece resposta para a posição atual do eu do sonho no mundo, para a dinâmica que está ocorrendo em nossa psique.

O fim do sonho nos informa se acontece algo de novo, não conhecido, e para qual objetivo o símbolo conduz. Esse aspecto final – o aspecto do desenvolvimento que se encontra no símbolo – mais importante para a psicologia junguiana do que o aspecto causal, que pergunta pelas situações marcantes. Apesar de achar que um não pode existir sem o outro, penso que a dimensão do desenvolvimento que reside no símbolo é essencial. No símbolo, não apenas lembranças são apresentadas ao indivíduo, mas também – o que é fundamental – a expectativa de algo mais na vida.

A interpretação nos níveis objetivo e subjetivo está ligada à ideia de que o processo de individuação, apresentado à consciência pelos símbolos, é, de um lado, um processo de relação e, de outro, um processo de integração. Na interpretação no nível objetivo, pessoas e situações são relacionadas a pessoas e situações reais. Na interpretação no nível subjetivo, pessoas e situações são vistas como uma potencialidade nossa, como aspectos da personalidade. Visto que o processo de individuação ocorre, via de regra, na relação analítica, é preciso perguntar se o símbolo pode ser vinculado à relação entre analisando e analista.

Também é essencial perguntar como o corpo é vivenciado no sonho, o corpo como base do complexo do eu.

Por fim, levantam-se outras perguntas relativas à situação de vida atual: o processo do sonho pode ser transferido para uma situação de vida atual? Pode contribuir para nosso conhecimento sobre a situação? Estimula nova ação, novas atitudes? O sonho seria compreendido, então, como reação

# A dinâmica dos símbolos

inconsciente a uma situação inconsciente no sentido da autorregulação; e essa reação inconsciente pode ser uma confirmação, uma indicação de uma oposição, uma tendência à mudança a partir do inconsciente. Ou caberia perguntar se o sonho representa algo estranho na vida, algo que fascina, provoca ansiedade. Aqui, o sonho seria entendido como processo inconsciente, sem relação direta com a situação consciente; aqui poderia se tratar do aparecimento de antigas vivências, por exemplo, da infância, ou de constelações arquetípicas ou também apenas de uma indicação de que, no momento, a coerência do complexo do eu não permite estabelecer contato com constelações inconscientes. Nesse caso, podemos recorrer às técnicas de meditação, imaginação, trabalho artístico para processar o sonho.

A ideia de que os símbolos são apresentados à consciência em processos simbólicos, que podem ser bastante prolongados, está ligada à atenção dada à série de sonhos. A ideia básica por trás disso é que a vida onírica é contínua, o que também fica visível no fato de que, quanto mais dominante é determinada problemática, mais fácil se torna reconhecer a conexão entre os sonhos[24].

Séries de sonhos relativizam nossas interpretações, sempre mostram novos aspectos, novas perspectivas, enquanto outros passam para segundo plano. As séries de sonhos mostram, de modo impressionante, quão pouco unívoco pode ser um símbolo, ainda que sua comunicação emocional seja relativamente isenta de ambiguidades.

---

**24.** Cf. "Träume bei Trauernden". In: KAST, V. *Trauern.*

## O arquétipo do si-mesmo e o processo de individuação

O arquétipo que constitui o cerne do complexo do eu é o si-mesmo. Eu gostaria de citar mais uma vez as tentativas de descrição do si-mesmo por Jung: segundo Jung, "o si-mesmo designa a extensão total de todos os fenômenos psíquicos no ser humano. Expressa a unidade e totalidade da personalidade como um todo"[25]. Em sua última obra, *Mysterium Coniunctionis*, Jung escreve que o si-mesmo é "fundamento e origem da personalidade individual" e a engloba "no presente, passado e futuro"[26]. Além disso, fala do si-mesmo como um princípio de formação numinoso e apriorístico[27], bem como, posteriormente, da fonte de energia do indivíduo[28]. Ele também chama o si-mesmo de "secreto *spiritus rector*" de nosso destino[29]; ele é a "mais completa expressão daquela combinação do destino que denominamos indivíduo"[30].

Na medida em que o si-mesmo consiste em conteúdos conscientes e inconscientes – e o inconsciente, por definição, não é consciente –, o si-mesmo nunca é totalmente apreensível. Como qualquer arquétipo, ele também continua misterioso. Por isso, o si-mesmo também não pode ser localizado no espaço de uma consciência do eu; ao contrário, ele se comporta "como uma atmosfera que circunda o homem e cujos limites, tanto temporais como espaciais, só podem ser fixados de maneira incerta"[31].

---

**25.** JUNG, C.G. "Psychologische Typen, Definitionen". *GW* 6, § 891.

**26.** JUNG, C.G. "Die Konjunktion". *GW* 14 11, § 414.

**27.** JUNG, C.G. "Zwei Schriften über Analytische Psychologie". *GW* 7, § 303.

**28.** JUNG, C.G. "Der Fisch in der Alchemie". *GW* 9/II, § 203, Anm. 37.

**29.** JUNG, C.F. "Die alchemistische Bedeutung des Fisches". *GW* 9 II, § 257.

**30.** JUNG, C.G. "Die Mana-Persönlichkeit". *GW* 7, § 404.

**31.** JUNG, C.G. "Die alchemistische Bedeutung des Fisches". *GW* 9/II, § 257.

A dinâmica dos símbolos

Visto que o complexo do eu se funda no si-mesmo e recebe do si-mesmo o impulso de desenvolvimento – si-mesmo entendido como *spiritus rector* –, ele também é necessário para encarnar o si-mesmo. A relação entre complexo do eu e si-mesmo é, portanto, de fundação recíproca. Em consonância com isso, Jung diz:

> O eu vive no espaço e no tempo e, para existir, deve se adaptar às suas leis. Mas se é assimilado ao inconsciente de tal modo que toda decisão é deixada para este último, o eu é sufocado, e não existe mais nada em que o inconsciente pode ser integrado ou realizado. A distinção entre o eu empírico e o eu "eterno" e universal é, portanto, de importância absolutamente vital. [...] *A integração do inconsciente só é possível se o eu for capaz de resistir*[32].

Essa citação deixa bastante claro que a relação entre si-mesmo e eu é de fundação recíproca, mas também mostra que o processo de individuação só é possível quando há um complexo do eu suficientemente coeso. Além disso, encontramos aí outra definição do si-mesmo como o ser humano "eterno" e universal. O processo de individuação significaria, portanto, encarnar os impulsos do homem "eterno" e universal no complexo do eu sempre que estiver presente uma constelação. Nesse contexto, Jung diz:

> O si-mesmo, em seu desejo de se autorrealizar, se estende para todos os lados além da personalidade do eu; graças à sua natureza abrangente, ele é mais claro e mais escuro do que esta última e, consequentemente, confronta o eu com problemas que este preferiria evitar[33].

---

**32.** JUNG, C.G. "Die Wiederkehr der Seele". *GW* 16, § 502s.

**33.** JUNG, C.G. "Die Konjunktion". *GW* 14/II, § 433.

Nesse contexto, ele também cita que o si-mesmo só pode ser distinguido daquilo que desde sempre chamamos "Deus" apenas no plano conceitual, mas não no prático[34].

Como psicólogos, não fazemos asserção alguma sobre Deus, mas falamos de imagens divinas, como podem ser encontradas na psique humana e como são vivenciadas e formadas. Quando o arquétipo do si-mesmo está constelado – quando é vivenciado em sonhos, fantasias, visões, imagens –, essa constelação está ligada a uma grande emoção. Os símbolos do si-mesmo são acompanhados por uma aura de numinosidade, que é, propriamente, o poder que emana da divindade. Jung fala com frequência de numinosidade e, ao usar esse termo, implicitamente dá a entender que alguma coisa do efeito dos antigos deuses poderia estar oculta no efeito desses arquétipos. Como o arquétipo do si-mesmo é o arquétipo central, ele é acompanhado de uma emoção especial, uma emoção de profunda comoção, de absoluta significância, ligada ao sentimento vital de um natural estar-em-si e também de conexão com um todo maior. Esse arquétipo é repetidamente vivenciado e provoca um inesperado centramento da personalidade. No entanto, influências arquetípicas jamais duram muito tempo.

No plano fenomenológico, o si-mesmo aparece, segundo Jung, nos símbolos de uma personalidade superior, como um rei, herói, profeta ou um salvador[35]. Obviamente, essas personalidades superiores também devem ser consideradas em sua forma feminina.

Sou bastante cética em relação à ideia de que essas personalidades superiores já são símbolos do si-mesmo. Entendo

---

**34.** Ibid.

**35.** JUNG, C.G. "Psychologische Typen, Definitionen". *GW* 6, § 891.

que Jung assim argumenta porque o si-mesmo é superior ao eu. Mas acredito que um rei, por exemplo, pode perfeitamente significar uma extensão do complexo paterno ao plano arquetípico. Aqueles símbolos do si-mesmo – que exprime, de fato, a unidade e a totalidade da personalidade – representados pelo círculo, pelo quadrângulo, pela quadratura do círculo, pela cruz etc. parecem-me mais prováveis. Também me parecem convincentes, porque esses símbolos formais estão ligados a um efeito emocional inexplicável, especialmente a mandala, de que falarei mais tarde. A cruz já exprime a união de opostos – como o si-mesmo também o insinua. O si-mesmo pode também aparecer como dualidade unificada: o símbolo Yin-Yang é um exemplo conhecido; mas também o par de irmãos ou de irmãs e o casal heterossexual podem representar símbolos do si-mesmo. O casal heterossexual é um dos mais dinâmicos símbolos do si-mesmo.

Se o si-mesmo é expresso e experienciável por meio desses símbolos, ele provoca um centramento, elimina um estado de caos. A isso está ligada a vivência de uma identidade indubitável e do caráter fatídico da situação de vida em que esse símbolo se constela.

Os símbolos que citei aqui indicam a estrutura arquetípica em que o si-mesmo aparece para nossa consciência. Por outro lado, o aspecto dinâmico do arquétipo é a autorrealização; esta é vista, portanto, como acontecimento arquetípico. Se o tema da autorrealização se encontra em primeiro plano, são outros símbolos que representam o si-mesmo (por exemplo, o crescimento de uma árvore).

## A mandala como símbolo

Dentre os símbolos que exprimem o aspecto estrutural do arquétipo do si-mesmo, a mandala é, certamente, um dos mais conhecidos. Jung trabalhou bastante com ela.

"Mandala" significa "círculo" em sânscrito. A palavra se tornou um termo geral nos estudos religiosos e na psicologia, e nesta, sobretudo, como símbolo da inteireza[36]. Em culturas indo-tibetanas, reconhecemos as mandalas em representação de um quadrado inscrito em um círculo ou vários círculos concêntricos.

> Na meditação, o iogue visualiza a mandala; reconhece, inicialmente, que ela é verdadeiramente o universo, que se reflete nela. [...] assim, a mandala é o instrumento para a grande transformação[37].

Na psicologia, as representações de círculos com ênfase no centro são vistas, fundamentalmente, como mandalas. Jung diz que o simbolismo da delas abarca todas as "figuras concentricamente ordenadas, circunvoluções em torno de um centro, redondas ou quadradas, e todos os arranjos radiais ou esféricos"[38]. Em todo caso, a forma circular desempenha papel importante na humanidade; ela é de uma "inteireza e unidade únicas". Ingrid Riedel se dedicou intensamente a esse símbolo[39]. Experiências mostram que figuras de mandalas são pintadas, principalmente, por pessoas que estão passando por uma inquietação interior; podem ser figuras circulares com

---

**36.** LURKER, M., p. 352.

**37.** Ibid., p. 353.

**38.** JUNG, C.G. "Traumsymbole des Individuationsprozesses". *GW* 12, § 46, Anm. 2.

**39.** RIEDEL, I. *Formen*, p. 90.

A dinâmica dos símbolos

uma estrutura muito simples ou imagens bastante complexas. O processo de vivência transmitido é o de que, apesar de todo o caos, há um centro ao qual sempre podemos nos referir, há uma ordem, existe a possibilidade de concentração. Mas se observamos o plano de fundo das imagens de mandalas, percebemos que cada uma delas igualmente exprime que o indivíduo também está incluído na vida cósmica.

A criação dessas figuras de mandalas é expressão de um processo de centramento psíquico. O próprio Jung diz que essas mandalas têm um considerável efeito terapêutico, mas adverte contra imitá-las, pois isso não surtiria efeito. Vivemos numa época em que há oferta de cursos de pintura de mandala, e parece-me que a rigorosa rejeição de Jung também deve ser revista: quem se sente atraído por um curso talvez já tenha uma necessidade interna de lidar com mandalas. A pintura de uma mandala restabeleceria, portanto, a coerência do complexo do eu, na medida em que o eixo eu/si-mesmo pode ser vivenciado.

Como exemplo, gostaria de aduzir uma imagem clássica de mandala de Jung e, em seguida, uma que foi criada em meu consultório. Assim como Jung diz que o sonho é sonhado entre o analista e o analisando[40], também penso que a formação dessas imagens simbólicas se dá entre analista e analisando. Jung era um entusiasta das mandalas clássicas, e talvez por isso elas também tenham surgido em seu consultório. Trata-se de mandalas pintadas por uma mulher de 55 anos, que Jung, em seu livro *Os arquétipos e o inconsciente coletivo*, descreve sob o título "Da empiria do processo de individuação".

---

**40.** JUNG, C.G. *Briefe* I, p. 223.

Eis uma mandala clássica[41] (cf. caderno iconográfico, imagem 12), construída com um círculo e um quadrângulo, em que o quadrado preto representa e exprime o "quadrado da vida", o que é vivenciado no entorno concreto. O círculo simboliza, antes, o englobamento numa personalidade mais universal. Há ainda quatro círculos internos, que foram relacionados pela pintora às quatro funções do eu – creio haver bem mais do que quatro funções do eu. Mas também é possível que o círculo verde com a pessoa envolta por cobras represente o submundo, o mundo das pulsões. O homem com as aves no círculo amarelo representa o mundo do espírito, enquanto os homens montados no cavalo e no elefante nos círculos vermelho e azul representam o ser humano sustentado por suas diversas forças instintivas e capaz de modelar a vida em harmonia com elas. Tudo isso junto seria uma imagem da presente situação fantasiada do complexo do eu, misteriosamente abarcado pelo si-mesmo.

A ideia da união dos opostos desempenha grande papel nessa mandala, até mesmo na escolha das cores: o vermelho da flor contrasta com o preto; verde e vermelho, azul e amarelo são forças cromáticas vizinhas.

No processo de individuação, o tema arquetípico da "criança divina" também é frequentemente vivenciado e representado, e não raro em conexão com a mandala: a criança se encontra, por exemplo, no centro da mandala ou cresce de uma árvore, de um ovo dourado ou de um cálice de flor. Nesse contexto, Jung crê que a criança antecipa a forma que emerge da síntese dos elementos consciente e inconsciente da personalidade e que o tema da criança também indica, portanto,

---

**41.** JUNG, C.G. "Zur Empirie des Individuationsprozesses", Bild 19. *GW* 9/I.

A dinâmica dos símbolos

que um eixo eu/si-mesmo está representado e a vida pessoal começa a se unir com a suprapessoal. Por isso, Jung entende o tema da criança como o "salvador"[42].

Quando o si-mesmo é ligado ao símbolo da "criança divina", mesmo quando é integrado ao símbolo da mandala, penso que, por essa tentativa de centramento – essa *tentativa de autocura por parte da natureza*, que [...] brota de um impulso instintivo"[43] e é levado à consciência no símbolo da mandala –, novas coisas são produzidas. Mostra-se um novo desenvolvimento de personalidade, abordam-se novas possibilidades de realização no mundo concreto. Se o si-mesmo é simbolizado no círculo ou no quadrado, ou também como Yin e Yang, então creio que o aspecto estrutural formal do si-mesmo está muito mais em primeiro plano. Um complexo do eu que tem pouca coerência recobra sua coerência por meio desse símbolo de totalidade, no sentido de uma autocura. Se a mandala é combinada com o arquétipo da "criança divina", o processo da autorrealização, que é o aspecto dinâmico do arquétipo, já está abordado.

Ao menos na visão de Jung, a formação da mandala deixa bastante claro que a coerência do complexo do eu também pode ser reproduzida espontaneamente pela constelação do arquétipo do si-mesmo. No entanto, esses símbolos, via de regra, também surgem numa relação analítica, de modo que é difícil distinguir qual papel a relação ou a autorregulação da psique do analista desempenham nisso.

Um exemplo de meu consultório (cf. caderno iconográfico, imagem 13) é um desenho da mesma autora das "pinturas

---

**42.** JUNG, C.G. "Zur Psychologie des Kindarchetypus". *GW* 9/I, § 267.

**43.** JUNG, C.G. "Mandalas". *GW* 9/I, § 714.

de vaca" do início do livro. Temos agora uma figura semelhante a uma mandala, que aparece com grande frequência em meu trabalho de analista.

Trata-se de uma mandala na transição de uma representação concreta para uma simbólica. A vaca contém, por assim dizer, a mandala em sua barriga. Portanto, a mandala, o aspecto do centramento e da segurança puderam ser encontrados por meio do processo de vivenciar a vaca – a qual pode ser concebida como um princípio maternal nutridor, instintivo. A segurança também é expressa na coloração da mandala. Do centro da mandala nasce uma criança diretamente para os braços da mulher, que se encontra atrás da mandala. Essa mulher pode ser vista como o eu da pintora, que se dedica à criança. Pode ser também uma imagem da analista: isso exprimiria que o novo pode se desenvolver se a analista conta com ele e também o aceita.

Atrás da vaca também cresce uma nova árvore – que, como mostrarei, também é um símbolo do processo de individuação, no sentido do crescimento, do vir-a-ser da criança.

Essa imagem no estilo de mandala também mostra que um símbolo do si-mesmo pode estar estreitamente ligado a configurações da mãe arquetípica. Mostra que ocorre um autocentramento, mas também se estabelece o eixo eu/si-mesmo; além disso, revela que esse si-mesmo pode lentamente se encarnar na vida pessoal, a qual é supostamente ativada de maneira extraordinária.

### O processo de individuação

A dinâmica que emana do arquétipo do si-mesmo efetua autorrealização. O tema da autorrealização é um tema da humanidade.

A dinâmica dos símbolos

O processo de individuação tem dois aspectos principais: de um lado, ele é um processo de integração subjetivo, interno; de outro, um processo de relação objetivo, igualmente indispensável[44].

O processo de integração significa que os símbolos apresentados à nossa consciência são vivenciados, modelados, compreendidos, especialmente em sua expressão emocional, e depois também influenciam nossa ação e nossas atitudes.

No entanto, o processo de individuação também é um processo de relação, pois, segundo Jung, "a relação com o si-mesmo é, ao mesmo tempo, a relação com o próximo, e ninguém tem uma relação com este se não a tem primeiramente consigo mesmo"[45]. A autorrealização não deve ser vista como exclusão do mundo ao redor; ao contrário, a autorrealização, a autoformação são sempre também a configuração de uma relação. Isso não quer dizer de modo algum que nosso semelhante pode nos ser útil "apenas" como portador de projeção. Sem dúvida, nas relações já ocorrem inúmeras projeções; é bastante frequente que nos encontremos a nós mesmos na relação com outras pessoas. Não só os arquétipos ativam as relações, como estas também ativam os arquétipos. Segundo minha visão, isso também é parte de uma relação eu-você que não é distorcida por projeções em demasia. Mas, para além da relação eu-você, trata-se das múltiplas possibilidades da relação do indivíduo com outras pessoas, mas também, em última análise, com o mundo. Desse modo, um indivíduo que se encontra no caminho da individuação também sempre estará numa tensão entre aquilo que é vivenciável nos símbolos,

---

**44.** JUNG, C.G. "König und Königin". *GW* 16, § 448.

**45.** Ibid., § 445.

o que ele percebe como seu dever interno, e sua posição no mundo. Nisso, a vivência do mundo ou a vivência das relações estará sempre modificando a visão de nossos símbolos e também, provavelmente, a formação dos símbolos. Relação e individuação não podem ser separadas uma da outra.

Como o processo de individuação é um processo subjetivo de integração e também um processo objetivo de relação, são possíveis duas formas de degeneração.

Há pessoas que se individuam, por assim dizer, apenas em suas relações; são capazes de viver uma incrível dedicação, entregar-se inteiramente por outra pessoa, pôr de lado seu eu. Vamos ilustrar isso com um casal heterossexual: se o homem concreto fosse, por exemplo, um símbolo, então diríamos que a mulher concreta aceita, cultiva, mima seu próprio lado *animus*. Mas como ela faz isso mediante projeção – como padrão de relacionamento –, temos a impressão de que essa mulher negligencia muito a si mesma, não vive sua própria vida. Quando "as mulheres amam demais", isso significa que o impulso de individuação, que é descrito por Jung como uma pulsão, é projetado na relação, que é vivida apenas no aspecto de relação, estando ausente o aspecto de integração. Falta, portanto, a reflexão sobre o que esse homem ao qual ela se dedica tanto significa em sua vida; falta perguntar se ele é talvez expressão de uma parte intrapsíquica que é urgentemente necessária para que sua vida seja inteira. Está faltando esse processo de introspecção.

Outra forma de degeneração é a individuação na torre de marfim: o processo de individuação é algo puramente interno; tudo é decidido comigo mesmo, aceito estímulos externos, mas não os devolvo como estímulos; pessoas e relações são usadas para estimular e estruturar minha vida interna. O ideal seria conservar a tensão entre o processo interno de integração e os processos de relação, manter a possibilidade de uma ativação recíproca de dentro para fora e de fora para dentro.

Fundamentalmente, o processo de individuação não pode ser predeterminado; o objetivo não é conhecido a ninguém, nem mesmo ao analista. O processo, como tal, possui indicadores: os símbolos – vistos em sonhos, imagens, fantasias – que também podem ser interpretados erroneamente; assim, apresentarão, então, outras correções.

Jung descreve que o processo de individuação ocorre em fases típicas: em primeiro lugar, o indivíduo deve integrar as sombras, o que provoca problemas com sua *persona* – a imagem de como desejamos nos mostrar ao mundo, determinada por inúmeros valores e concepções sociais. Em segundo, trata-se de integrar *anima* e *animus*. De fato, a confrontação com sombras, *persona*, *anima* e *animus* é de grande importância. Entretanto, a sequência indicada por Jung nem sempre é encontrada nessa forma. Para que o processo de individuação retenha sentido, é realmente necessário que ele seja individual. O que haveria de comum a todos esses processos seria apenas esse impulso para a autorrealização. No entanto, esse é também um impulso para a constante transposição de limites: de um lado, limites do complexo do eu; de outro, limites em minha relação com o mundo circundante. Não se pode separar uma coisa da outra. A individuação significa que todos os limites vigentes no momento e que também me constituem devem ser reiteradamente questionados, sacrificados, transpostos: nesse sentido, o processo de individuação é uma persistente autotransformação e também uma transformação do sistema. Poderíamos ver nisso o aspecto emancipatório do conceito de individuação[46].

---

**46.** Cf. EVERS, T.

O processo de individuação, que corresponde ao aspecto dinâmico do arquétipo do si-mesmo, é, com frequência, simbolicamente representado no processo do crescimento, principalmente o crescimento de árvores. Estas parecem especialmente apropriadas como portadoras de projeção para o processo humano de individuação. Assim como estamos eretos no mundo, ela também está ereta no espaço: ela é mais enraizada do que nós, mas nós também nos lembramos de nossas raízes. Ela precisa se erguer para as alturas e cresce até morrer. Em seu soerguimento, ela deve manter-se de pé, resistir, firmar-se, assim como nós também o fazemos. Ela se desenvolve na copa; se tem frutos, se é fértil, ela se espalha pelo mundo. Sua copa é, ao mesmo tempo, um teto, é abrigo, dá às aves uma chance de repouso. A árvore se conecta à terra, à profundidade, à água; a árvore se une ao céu. Assim como nós, humanos, estamos entre o acima e o abaixo, a árvore também está. Ela se modifica ao longo das estações. Podemos ler nela sua história de vida.

O símbolo da árvore do mundo – que também é, frequentemente, uma árvore da vida, como o freixo do mundo Yggdrasill, um símbolo do universo, mas também da renovação cósmica – exprime tanto a transformação cíclica da vida, como também a continuidade da vida, a vida eterna. Nossos provérbios também testemunham a comparação entre pessoas e árvores, e há expressões com partes específicas da árvore: "A maçã não cai longe do pé" ou "fulano (não) é de boa cepa" etc. Na introdução de seu conhecido teste da árvore, Koch diz: "O crescimento da alma pode ser retratado no crescimento de uma árvore"[47]. No livro *Der Mensch und seine Symbo-*

---

**47.** Cf. KOCH, C.

*le*[48] – uma tentativa de explicar a psicologia junguiana –, Von Franz esclarece o processo de individuação pelo crescimento de uma semente de pinheiro, que algum dia se tornará um pinheiro. Em certo momento, a semente cai em determinado lugar. A primeira pergunta é se germinará ou não. Se sim, terá de enfrentar certas condições climáticas – comparáveis às circunstâncias de vida em que uma criança nasce. O freixo cresce pouco a pouco. Seria um tanto quanto absurdo esperar de um pinheiro que se tornasse um carvalho, o que, transferido para a vida humana, ocorre facilmente. No entanto, faz parte do processo de individuação aceitar o que somos (não no sentido de não querermos modificar nada), aceitar certas condições básicas que não podemos eliminar com discussões. Justamente ao aceitar essas condições básicas, poderemos exercitar a persistente transposição de limites.

Uma árvore também terá ferimentos, e são precisamente esses ferimentos que constituem sua individualidade.

A seguir, por meio de algumas imagens, eu gostaria de mostrar como a árvore pode ser uma portadora de projeção no processo de individuação humano. Ao mesmo tempo, também gostaria de exprimir que formas comparáveis são repetidamente vivenciadas e criadas como símbolos ao longo de diferentes épocas. Também desejo demonstrar como um símbolo mais coletivo, apesar de se tornar visível em seu aspecto coletivo, também é modelado no plano pessoal. Isso revelará o que a psicologia do desenvolvimento já deixou bastante claro: o aspecto dinâmico do arquétipo do si-mesmo raramente é vivenciável em sua forma pura, sendo, ao contrário, associado a outros arquétipos, especialmente o arquétipo da mãe.

---

**48.** Cf. VON FRANZ, M. *Der Individuationsprozess.*

A primeira figura, "Mercúrio como virgem (Pandora) e 'arbor philosophica'", é do ano 1588 e foi retirada do trabalho de Jung sobre *A ideia da redenção na alquimia*[49].

---

**49.** JUNG, C.G. "Erlösungsvorstellungen in der Alchemie", Abb. 231. *GW* 12.

A dinâmica dos símbolos

Mercúrio é considerado símbolo da dinâmica do arquétipo. É ele que faz tudo passar da potencialidade para a atualidade e provoca mudanças. Mercúrio é apresentado aqui como uma virgem numa árvore. Os alquimistas frequentemente projetavam o processo de transformação na árvore, isto é, a árvore como símbolo da totalidade no aspecto do vir-a-ser, do crescer, expresso nela.

Nessa ilustração, a tensão entre os opostos, mas também a união dos opostos, desempenham grande papel, sendo indício de que a individuação ocorre essencialmente pela manutenção dessa tensão de opostos e pelo esforço de sua integração. A designação "Mercúrio como virgem" já aborda uma essencial união de opostos. Segundo Jung, a figura também mostra sinais de uma representação de Maria.

Conhecemos da mitologia egípcia as deusas mães Ísis, Nut e Hathor, que também são deusas-árvore. Elas fornecem a água da imortalidade e, portanto, garantem a continuação da vida. A mitologia grega conhece ninfas-árvore, enquanto na mitologia celta há árvores feéricas, em que as forças da renovação da natureza são associadas a Eros.

A segunda figura deriva do ensaio de Jung "A árvore filosófica", dos *Studien über alchemistische Vorstellungen*[50]. A forma que está oculta na árvore desperta; metade de seu corpo emerge do tronco (cf. ilustração da p. 174). A cobra na copa se aproxima do ouvido da mulher que desperta; ave, leão, cordeiro e porco evocam associações com a cena do Paraíso; aqui, particularmente o porco poderia enriquecer o Paraíso.

Essa árvore, em sua conexão com a árvore da vida, também tem, naturalmente, relação com as árvores do Paraíso,

---

**50.** JUNG, C.G. "Der philosophische Baum", Abb. 22. *GW* 13.

as árvores da vida e da morte ou também com a árvore do conhecimento.

Segundo a interpretação de Jung, uma Eva autossuficiente aos poucos se torna visível. Ele caracterizou essa representação como uma estação no caminho rumo à individuação dessa mulher, e precisamente se trata da situação em que o complexo do eu da mulher se torna visível. Ela, por assim dizer, sai da árvore-mãe como uma forma dela própria, mas

permanece em relação com a natureza, uma natureza voluntariosa quando levamos em conta o simbolismo da ave, do leão, do cordeiro e do porco.

A árvore, cujo crescimento representa uma situação do processo de individuação, é, ao mesmo tempo, um símbolo da mãe, especialmente a região do tronco. Aqui se tem a impressão de que o tronco é algo como uma mãe liberando a criança.

Também podemos lembrar contos de fadas relativos a esse tema, como *A velha na floresta*, dos irmãos Grimm.

Sabemos, da mitologia egípcia, que a deusa da morte Nut, na forma de árvore, recolhe em si os mortos para que possam renascer – e os caixões, na Suíça, podem ser chamados *Totenbäume* (árvores dos mortos).

Na imagem da p. 176, exprime-se com mais clareza como uma forma humana cresce da árvore e, além disso, está segurando o Sol. Isso encontra paralelismos na mitologia egípcia: Nut, como uma forma mais antiga de Hathor, é também uma deusa do céu que gera o Sol.

A ideia de que o processo de crescimento humano pode ser retratado na árvore e que o desenvolvimento da personalidade individual também pode ser visto como um ato de emergir da árvore, talvez também como um ato de emergir de um processo coletivo de individuação da humanidade, está nitidamente representada em diversas culturas. Aqui também vemos o entrelaçamento do processo de individuação com certos símbolos do arquétipo da mãe: a árvore vista numa função materna, que libera o homem individual para dentro da vida e provavelmente também o recolhe de volta para a morte. Essas representações não são encontradas apenas em diferentes culturas – poderíamos exemplificá-las à vontade –, mas também podem ser repetidamente observadas em diversas épocas.

Outras imagens sobre o arquétipo da árvore são novamente de meu consultório atual. A imagem 14 pertence a uma mulher de 28 anos, que a pintou durante uma fase suicida. Essa figura feminina em forma de árvore – bastante desgrenhada, dando a impressão de que essa mulher foi bastante maltratada pela vida – parece-me uma autoimagem, uma

A dinâmica dos símbolos

compensação inconsciente do complexo do eu. Essa mulher tem o terceiro olho – o olho da sabedoria –, está tomada por preocupações e se enraíza na água. Sem entrar em detalhes, a imagem me transmite a impressão de que, apesar de todas as contingências e infortúnios, ainda se pode vivenciar uma identidade feminina, uma identidade que torna possível um processo de desenvolvimento. A imagem poderia estar dizendo à pintora que ela tem, sim, direito de viver.

Na imagem 15, a árvore cresce para fora da mulher, cuja cabeça é a parte mais enfatizada. Enquanto a cabeça dorme – e o controle do complexo do eu foi, portanto, abandonado –, a árvore pode continuar crescendo, o processo de individuação pode avançar. A perspectiva do controle consciente foi abandonada, e tem início o crescimento num contexto mais amplo.

Frequentemente, temos ideias claras sobre como deve ser a vida, mas, como a vida não corresponde a elas, não concordamos com isso, nem vemos as coisas como realmente são. No caso que estamos examinando, pode ser que se tenha atingido um estado em que o complexo do eu desiste por impulso e vontade própria, e agora aquilo que impele para a luz a partir das raízes pode assumir uma forma. Se levamos em conta que o eu e o si-mesmo se fundam reciprocamente, e que o complexo do eu deve, portanto, encarnar o si-mesmo no mundo, isso significa que o si-mesmo fornece o estímulo e os impulsos para a vida quando há um fluxo entre o eu e o si-mesmo. Mas se o complexo do eu se fixa em alguma coisa, se acionamos muitos mecanismos de defesa contra o que nos vem do consciente – e aplicamos esses mecanismos porque a autonomia do consciente é para nós um valor e também possui enorme importância –, então a função compensatória do inconsciente pode, às vezes, ser impedida. Estamos abertos para algo que vem do inconsciente apenas em situações em que o eu (o complexo do eu) não vê mais saída, quando estamos em situação difícil. É uma situação de morte e renascimento. Ela ocorre com grande frequência na terapia. É uma situação em que analisando e terapeuta esperam uma reação do inconsciente, seja como sonho, como novo sentimento de vida ou também como sentimento de contratransferência do analista.

A imagem 16 foi pintada por um homem de 23 anos, que desde o nascimento sofre grande dificuldade para andar. Ele procurou terapia porque tinha a impressão de não lidar bem com essa deficiência. Essas árvores são representações de um símbolo onírico.

Sua declaração: "São belas árvores, justamente porque são tão mutiladas". São belas árvores, embora sejam mutiladas. Ele é capaz de perceber como ele próprio é e de aceitar-se em todo seu ser. Pergunto se são salgueiros, ao que ele responde: "Sim, mas, além disso, são mutiladas. É assim que devem ser". Nesse reforço de sua visão, fica claro como lhe é importante não negar a dificuldade. Essas árvores exprimem a autorrepresentação, mas também a autoaceitação, que possibilitam um horizonte de um sentimento de vida mais leve. O fato de haver duas árvores pode ser indicador do processo analítico, mas também pode se referir à situação em que ele pode olhar para si mesmo como é e aceitar-se.

Para concluir, apresento mais uma árvore, agora de uma mulher de 28 anos. É uma figura antiga daquela mulher que pintou as representações do complexo paterno (cf. caderno iconográfico, imagem 17).

Essa imagem retrata a visão de sua vida futura – isso também pertence ao processo de individuação –, a visão da

A dinâmica dos símbolos

família. Nessa época ela ainda não tem filhos, embora esteja grávida.

Observando o ninho espremido entre os galhos da árvore, temos a impressão de que ele tem um fundamento frágil e oscila lá no alto perigosamente. A parte da árvore onde o ninho se situa é comparável ao útero. Pouco depois, essa mulher sofreu um aborto, mas posteriormente teve três filhos.

A árvore pode simbolizar diferentes aspectos do processo de individuação. Pode representar a autoimagem atual, a conexão com o complexo materno e com o arquétipo da mãe, bem como o estágio em que o eu se separa desse complexo materno e do arquétipo da mãe. Coletivamente, isso significa uma definição da posição indicando o quanto nos tornamos seres individuais ou o quanto ainda estamos contidos no processo de vida coletivo.

Na árvore, o processo de individuação também pode aparecer como visão, como utopia.

Com o arquétipo do si-mesmo – o arquétipo mais central – mostrei que um arquétipo pode se manifestar simbolicamente em seu aspecto estrutural – quando, portanto, o si-mesmo aparece como quadratura do círculo, como mandala ou como símbolo yin-yang – ou em seu aspecto dinâmico, como na projeção do processo de individuação na árvore. Conforme o símbolo apareça em seu aspecto estrutural ou em seu aspecto dinâmico, isso terá influência sobre a situação terapêutica, sobre a possibilidade de desenvolvimento existente no momento. Se sonhamos, por exemplo, com uma mandala, seremos bastante tocados por esse símbolo, nos sentiremos mais organizados do que antes e, portanto, sentiremos uma energia vital maior. Provavelmente pintaremos essa mandala e passaremos a nos interessar por elas.

Se o aspecto estrutural do arquétipo está em primeiro plano, ainda não é o momento de fazer mudanças no mundo externo. Se é o aspecto dinâmico do símbolo que se faz notar em sonhos, na transferência, em fantasias, então é o momento de realizar alguma coisa, aquilo que é interno também deve ser trazido para fora, e o que está integrado deve ser introduzido na relação.

Obviamente, também é possível que o aspecto estrutural e o dinâmico sejam levados à consciência no mesmo símbolo, quando, por exemplo, uma criança se encontra no centro de uma mandala. Isso significaria uma situação em que a vivência de elementos organizadores e a vivência de uma ligação com uma ordem cósmica ocorrem ao mesmo tempo em que a atualização de novas possibilidades.

**Notas sobre a sincronicidade**

No contexto dos arquétipos, são usadas expressões como "arquétipos são constelados", "arquétipos se constelam". Elas significam que um determinado arquétipo se tornou significativo para nossa vida, podendo ser vivenciado por meio de sonhos, de constelações de complexos. Significam que o arquétipo guia nossos interesses, nossas relações e talvez também influencie, de algum modo, o mundo material.

As constelações arquetípicas estão sempre relacionadas a campos de energia que se exprimem na emoção e também a campos de significados que a elas associamos.

Quando, por meio de lembranças, observamos importantes situações da vida, geralmente nos chama a atenção que "tudo se encaixou", que certos eventos esperados não puderam ocorrer simplesmente porque a constelação como um todo não era apropriada e a vida se achava sob outras influências.

Temos a sensação de poder descrever um conjunto coeso de eventos e vivências. Mesmo que um terapeuta possa participar dos processos de vida que concernem a outro indivíduo, é fascinante notar como sempre a vida se encontra nitidamente sob um determinado tema, por exemplo, o tema "despertar", e como a situação se torna difícil para o indivíduo que se opõe a esse tema.

As constelações também podem ser vivenciadas de outra maneira: talvez uma pessoa tenha de comparecer a uma reunião social à qual absolutamente não deseja ir; mas deve ir, e não há nenhum motivo suficientemente bom para cancelar. Essa situação é altamente ambivalente, emocionalmente carregada. A pessoa entra no carro, o carro não pega. A agitação aumenta! Nesse momento passa um amigo e também dá uma olhada sob o capô aberto. O problema não é encontrado; ele precisa cancelar o encontro: metade feliz, metade com consciência pesada. E para levar a situação ao ápice, depois ainda aparece alguém que examina o motor e pergunta: "Vocês não notaram que um cabo está meio solto aqui?" Dificilmente pode haver uma explicação causal conclusiva para esse contexto: a coincidência de duas coisas sem uma explicação causal. Por que um carro deveria saber que a pessoa não quer dirigir precisamente agora e ainda lhe fazer o favor de não funcionar no momento certo?

Eis um âmbito que é difícil de apreender e avaliar: os fenômenos sincrônicos.

Segundo Jung, a sincronicidade é a coincidência temporal de dois ou mais eventos sem relação causal entre si, mas com significados comparáveis. Eu cito:

> O fenômeno da sincronicidade consiste [...] em dois fatores: 1) Uma imagem inconsciente chega

diretamente (literalmente) ou indiretamente (simbolizada ou sugerida) ao consciente como sonho, ideia súbita ou pressentimento. 2) Um fato objetivo coincide com esse conteúdo[51].

No caso do carro que não dá partida, a imagem inconsciente seria o desejo de não se expor à experiência da reunião social. O desejo vem à consciência e é novamente reprimido (o que depois provocará ambivalência). O fato objetivo seria o carro que não pega.

Jung também fala de sincronicidade quando sonhos comparáveis são sonhados por diferentes pessoas em diferentes lugares.

Ele fala de sincronicidade, e não simplesmente de sincronismo, porque as situações tanto ocorrem ao mesmo tempo como também se caracterizam pelo mesmo conteúdo de significado. Portanto, para além do arranjo causal, Jung postula ainda uma ordem acausal.

*Exemplo de sincronicidade.* – Um homem de 28 anos está muito inquieto, porque se candidatou a um cargo bastante desejado. Mas até agora não recebeu resposta alguma. Como é um homem normalmente apreensivo, ele se sente tenso, totalmente obcecado com essa questão. Ele tem um sonho:

> Estou falando com o diretor da nova empresa pelo telefone. E ao mesmo tempo eu o vejo. De algum modo, outro diretor também está presente, que diz ao telefone: "Ficaria feliz se você aceitasse esse posto". Eu digo: "Claro que aceito". Acordo feliz.

---

**51.** JUNG, C.G. "Synchronizität als ein Prinzip akausaler Zusammenhänge". *GW* 8, § 858.

Às oito da manhã ele vem para a análise com esse sonho que teve durante a noite. Tentamos compreender o sonho; o analisando está muito feliz. Pergunto-me se esse sonho não é, por exemplo, o sonho sobre a realização de um desejo, um tipo de compensação, uma autorregulação no sentido de aplacar a ansiedade. Também considero que, se for esse o caso e ocorrer o oposto da mensagem do sonho, a consequência seria um imenso distúrbio narcisista. Nessas considerações, percebo como é importante a maneira de interpretar o sonho. Se admito a disposição emocional do analisando, estou lhe dizendo indiretamente que esse sonho é profético; e se ele não conseguir o posto, seu mundo desmoronaria. Inicialmente não defino nada e tento descobrir quem pode ser o outro diretor. Ele não sabe nada a seu respeito, e nós consideramos se o sonho não poderia estar ligado a diferentes aspectos de seu complexo de autoridade, que nesse momento também desempenha um importante papel, no sentido de que ele ainda teria necessidade de ser aceito por uma autoridade superior ao diretor. Fazemos associações e coletamos ideias. Nosso trabalho é interrompido por um telefonema da esposa do analisando, dizendo que alguém da empresa acabara de ligar e que ele devia retornar a ligação. Evidentemente, ele foi tomado por grande nervosismo. Não conseguindo mais esperar, ele se dirige ao telefone – o que também me parece apropriado, porque assim eu poderia lidar com a situação se fosse necessário. Do outro lado da linha fala o diretor com quem ele havia negociado até então e também apareceu no sonho. Ele diz: "Ficaria feliz se você aceitasse esse posto", e acrescenta que também está dizendo isso em nome de seu pai.

Até esse momento, o analisando não sabia que o pai do diretor também trabalha na firma.

Esse é um evento sincronístico. O emprego era muito importante para esse homem, que estava diante de uma decisão muito essencial em sua vida.

Em geral, a sincronicidade é vivenciada quando devemos dominar uma situação de vida com forte carga emocional, como situações de reviravolta quando novas constelações arquetípicas se fazem notar em nossa vida. É frequente que vivências de sincronicidade ocorram num contexto de morte.

*Exemplo de um evento sincronístico em conexão com a morte.* – Um irmão e uma irmã sonham na mesma noite. O sonho do irmão:

> Meu pai se despede sorrindo. Eu ainda vou atrás dele e lhe digo que não esqueça nada. Via de regra, o pai sempre esquece alguma coisa. O pai diz no sonho: "Agora não há mais esquecimento para mim".

Depois ele acorda bastante incomodado. Esse homem, que não dá grande importância a sonhos, está muito inquieto com esse de agora e, no meio da noite, liga para a irmã, que mora a 300km. Ela é a primeira a falar: "Que bom que você ligou. Acho que devemos ir ver nosso pai imediatamente. Sonhei que ele estava deitado na cama e eu não conseguia despertá-lo. Estou muito agitada".

Ambos vão ver o pai. Ele morreu uma semana depois.

Sempre ouvimos esse tipo de histórias. Geralmente tendemos a rejeitar e depreciá-las, dizendo que as pessoas as fantasiaram depois dos fatos ocorridos. No entanto, essas coisas realmente acontecem e precisam de uma explicação.

Portanto, na sincronicidade, as estruturas arquetípicas não constelariam apenas a psique e o corpo, mas também, em certa medida, o entorno material.

Jung sempre foi responsabilizado e criticado por essa concepção de sincronicidade. Mas ela tem longa tradição filosófica; Jung a introduziu na psicologia. Aqui não posso expor em detalhes essa tradição, mas gostaria de mencionar alguns pontos estabelecidos.

O pensamento chinês conhecia e conhece a ideia de sincronicidade. Nós, ocidentais, nos importamos com as particularidades, enquanto para o espírito oriental elas servem para compor um quadro total. Um antiquíssimo livro de oráculos chinês, o *I Ching*, tem a ver com sincronicidade: a maneira como nós, em determinada situação emocional, jogamos as moedas ou escolhemos as varetas de milefólio corresponde à nossa disposição interna. O pensamento chinês – exemplificado pelo *I Ching* – não pergunta pelo que devemos fazer exatamente agora, mas em qual contexto de vida se encontra nossa ação. Nossas ações são diferentemente julgadas conforme o contexto de vida em que elas se acham. Portanto, o pensamento chinês pergunta qual é a estrutura arquetípica que está atuando no momento e como podemos tomar decisões para que possamos viver em concordância com essa estrutura e não contra ela. Esse também é o motivo por que, nos processos terapêuticos, desejamos nos tornar conscientes das estruturas arquetípicas de modo que possamos caminhar com o fluxo da vida e não contra ele. No entanto, a experiência mostra que, exceto em nítidas situações de crise e reviravolta, muitos arquétipos diferentes sempre atuam ao mesmo tempo, sendo difícil, portanto, adaptar-se ao fluxo da vida.

*Exemplo do efeito simultâneo de diferentes arquétipos.* – Uma mulher de 53 anos acabou de ganhar seu primeiro neto, pelo qual esperou ansiosamente. Ela, já na menopausa, se interessa pelo que ocorre nessa fase de mudanças na vida da mulher. Além disso, tem uma mãe bastante idosa, doente e já perto da morte. De repente, ela se sentiu tocada pela imagem arquetípica da velha sábia, passa a procurar contos de fadas em que a velha sábia aparece, vai atrás de livros sobre o tema e reclama dizendo que os idosos apenas têm idade avançada, mas não são velhos sábios.

A estrutura arquetípica aqui ativada é revelada no tema da avó e da velha sábia.

Essa mulher também quer concluir dois estudos, e rapidamente, porque tem a impressão de que o tempo para estudar estava acabando e outra coisa estava para começar. Isso provém da constelação arquetípica: outra coisa estava para começar!

Ela busca terapia porque, pela primeira vez na vida, tem problemas no trabalho e não consegue estudar para os exames; está bastante revoltada, pois durante a vida toda sempre pôde estudar o que queria, e agora isso, de repente, virou um problema para ela.

Quando pensamos do ponto de vista dos âmbitos arquetípicos, fica claro que ela quer obrigar-se a fazer algo que não corresponde à estrutura arquetípica atualmente ativada; passar em exames se encontra, antes, no arquétipo do herói, pois é preciso lutar. Provavelmente o arquétipo do *Trickster* (trapaceiro) também esteja envolvido. Em casos especiais, um exame talvez também se encontre sob o arquétipo da velha sábia ou do velho sábio, mas não tanto a preparação para exames.

Apresento-lhe essas correlações. Nós duas vemos com clareza que, sim, é razoável realizar exames, mas isso não está relacionado ao seu processo de desenvolvimento. Ela então decide completar apenas um curso e admitir que não podia investir todas as suas forças na prova final.

A dinâmica dos símbolos

É claro, isso não significa que uma pessoa de 53 anos não possa fazer provas. Com essa idade, o arquétipo do herói pode estar constelado, mas também é possível que esteja presente uma constelação totalmente diferente. E essas constelações, em certo grau, acompanham as transições de vida que tentei apresentar de maneira global no desenvolvimento do complexo do eu.

No entanto, o processo de individuação não segue uma tipicidade coletiva. Há pessoas em que o arquétipo do herói se constela entre os 65 e 75 anos de idade.

Não é só na China Antiga que se pensava em sincronicidade. Por volta do ano 300 a.C., Hipócrates falou da simpatia entre todas as coisas; disse que todas as coisas juntas formam um todo e que a reação de uma parte influencia o todo. Ele, portanto, formulou os fundamentos da moderna teoria dos sistemas. Plotino retomou esse pensamento, e Avicena, que viveu de 980 até aproximadamente 1040 e escreveu os fundamentos do ensino médico, formulou a tese de que a alma humana possui certa força de modificar as coisas materiais, precisamente quando está tomada por um grande excesso de amor ou ódio, ou seja, de emoções poderosas. Aqui também fica muito claro por que a sincronicidade é observada com olhar atento; pois é algo mágico ter a habilidade de mudar até mesmo as coisas materiais num excesso de amor, ódio ou algo semelhante.

A ideia de sincronicidade poderia explicar, portanto, por que são possíveis as práticas de magia. Na alquimia, houve pensamentos semelhantes, o que é também um dos motivos por que Jung cita textos alquímicos para explicar suas ideias. O pensamento sincronístico repousa na suposição de que a psique e a matéria não são comparáveis, mas talvez até mesmo propriedades de um só ser. Em seu livro *Wendezeit*, Capra diz, com relativa secura, que a sincronicidade significa a relação acausal entre diferentes imagens simbólicas da psique e eventos do mundo exterior. Trata-se, portanto, de um ordenamento acausal de espírito e matéria, que hoje, trinta anos após Jung ter postulado isso, parece confirmada por vários desenvolvimentos na física. Os físicos distinguem entre ordens causais e acausais, ou também as chamam de ordens locais e não locais. "Ao mesmo tempo, estruturas materiais e estruturas espirituais são cada vez mais reconhecidas como reflexos umas das outras"[52]. Capra também se inclui entre aqueles que ignoram esse pensamento sobre sincronicidade como uma ideia antiga, retomada por Jung.

Nesse aspecto, o precursor mais conhecido de Jung é Leibniz (1646-1716) com sua noção de harmonia preestabelecida. Ele se opunha a Geulincx, que havia postulado que o mundo do espírito e o mundo do corpo estão completamente separados, como dois relógios ocasionalmente unidos por Deus. Por isso, é considerado representante do ocasionalismo. Leibniz objeta a isso dizendo que os dois relógios seguem seu curso desde o início, mas são fabricados com tamanha arte e engenho que podemos estar certos da concordância entre eles – essa é a lei da harmonia preestabelecida: corpo e alma seguem, cada um, suas próprias leis, mas concordam um com o outro, porque são representações de um único universo. A alma, tanto quanto o corpo, representa o universo.

Em Leibniz, portanto, a sincronicidade é vivenciável o tempo todo. Jung a postula apenas em casos excepcionais, por exemplo quando uma constelação arquetípica especial

---

52. CAPRA, F., p. 404.

A dinâmica dos símbolos

pode ser experienciada. Isso não me convence muito, exatamente porque os arquétipos, em certo sentido, estão sempre constelados. Naturalmente, há situações ligadas a morte, amor, revoluções etc. em que as constelações arquetípicas são vivenciadas de modo essencialmente mais nítido do que em tempos de maior tranquilidade e nas quais também se acumulam vivências de sincronicidade. Mas acho que elas só nos chamam a atenção quando se trata de situações extremas. Uma consequência do pensamento junguiano seria postular uma ordem acausal, além da ordem causal existente.

O que significa o pensamento sincronístico para a psicologia junguiana? De um lado, ele explica eventos parapsicológicos que podem ocorrer em momentos de grandes emoções. De outro, explica como métodos oraculares, como o tarô ou o *I Ching*, funcionam: as cartas tiradas ou o arranjo das varetas de milefólio têm alguma coisa a ver conosco e são, nesse sentido, as superfícies de projeção apropriadas para nossas constelações inconscientes. Na terapia, a ideia da sincronicidade se encontra por trás da interpretação nos planos subjetivo e objetivo, sobretudo também por trás da atitude simbolizadora. O homem que está num engarrafamento poderia ter pensado causalmente: neste momento, muitos carros estão se dirigindo para o mesmo local, e, portanto, é relativamente grande a probabilidade de ocorrer um congestionamento. Mas também pode pensar em termos sincronísticos e perguntar-se o que isso significa para ele. Ambos os questionamentos são justificados.

Um homem que tem a terceira máquina de escrever avariada no mesmo dia não a leva mais para o técnico, mas se senta e se pergunta o que pode estar errado com sua escrita nesse dia. O pensamento sincronístico é um pensamento global. Portanto, o mundo, tal como o percebemos, também seria simbólico de nossa vida interior; isso então explicaria frases que às vezes aparecem em muros: "Almas de concreto resistem a um mundo de concreto". O pensamento sincronístico também explicaria certos fenômenos de contratransferência, explicaria por que, em certas situações, o analista reage com uma dor de estômago repentina. Obviamente, todos sabemos que uma das possíveis reações de contratransferência é percebermos fenômenos em nosso corpo. A ideia de sincronicidade teria uma explicação para isso.

O âmbito da sincronicidade se torna crítico sempre que há uma transposição para o âmbito da matéria sólida, embora o corpo também seja, de fato, matéria sólida.

Tenho consultório há 18 anos, e meu sistema de aquecimento falhou uma vez em todo esse tempo. O aparelho deixou de funcionar justamente na sessão com um paciente que sonhava com ursos polares e com gelo de maneira bem mais frequente que outras pessoas. Além disso, seu nome, de alguma forma, tinha a ver com a palavra *"kalt"* (frio). No entanto, mesmo que possamos explicar esse tipo de situação no sentido de sincronicidade, não é fácil descobrir o sentido que está ou deveria estar por trás dela.

### Sincronicidade e psicossomática

A meu ver, a relação mais essencial do pensamento de sincronicidade é com uma abordagem psicossomática abrangente.

Von Uexküll descreveu um modelo biopsicossocial em conexão com a psicossomática[53]. Segundo ele, corpo, psique

---

**53.** Cf. VON UEXKÜLL, T.

e entorno estão inter-relacionados, num equilíbrio dinâmico. Esse equilíbrio sempre pode ser perturbado; a doença, seja de que nível for, é um desequilíbrio dinâmico. O distúrbio é uma modificação nesse sistema auto-organizado, que engloba o corpo, a psique e o entorno. E pode se manifestar em todos os vários níveis dessa estrutura. Por exemplo, se alguma coisa nova irrompe internamente, podemos adoecer fisicamente, sofrer uma depressão, retrair-nos do mundo ao redor de maneira irresponsável ou destruir o ambiente. Portanto, as coisas não se passam como temos pensado e dito há muito tempo: "Estou fisicamente doente porque não aceitei algo psiquicamente", uma concepção que dá à psique uma primazia injustificada. O fato é que a doença é uma parte do ser humano e pode se manifestar tanto no nível psíquico, como no físico e no social. Essa ideia revisa a ideia de culpa: não ficamos doentes porque fizemos algo errado, mas podemos adoecer quando a vida entra em novas situações.

Como um todo, o pensamento sincronístico também relativiza nosso conceito de culpabilidade – uma ideia de culpa nitidamente tributária da noção de causalidade –: não é porque fiz ou deixei de fazer algo que acontece isso ou aquilo; ao contrário, encontramo-nos num contexto de vida em que ocorrem mudanças com as quais posso lidar melhor ou pior. Evidentemente, nosso pensamento cotidiano não acompanha esses modelos. No entanto, esse pensamento era identificável na psicologia junguiana desde o início, ainda que Jung não tenha falado de sincronicidade no que concerne à inter-relação entre corpo e alma. Mas ele disse que a formação de símbolos está frequentemente ligada a sintomas físicos psicogênicos[54].

---

**54.** JUNG, C.G. "Zur Psychologie der Tricksterfigur". *GW* 9/I, § 290.

O que talvez Jung considerasse menos era que a formação de símbolos também tem a ver frequentemente com choques no mundo exterior, com destruição de objetos ou com a criação especial de novos objetos. Nesse sentido, todo sintoma é também um símbolo, mas também nossa forma de lidar com as coisas; o que nos ocorre quando lidamos com as coisas poderia ser entendido como símbolo.

Basicamente, a perspectiva psicossomática da psicologia junguiana poderia também ser deduzida da teoria dos complexos. Um aspecto essencial do complexo é a emoção, e experienciamos as emoções fisicamente, elas exercem influência sobre nosso corpo. Mas penso que arquétipo e complexo podem ser separados, quando muito, no plano teórico; na situação de vida atual, eles se influenciam mutuamente. Por isso, a meu ver, a ideia de sincronicidade oferece outra possibilidade de explicação psicossomática, para além da explicação teórica dos complexos e de seus efeitos emocionais.

O importante nesse novo pensamento psicossomático é – como em Von Uexküll ou Overbeck[55] ou, implicitamente, em Jung – que nos livramos da culpa que quase inevitavelmente atribuímos a um contexto de doença física. Isso já está ocorrendo aqui e ali. Mas muitas pessoas continuam acreditando que "a morte é o salário do pecado". De acordo com isso, o sentimento geral é de que a doença sempre tem em si algo indecente e está essencialmente ligada à ideia de que o indivíduo fez algo errado quando adoece. Se aplicássemos o pensamento sincronístico e não apenas o causal – o que significa pensar de acordo com o novo parâmetro psicossomático –, o pensamento segundo categorias de culpa cairia para segundo

---

**55.** Cf. OVERBECK, G.

A dinâmica dos símbolos

plano. A doença seria, então, expressão de que algo novo irrompeu na vida, algo que no momento só pode ser superado com uma doença. Vista desse modo, a doença seria a tentativa de lidar com o destino.

Mas não se pode dizer que esse novo parâmetro psicossomático arrancou a consciência de culpa dos seres humanos; pelo contrário: embora o novo modelo seja reconhecido como adequado, permanecemos presos ao pensamento causal. Além disso, não se trata mais apenas daquilo que antes se incluía entre as doenças psicossomáticas, ou seja, as doenças psicossomáticas no sentido estrito, como asma brônquica ou úlcera estomacal. Hoje em dia, todas as doenças são vistas sob esse aspecto – as pessoas procuram uma explicação para qualquer resfriado, precisam saber o que fizeram de errado. Aqui, portanto, continuamos a pensar apenas causalmente num sistema que, em si, não é unicamente causal.

No entanto, o que pode permanecer em relação com os sentimentos de culpa é a responsabilidade. Temos de lidar responsavelmente conosco e com nossa vida, não importando se ocorre um conflito no plano psíquico, físico, social ou em nossa forma de lidar com o mundo ao redor. Os sentimentos de culpa nos indicariam que devemos nos confrontar responsavelmente com a situação de vida presente, em vez de apontar o que e por que fizemos algo de errado. Por trás dessa questão se encontra, em última análise, a ideia de que poderíamos ter uma vida sem doença e morte se fizéssemos tudo corretamente. Se levarmos a sério o pensamento da sincronicidade, sempre poderíamos contar com um desequilíbrio dinâmico em situações de reviravolta. E também, às vezes, só reconheceríamos situações de reviravolta por meio desse desequilíbrio dinâmico. A doença que sucede seria então o problema a ser resolvido ou com o qual teríamos de conviver. A pergunta, portanto, seria: "Como lido com isso, como vivo com isso?" – independentemente do plano em que se manifesta a doença. Esse pensamento implica que nenhum nível em que um conflito pode se revelar é mais significativo que outro. Isso pode ser teoricamente convincente, mas, na prática, reagimos de modo diferente. Visto que a psicoterapia é uma forma terapêutica com pretensão emancipatória e com propósito de tornar as pessoas mais conscientes e autônomas, isso provoca dificuldade para compreender a noção de que algumas pessoas, em determinada situação do desenvolvimento, solucionam seu problema com uma doença física: elas, por exemplo, se recolhem, se cuidam – o que é absolutamente razoável – e então continuam a conduzir a vida como antes. Aqui, parece-me que a pretensão da psicoterapia por emancipação custe o que custar deve ser restringida; é preciso aceitar que certas mudanças evoluem inconscientemente e também não se tornam conscientes.

O caso é ainda mais problemático na cronificação da doença, que pode acarretar grande sofrimento. Embora o esclarecimento e a conscientização do plano de fundo dos conflitos sejam necessários e razoáveis, acredito que há cronificações de doenças e que provavelmente tenha chegado o momento de ver a concepção de ser humano, de ver o homem de modo mais realista, sem abrir mão da pretensão de mudança.

Mesmo que tenhamos sucesso em não considerar mais significativo algum dos níveis em que os conflitos podem se mostrar, resta perguntar por que há pessoas que sofrem seus conflitos mais psiquicamente – embora com sintomas físicos e talvez até mesmo excentricidades sociais no comportamento frente ao mundo circundante –, enquanto outras o fazem predominantemente no plano físico. Há inúmeras explicações, sendo volumosa a literatura sobre doenças psicossomáticas. Overbeck interpreta a preponderância de doenças físicas com bastante pragmatismo: as doenças físicas são mais aceitas em nosso mundo do que as psíquicas, pois recebemos a atenção necessária, que também não tende a ser rejeitada[56]. Contudo, Overbeck não explica por que uma pessoa adoece psiquicamente em vez de fisicamente, mas apenas por que numa população encontramos uma preponderância de doentes físicos em relação aos psíquicos.

Outra interpretação é que normalmente reprimimos o corpo e o funcionamento corporal na vida cotidiana; nós realmente dessomatizamos. Quando temos uma emoção, é raro agirmos com base nela de modo totalmente espontâneo – como fazem as crianças. Ao contrário, controlamos a emoção, avaliamos a natureza da situação e decidimos o que fazer. Isto é, não agimos simplesmente, mas tentamos negociar. Quando o corpo é acometido por alguma doença, retorna-se para a ação deixando de lado a excessiva negociação. Por trás da doença física talvez esteja a exigência de identificar-se novamente com o corpo; pois toda doença tem, inicialmente, o propósito de nos fazer dar atenção redobrada ao corpo.

Segundo o argumento da psicologia junguiana, sempre que "brota" um complexo, ele está conectado a uma reação física. Se o corpo é a base do complexo do eu, isso significa que deveríamos contar com uma doença física naquelas situações em que esse complexo não é mais coerente. Se não seguirmos tanto a teoria do complexo, mas sim a ideia de sincronicidade, isso significaria que, a todo momento, o corpo está correagin-

---

**56.** Ibid.

do. A questão de saber se exibimos uma conspicuidade física, psíquica ou social dependerá essencialmente do que aprendemos no decorrer da vida. Podemos aprender que podemos resolver conflitos por meio de doenças. Se alguém na família tem dor de cabeça sempre que aparece um conflito, então é provável que numa briga futura também tenhamos uma dor de cabeça, para assim escapar da situação.

Há muitas teorias interessantes sobre esse círculo temático, que mostram as diferentes perspectivas em que podemos encarar o problema. Também fica claro que houve inúmeras tentativas de elaborar novos modos de ver o problema e como é difícil entender essa equivalência de psique, corpo, sociedade e mundo circundante. Isso também se aplica à psicologia junguiana: o entrelaçamento dos diversos níveis de vivência e reação está expresso na ideia de sincronicidade; mas, em última análise, a psicologia junguiana também dá primazia ao psíquico ou até mesmo ao espiritual e, por fim, pergunta qual ideia espiritual está por trás de todo o campo de acontecimentos. Penso que todos os componentes do campo de acontecimentos devem receber pelo menos tanta atenção quanto a ideia por trás deles. O idealismo continua a desempenhar imenso papel na psicoterapia. A tentativa, também propagada por diferentes formas de psicoterapia, em ver a vida holisticamente, como é indicada no conceito simbólico junguiano do si-mesmo e também expressa na ideia de sincronicidade, existe, mas trava uma luta renhida com concepções antigas e familiares.

Na terapia com pessoas que tendem a vivenciar seus conflitos no nível físico, ou, em outras palavras, a vivenciá-los mais nitidamente no corpo, é inicialmente importante criar um clima que tenha um caráter de atenção; isto é, por meio

A dinâmica dos símbolos

da atenção, que é um pressuposto numa situação analítica, é possível evocar imagens de relaxamento e segurança[57]. É fundamental que no início não se trabalhe muito com confrontação, mas com apoio, com envolvimento na problemática. Também se recomenda nessa fase aplicar métodos de trabalho criativo. A imaginação tem lugar aqui, embora imaginar seja algo bastante difícil. Se o terapeuta é competente para isso, exercícios de respiração suave podem ser aplicados[58]. A ideia seria reconduzir o indivíduo às imagens, traduzir os sintomas físicos em imagens e, por fim, transplantar essas imagens para uma linguagem.

Segundo a visão junguiana, os sintomas também são símbolos; e são os símbolos que as pessoas trazem até nós. Ainda que eles sejam extraordinariamente físicos, continuam sendo símbolos. Essas pessoas não têm menos fantasias que outras, mas suas fantasias giram quase exclusivamente em torno do corpo, do bem-estar físico. Visto que a psicoterapia é rapidamente acusada de não ser eficaz, as pessoas não sabem direito se, diante da doença, deveriam ficar com o médico que as mandou para a psicoterapia e não com o psicoterapeuta. É essencial receber os símbolos oferecidos pelas pessoas que vêm à terapia; símbolos que nesse caso são sintomas. Estamos sempre mencionando a falta de capacidade de simbolização dos assim chamados "psicossomáticos"; isso é verdade quando entendemos por capacidade de simbolização apenas a capacidade de simbolização abstrata. Mas quando reconhecemos os sintomas como símbolos, fica claro que essas pessoas podem simbolizar.

---

**57.** Cf. KAST, V. *Imagination*, p. 30, 64 e 172.

**58.** P. ex., MIDDENDORF, I.

Parece-me injustificada a acusação de que os "psicossomáticos" têm menos sentimentos do que outras pessoas, são praticamente desprovidas de fantasias e pensam de modo superficial[59]. Pessoas que "resolvem" seus problemas por meio do corpo podem perfeitamente ser emocionais, mas têm dificuldade em exprimir isso.

Se o objetivo da terapia é, a partir do sintoma, chegar a um símbolo e então à formulação linguística e à interpretação do símbolo, isso apenas significa, no fundo, que estamos lidando com uma forma muito inconsciente de símbolo e formação de símbolos quando eles se exprimem no plano corporal.

Embora consideremos o sintoma um símbolo, recomenda-se dar os mesmos dois passos realizados na abordagem com outros símbolos: o sintoma deve inicialmente ser percebido, incluindo a percepção emocional, e depois se parte para a formação criativa e a interpretação.

*Exemplo e imagens de simbolização num distúrbio psicossomático.* – Um homem de 32 anos, durante o curso de uma psicoterapia, vai ao médico, porque está com diferentes queixas funcionais, uma síndrome geral psicovegetativa: sua circulação não funciona satisfatoriamente, tem dores no hipogástrio. Como os exames não revelam dados somáticos, eu e ele devemos abordar os sintomas na psicoterapia. O analisando descreve essas queixas com grande objetividade.

Numa sessão ele me relata que tem dores agudas no hipogástrio, uma pontada difusa. Diz que também tem câimbras, um pouco de diarreia, mas o desagradável mesmo é essa pontada misteriosa. Primeiramente pergunto se aconteceu algo especial. Abordo as mais importantes áreas da vida. Não ocorreu

---

**59.** Cf. FRANK, R. & VAITL, D., p. 97ss. • AHRENS, S., p. 339ss.

A dinâmica dos símbolos

nada de especial. O homem é casado, tem um filho, ao qual é muito apegado. Tem um bom emprego e conquistas acima da média. Não aconteceu nada de especial na família, nem em relacionamentos nem no ambiente de trabalho. Dou-lhe instrumentos de pintura e pergunto se ele pode pintar sua dor.

Minha ideia é converter o sintoma num símbolo, e para isso o analisando deve lhe dar uma forma. Em geral, essas queixas relativas ao hipogástrio têm a ver com doar, eliminar ou reter, e, no sentido mais amplo, com processos de separação. Mas essa é apenas uma indicação geral, que representa muito pouco as situações particulares[60].

O analisando pinta uma primeira imagem e diz a respeito: "É um homem verde sobre um obelisco" (cf. caderno iconográfico, imagem 18). Depois se cala. Pergunto-me se ele, nesse momento, está tendo uma fantasia de grandeza: estar sentado sobre um obelisco significaria encontrar-se numa posição bastante elevada, entronizado acima de todos. Além disso, chama a atenção o fato de a parte de cima do corpo ser verde, e a de baixo quase ausente. Não há barriga, muito menos baixo-ventre ou genitais. A cunha preta avança quase até a garganta e parece perfurá-lo. Ele não está sobre o chão, mas entronizado.

Olhamos para a imagem por um longo tempo e trocamos nossas ideias a respeito. O homem diz: "Aqui em cima sou incapaz de agir". Isso condiz com o fato de ele não ter pintado mãos e pés.

Evidentemente, o significado das mãos não se reduz a agir. As mãos são também órgãos da relação; com as mãos sentimos quais relações temos com outras pessoas, sentimos atração, repulsa. Com as mãos exprimimos suavidade; com elas podemos produzir um contato emocional bastante bási-

---

**60.** Cf. STUDT, H.

co. Se vemos as mãos apenas como símbolo de ação, estamos nos tornando vítimas da ideologia da factibilidade.

O pintor não pode se segurar; provavelmente também não pode comunicar sentimentos de contato. A escolha cromática é interessante: tendemos a associar a cor verde – um verde bastante escuro – à tranquilidade da floresta, à vida vegetativa. Vale perguntar se ele, com isso, está exprimindo que seu sistema vegetativo está afetado.

A cunha preta embaixo é uma ameaça. Preto é uma cor que pode ser associada com noite, escuridão, com algo de ruim e também com algo de inibidor, e talvez também com um estágio inicial. Poderíamos dizer que ele é ameaçado de modo muito ativo e agressivo – o que também é expresso no triângulo – por alguma coisa que vem da noite, da escuridão, do inconsciente.

Segundo suas próprias palavras, o preto é, para ele, a cor da morte. Portanto, essa enfermidade no hipogástrio está vinculada a um medo da morte. Ter medo da morte não só significa medo de morrer; também pode significar medo de viver. Em todo caso, esse desenho exprime que a dor desse homem é um tema que tem a ver com morte e vida. O preto pode ser a cor da morte, e as deusas do submundo costumam aparecer de preto.

O triângulo masculino dirige-se para cima com força descomunal, enfiando uma cunha em sua vida. Ele diz que é uma dor que o incapacita; e a pergunta lógica é: de onde vem essa dinâmica que dá ao analisando o sentimento de ser perfurado.

O analisando sugere representar a dor de outra maneira (cf. caderno iconográfico, imagem 19). De novo, o homem verde se encontra em algum lugar na folha de papel sem suporte algum. Não tem cama, nem chão, nem lugar de repouso. Isso é estranho, pois quando estamos com dor, devemos ter ao menos um colchão. Ele próprio se admira com o desenho e diz: "Sou feito apenas de pés, pernas e braços"; o interessante é que os pés não estão delineados.

Dessa vez, a dor é pintada em vermelho-escuro, misturado a um pouco de marrom.

Sinto em mim imenso medo ao olhar para o desenho e lhe pergunto se esse desenho também exprime medo. Ele responde "Não", que não consegue ver isso, mas vê simplesmente os braços.

Esses sinais de dor são, no fundo, uma possibilidade de ligá-lo à terra.

Continuo a fantasiar e digo que poderíamos ver pernas de aranha nesse desenho ou, então, pernas de algum animal. Ele diz que não.

Ficamos insatisfeitos e, por isso, eu lhe peço que crie uma figura com esses "braços e pernas" vermelhos (cf. caderno iconográfico, imagem 20).

Na imagem anterior o que já chamava a atenção era o fato de a dor não ter sido pintada de preto, mas de vermelho. Obviamente, o vermelho é uma cor do sofrimento, mas esperaríamos um vermelho penetrante para uma dor pungente. O vermelho aqui é um vermelho opaco, parecido ao vermelho da menstruação. Também é a cor da deusa-mãe indiana Kali, devoradora de tudo.

Nessa terceira figura, de um polvo, a cor preta está contida na vermelha, mais precisamente na boca. O analisando diz a respeito: "Alguma coisa como esse bicho está sentado sobre meu intestino...", e eu acrescento "... e provoca medo".

Ele: "Sim, é incrivelmente voraz".

Eu apenas digo: "Ele tem seis [*sechs*] tentáculos".

Ele: "Mas não estou pensando em sexo [*Sex*], mas em câncer [*Krebs*]". Depois ele se corrige e diz: "Mas isso evidentemente não é um caranguejo [*Krebs*]\*, mas na verdade um polvo, embora com apenas seis tentáculos".

Não é por acaso que o tema da sexualidade seja abordado aqui, uma vez que a primeira figura já deixou claro que os órgãos sexuais e os órgãos de excreção são afetados pela cunha. No entanto, ainda não se percebe com nitidez um medo da sexualidade, mas um medo de câncer, o medo de poder morrer de câncer.

Os polvos são animais que vivem sob rochas no mar; são considerados monstros subterrâneos, mas realmente teriam de ser pretos. Eles então esguicham tinta ao redor e obscurecem o entorno. Simbolicamente, estão próximos dos poderes da escuridão, e não muito longe das aranhas. Como esse polvo não é simplesmente preto, mas vermelho-escuro, penso que o que amedronta o analisando está relacionado à vida. O que parece especialmente apavorante é, sem dúvida, a boca cheia de dentes. Ela nos faz pensar numa *vagina dentata*, uma vagina que engole e castra os homens. Em conexão com essa boca, o polvo se torna símbolo do medo de ser capturado, encarcerado, engolido, debilitado. No fundo, poderíamos dizer que a mãe-morte se constelou aqui. No analisando, isso poderia estar presente como tendência agressiva ou medo de se tornar vítima de uma agressão. No entanto, ele não se retrata como capturado; ele se sente ameaçado, apavora-se, ou seja, resiste à captura. Isso significa que seu complexo do eu

---

\* *Krebs* em alemão significa câncer, como também caranguejo. Além disso, vale atentar para a semelhança sonora entre *sechs* (seis) e *Sex* (sexo) [N.T.].

A dinâmica dos símbolos

está numa posição em que, embora sinta que algo devorador se aproxima, pode ainda se defender contra ele.

Fica claro que sua autonomia, de alguma forma, está revogada, ameaçada. Teoricamente, isso significa que ele é ameaçado por uma regressão e poderia perder a autossuficiência. O arquétipo da mãe, talvez também o complexo materno no aspecto devorador, mas igualmente no sexual, está constelado. É concebível que ele reaja a essa ameaça com uma compensação – como está expresso na primeira figura – na forma de um protesto masculino, ao qual, entretanto, falta o chão. Um protesto sem os pés no chão torna-se facilmente infundado, excessivo.

Quando digo que o arquétipo da mãe no aspecto devorador está constelado, isso tem pouco a ver com sua mãe real. No âmbito da psicoterapia, as coisas aqui sempre se misturam: temos fantasias sobre nossa mãe, e temos vivências com nossa mãe. E essas vivências e fantasias não são a mesma coisa. Acho que a ideia de arquétipo é importantíssima porque, nesse contexto, fica claro que nossas fantasias sobre nossa mãe têm muito a ver com nossos medos, nossos desejos e nossas necessidades primordiais (satisfeitas ou não) em relação ao materno. Por isso, no presente caso também não seria válido dizer que a mãe do analisando é uma mãe devoradora e que ele a está projetando na terapeuta. Isso até poderia ser verdade, mas não é muito provável.

Não podemos, com base na terapia, dizer como os pais realmente eram. Conversamos sobre imagens de pessoas, sobre fantasias, e constato que corremos o risco de fazer declarações repentinas sobre os pais reais, quando ficamos desamparados na terapia. Então começamos a jogar a culpa sobre as mães, que são essencialmente mais interessantes do que os pais para qualquer atribuição de culpa.

No caso desse analisando, o arquétipo da mãe se constelou no aspecto devorador, ameaçador, inumano, o que significa que a relação entre o eu e o inconsciente entrou numa fase em que o eu perde grande parte de sua autonomia e o analisando se torna mais inconsciente. Ele tem um medo enorme dessa fase.

Embora esteja claro para mim que é um medo silencioso, como já percebemos na atmosfera que se instalou, tento abordar esse medo no nível da vida concreta. Eu lhe pergunto se ele, no momento, está vivenciando alguma coisa tão ameaçadora e devoradora assim. Ele cita o trabalho, a falta de tempo livre, o estresse, as exigências de sua esposa: a quintessência em cada um desses tópicos é que ele se deixa devorar.

Se levamos a sério a ideia de sincronicidade, ou se também pensamos no sentido holístico, psicossomático, essa doença tem algo a ver com o entorno social, que, segundo sua impressão, o está devorando. Em geral, nós nos deixamos devorar quando somos incapazes de dizer "não" para as outras pessoas, quando nos delimitamos pouco, por medo de perder o amor das pessoas e nos sentir separados delas. Desse modo perdemos a autonomia que seria aconselhável. Tornamo-nos culpados de não cumprir a missão vital de sermos nós mesmos.

O polvo é cada vez mais projetado em pessoas mais próximas e importantes para o pintor, que querem "devorá-lo", e pelas quais ele se sente desvalorizado. No entanto, como esse polvo é uma figura pintada por ele, o animal também deve dizer respeito a um conteúdo psíquico dele próprio e ao comportamento a isso associado. O analisando é capaz de se identificar com o polvo por meio da imaginação: comer com avidez, o desejo de possuir, de destruir. Em vez de poder se delimitar, ele – na identificação com o polvo – tem necessidade de destruir. Mas é

A dinâmica dos símbolos                                           205

justamente isso que ele não faz como pessoa; os impulsos destrutivos são inicialmente inconscientes e se voltam contra ele próprio nos problemas somáticos. Por meio da figura que ele pintou, ele se torna consciente de que teria prazer em destruir, mas não pode nem quer fazê-lo – por motivos morais.

A série de imagens mostra a presença de uma constelação psíquica do arquétipo da mãe em seu aspecto negativo, devorador. Nisso se desenvolve um grande medo, o que também leva à necessidade de muita agressão para fazer face a esse medo.

Eu lhe explico que, ao se identificar com o polvo, ele desenvolveu uma nítida agressão que agora é absolutamente necessária para que ele não seja engolido por todos os lados. Eu lhe peço que imagine figuras relaxantes[61], que têm a função de transmitir a vivência de que também há alguma coisa sustentadora na vida, um lugar onde a pessoa que imagina possa se sentir segura. Essas imagens relaxantes são especialmente essenciais onde é iminente uma confrontação com o aspecto destrutivo. Principalmente a imagem relaxante do bem-estar, do sentir-se bem fisicamente, é indispensável para pessoas que reagem a conflitos com enfermidades físicas.

Depois de praticar com ele as imagens relaxantes e ele se sentir melhor, eu lhe digo que ainda temos de lidar com três áreas de conflitos. Esse exercício de imaginação lhe possibilita regredir; ele pode sentir que está elevado, protegido num âmbito materno sustentador. Isso proporciona coerência ao seu complexo do eu, de modo que agora posso mencionar que temos conflitos a resolver. Com isso, também exprimo que acredito na capacidade de seu complexo do eu de solucionar conflitos; toco em seu nível de autonomia. O principal pro-

---

**61.** KAST, V. *Imagination*, p. 60ss.

blema é a insegurança em suas relações. Um padrão de relacionamento se configura na identificação com o polvo: se ele se sente questionado por pessoas próximas, ele também tem necessidade de questioná-las, destruí-las. Ele costuma fazer isso com observações cínicas a respeito delas.

Outra área conflituosa é a "profissão", e a terceira é a pergunta sobre até que ponto ele também me vivencia na terapia como alguém que exige muito dele e o priva de suas forças. Esses temas nos ocupam por cerca de três semanas; depois disso, seus ataques de dor na barriga desapareceram. Aqui nunca se pôde identificar com clareza se as dores desapareceram graças à psicoterapia ou apesar da psicoterapia.

Podemos trabalhar com sintomas de modo que eles se tornem símbolos pela configuração criativa; símbolos que, sendo vivenciados emocionalmente, liberam o olhar para os conflitos como também para as estratégias de ação no cotidiano.

# 6 Transferência-contratransferência e nova formação de símbolos

Num tratamento terapêutico junguiano, é importante ativar o inconsciente e seus símbolos, de modo que o indivíduo possa lidar criativamente com os problemas e com seu próprio modo de ser.

Em situações em que o complexo do eu não é suficientemente coerente, essa coerência deve ser inicialmente possibilitada.

Os símbolos são ativados numa relação terapêutica quando o analista[1] mostra interesse pela personalidade total do analisando, sua particularidade, suas potencialidades e bloqueios. Em geral, esse interesse ativa o inconsciente e faz com que os símbolos sejam percebidos e adquiram significância. Esses símbolos devem então receber uma forma e ser interpretados.

O objetivo terapêutico é assimilar os impulsos de desenvolvimento que despertam na psique. Com isso os indivíduos ganham mais competência para lidar consigo mesmo e com os outros: entendem melhor a si mesmos, bem como seus lados obscuros, cujas projeções são, na sequência, mais facilmente

---

**1.** Nas páginas seguintes, a distinção de gênero entre analistas/analisandos masculinos e femininos é omitida, pois essa complicação linguística poderia atrapalhar o fluxo do raciocínio.

reconhecíveis. O objetivo geral é se tornar cada vez mais autônomo, hábil para se relacionar e autêntico.

A ativação do inconsciente se realiza na relação analítica, numa relação eu-você, ou seja, em qualquer situação em que uma pessoa pode aprender com a outra, num encontro concentrado em que novos lados podem ser ativados e desbravados em nós. Essa relação analítica se distingue das relações cotidianas pelo fato de grande atenção ser dedicada ao fenômeno de transferência e contratransferência.

Em seu trabalho *A psicologia da transferência*, de 1946, Jung já lidava minuciosamente com transferência e contratransferência – na realidade, ele havia introduzido o termo "contratransferência" na discussão terapêutica já em 1929 –, publicando, a meu ver, a mais completa teoria sobre transferência, contratransferência e relação.

Meu esquema de transferência-contratransferência (cf. o diagrama) baseia-se no de Jung, que, no entanto, exemplificou-o com um texto alquímico[2].

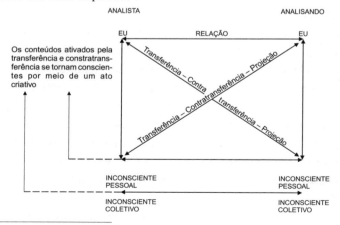

---

2. JUNG, C.G. "Die Psychologie der Übertragung". *GW* 16, § 422.

A dinâmica dos símbolos 209

Ocorre uma relação entre o eu do analista e o do analisando. Numa situação terapêutica, entendo por relação todos os âmbitos do encontro em que o analista é percebido como pessoa real e também, como tal, entra em contato com o analisando[3]. A transferência é entendida como a distorção de percepções nas relações; padrões de relação mais antigos (complexos) são transferidos para o analista ou para a relação entre o analisando e o analista. A transferência é, via de regra, um acordo entre o conteúdo do complexo original e a defesa. Não são transferidos apenas conteúdos de complexo e padrões de relação, mas também imagens arquetípicas.

Entendo a contratransferência como a reação emocional do analista ao analisando, especialmente a essas situações de transferência. Parece existir uma relação misteriosa ou uma fusão entre o inconsciente do analista e o do analisando. Na relação analítica, esse inconsciente conjunto é perceptível como atmosfera da relação, pois também pode possibilitar um "contágio" psíquico na medida em que o analista, por exemplo, sente fisicamente o medo não percebido nem expresso do analisando. Essa relação inconsciente é pressuposto para o que chamamos contratransferência e, no melhor dos casos, é um fundamento para a possibilidade de o analisando participar da autorregulação do analista, quando esta está funcionando no analista. Esses processos inconscientes, talvez até mesmo essa identidade inconsciente entre ambos, permitem que a psique do analista perceba conscientemente as constelações arquetípicas e constelações de complexo e que ele encontre uma imagem para essas vibrações emocionais – seja

---

3. Cf. tb. JACOBY, M. *Psychotherapeuten.*

uma imagem arquetípica ou pessoal –, de modo que uma situação simbólica essencial possa se tornar consciente mediante um ato criativo do analista. Nessas situações o analisando se sente compreendido; isto é, uma importante experiência emocional foi confirmada, foi entendida e registrada de modo tal que ela pode fornecer uma contribuição essencial para a autocompreensão do analisando e para a compreensão de sua situação. Em especial, ele adquire a impressão de que alguém é capaz de compreendê-lo.

Uma parte essencial da transferência é que uma imagem, uma lembrança, um conto de fadas, uma emoção, uma intuição do analista não podem ser inicialmente explicados pelo fluxo de eventos entre o analista e o analisando, nem são consequência lógica da comunicação, mas, ao contrário, parecem correr contra o que está acontecendo no plano consciente. Outra possibilidade típica das contratransferências é o fato de sentimentos e modos de reação provocados no analista serem semelhantes à interação original do analisando com as pessoas que lhe eram mais próximas. Esse tipo de contratransferência pode fornecer pistas diagnósticas sobre padrões de relação problemáticos. Não raro, essas são situações de transferência-contratransferência que se dividem colusivamente, isto é, uma pessoa desempenha um papel, e, a outra, o papel contrário; e não podemos abandonar esse comportamento específico de papéis – mesmo que se perceba que é um comportamento desse tipo. Essa situação especial de transferência e contratransferência está ligada ao fato de que os complexos reproduzem os problemáticos padrões de relação de nossa infância, que muito facilmente voltam a se polarizar em duas pessoas.

Há também um tipo de contratransferência ilusória em que o analista vê coisas no analisando que quase não estão

A dinâmica dos símbolos

presentes, ou pelo menos não com a importância que ele lhes atribui. Estou falando da transferência do terapeuta para o analisando.

As contratransferências do analista são também um acordo entre as imagens, as emoções que nos ocorrem e nossos mecanismos de defesa. Se, por exemplo, nos ocorrem imagens muito agressivas, estas dificilmente serão unidas com nossa autoimagem, sendo, portanto, repelidas. Isso também se aplica a imagens de conteúdo sexual.

**Pontos de virada na análise**

Falo de pontos de virada quando é possível uma nova formação de símbolos, quando aparecem símbolos que até então não podiam ser experienciados e agora possibilitam um acesso a emoções diferentes e também, com isso, a novos comportamentos, discernimentos e esperanças. Essa aparição de novos símbolos na análise – frequentemente após um longo período "jogando conversa fora" – se conecta a situações especiais de transferência e contratransferência, que possibilitam uma compreensão mais profunda. A chave teórica para a compreensão dessa conexão se esconde no conceito de complexo.

Um complexo se desdobra na atividade de fantasiar; ele pode se tornar o ponto de virada do aprisionamento para a liberdade. Nessa fantasia também se encontra a energia necessária para que o indivíduo continue se desenvolvendo. Enquanto esses complexos forem inconscientes – não compreendidos emocionalmente –, eles poderão ser experienciados na transferência-contratransferência, frequentemente também no sentido de uma transferência-contratransferência colusiva, como mais tarde exemplificarei com um exemplo.

Em três exemplos do trabalho terapêutico, eu gostaria de descrever essas situações de condensamento que são pontos de virada na análise, nos quais os símbolos são claramente experienciados como pontos focais de desenvolvimento e se pode ver que as lembranças e expectativas se constelam nos símbolos. Eu gostaria de esclarecer, com isso, que a consideração da transferência-contratransferência e a ativação dos símbolos não são concorrentes entre si; ao contrário, elas se condicionam mutuamente.

### A experiência de ser compreendido na relação terapêutica como pressuposto da formação de símbolos

Um homem de 63 anos se aposentou antes do tempo por uma reestruturação na empresa, que passou para as mãos de uma geração mais jovem. Ele trabalhava como chefe de seção. Restou-lhe a opção de uma reciclagem ou a aposentadoria. Como ele não conseguia se decidir *por* alguma coisa, em algum momento todos passaram a supor que ele escolhera se aposentar.

Duas ofensas decisivas chamam a atenção: a geração-filho realiza alterações que não deixam mais espaço para ele, o pai; e, como ele aparentemente não consegue se decidir (sente-se bastante bloqueado), também não é questionado; uma ação é tomada. De uma maneira indireta, ele é levado a compreender que sua cooperação não é mais importante.

Aposentado, ele fica em casa à toa, lê jornal, sente-se cansado, sem energia. Sua mulher insiste em que alguma coisa deva estar errada com ele. A relação do casal se torna cada vez mais tensa, as brigas são mais frequentes, para as quais ele também se sente totalmente desanimado. Nem mesmo os netos despertam seu interesse. Ele diz que não tem *hobbies*, sente-se vazio, tem insônia, desinteresse por sexo; sente-se ex-

A dinâmica dos símbolos

pulso de tudo, inútil – e tudo isso há quatro meses. Está aposentado faz seis meses. Portanto, ele está reagindo à aposentadoria com uma disposição depressiva. A isso se acrescenta que ele se sente pressionado: diz que agora finalmente teria tempo para fazer tudo o que um dia planejou fazer. Agora ele poderia organizar seus *slides*, ler e pôr em ordem antigos recortes de jornais... Mas agora que tem tempo, falta-lhe energia.

A terapia: no primeiro encontro, vejo diante de mim um homem bastante educado. Ele diz que não está se sentindo bem, conta a história de sua aposentadoria e que não consegue lidar bem com ela.

O objetivo terapêutico é claramente formulado: ele gostaria de lidar bem com sua aposentadoria.

Sua narrativa é bastante sucinta. Ele apenas fica repetindo que não está se sentindo bem. Quando lhe pergunto se ele se sente maltratado pela empresa, ele me olha com espanto: "Bem, sim...", mas diz que é possível entender o lado dela. Sinto um vazio que se espalha, mas rechaço esse vazio em mim, pois não quero me deixar esvaziar. Nessa situação não abordo esse sentimento de vazio, que supostamente tem muito a ver com a ofensa reprimida, com a decepção – um indício de que ele talvez possa viver melhor com uma depressão do que com uma grande raiva –, e não o faço também porque ainda não vejo com clareza até que ponto seu complexo do eu é coerente. Percebo em mim esses sentimentos de contratransferência. Na conversa, nós chegamos a um acordo sobre o objetivo da terapia, a saber, lidar com a ofensa causada pela aposentadoria.

Eu lhe explico que acho importante que ele apresente sonhos e também digo que trabalho com fantasias, imagens, para que sua situação não apenas seja iluminada pelo consciente, mas também possamos adquirir de seu inconsciente, de sua psique indicações sobre como sua aposentadoria deveria continuar.

O tema básico de uma depressão é a necessidade de sermos nós mesmos; apenas nossa própria psique – ou talvez a mediação de um terapeuta – pode apresentar à consciência o que isso significa.

Nas sessões seguintes falamos de sua história de vida: ele cresceu no mesmo lugar onde vive agora. É o único filho homem e tem três irmãs mais velhas. Seu pai trabalhou na mesma empresa e, ao final, no mesmo cargo. Ele descreve sua família como uma família totalmente normal, com uma boa mãe. Ele cresceu como todo mundo: obedecendo, trabalhando, cumprindo seu dever. Foi mais ou menos assim. Ele então trabalhou como aprendiz *na empresa* e avançou no ritmo habitual. Casou com 26 anos, teve uma boa esposa e três filhos – dois homens e uma mulher. Nenhum deles trabalha na empresa; ele diz que provavelmente é bom que as coisas sejam assim. Já tem netos, que costumavam lhe dar muita alegria, mas agora não mais.

Enquanto ele me passa essas informações, de modo claro e conciso, tenho a impressão de, sim, receber informação, mas não realmente um contato com ele como ser humano. Por isso, concluo que ele provavelmente também tem pouco contato consigo mesmo. Isso continua desse modo por várias semanas. Eu o vejo duas vezes por semana. Ele me conta seus problemas, também me narra alguma coisa da história de sua vida, mas quase não sinto o homem diante de mim.

Quando se trata de entender outra pessoa, de lhe dar também confirmação emocional, é obviamente importante o pressuposto de que possamos senti-la. Pessoas que sentem a si mesmas sem dificuldade também podem ser facilmente sentidas pelos outros. Em pessoas que apresentam dificuldade nesse sentido, é preciso um longo percurso para alcançar esse ponto.

Eu o sinto com mais intensidade quando ele se queixa, quando diz que não consegue dormir, quando pensa como será caso a terapia não sirva para nada. Sinto um pouco seu medo de que a terapia possa ser inútil, mas sinto ainda mais o medo de abordar esse assunto. Eu lhe mostro que posso entender seu medo, mas também lhe pergunto se ele nunca pensou que a terapia pudesse avançar com mais rapidez. Ele responde: "Acho que você está fazendo o melhor que pode".

Em face dessa situação, novamente considero o que poderia fazer. Eu também estou um pouco desesperada, reconheço meu desespero. Daí aflora uma imagem em minha imaginação: vejo-me, de repente, como uma salva-vidas. Estou debaixo d'água e, embora possa ver a pessoa se afogando – meu analisando –, não posso pegá-lo, porque debaixo d'água a distância é diferente. Eu também aos poucos vou ficando sem ar. Nesse caso, um salva-vidas real expiraria de novo, novamente procuraria agarrar a outra pessoa, em seguida retornaria à superfície, a fim de salvar a si próprio antes de mais nada.

Essa reação de contratransferência na 32ª sessão, cerca de meio ano após o início da terapia, é bastante importante para mim. Naturalmente, sinto-me tentada a iniciar procedimentos diferentes, tornar-me ativa, reagir à compreensível impaciência do paciente, embora saiba que não é esse o caminho que conduz ao objetivo. Toda minha atividade seria condenada ao fracasso, porque não se trata de minha atividade, mas sim do paciente; por isso, é tão útil a imagem da salva-vidas. Expirar, agarrar novamente significaria mais uma tentativa de senti-lo. Mas, em todo caso, ninguém vai empregar um novo estilo de nado com alguém que está se afogando.

Percebi essa imagem de contratransferência e também decidi não esperar muito mais tempo. Na 33ª sessão ele me apresenta um pequeno sonho: "Vejo um campo. Faz muito tempo que a relva não é cortada". Eu lhe peço que imagine o sonho novamente, e ele diz que a relva está dobrada, pisada, há muito não é cortada; a colheita não tinha sido feita. Sinto um pouco de indignação enquanto ele diz isso. Concordamos que é uma lástima o fato de a colheita não ter sido feita; ele é incapaz de conectar o sonho à sua vida.

O símbolo aqui oferecido é ainda visto de modo bastante concreto. Ele menciona que o sonho lhe lembrou os jovens de hoje; disse que eles simplesmente não são cuidadosos. Que a relva é valiosa, e as coisas aqui são como nos Alpes: todos emigraram, e apenas os velhos ficavam para trás.

Na projeção pode-se perceber claramente um pouco de raiva contra os jovens; pergunto-me se nela ressoa talvez um pouco de raiva contra seu jovem chefe. No entanto, também considero se essa raiva não seria também dirigida contra mim. Para esclarecer isso, eu lhe pergunto o que acha do fato de eu ser vinte anos mais jovem do que ele. Ele me olha afavelmente – como se notasse pela primeira vez minha idade – e diz que ainda não havia refletido sobre minha idade. Diz que não o irritam os jovens em geral, mas as pessoas que agem de modo irresponsável. Observo então que seu novo chefe também é jovem. "Sim, jovem, mas não irresponsável"; não, ninguém poderia dizer isso a respeito dele. Eu, deliberadamente, o afasto desse tema de complexo e lhe pergunto se ele fez sua colheita. Ele ri maliciosamente e diz: "Ah, sim", ele já tinha guardado sua parte, mas com o atual declínio do dinhei-

A dinâmica dos símbolos 217

ro, isso era um negócio altamente controverso. Em seguida, ele fala extensamente sobre como podemos ficar pobres no mundo de hoje, sobre como ele corre o risco de empobrecer e, depois, olha para mim e diz: "Para sua geração é ainda muito pior, ninguém mais vai pagar sua aposentadoria..." etc.

Chamo sua atenção para o fato de que deve ser difícil quando os jovens, de um dia para o outro, nos dão a entender que não somos mais necessários. Eu lhe peço novamente – já havíamos falado disso repetidas vezes – que diga o que seu trabalho lhe proporcionou todos esses anos. Tento fazer um trabalho de luto.

Ele diz que o trabalho lhe trouxe pouca coisa; todo mundo precisa trabalhar, para isso se ganha um salário. Acrescenta que às vezes ele tinha uma sensação boa quando tudo dava certo, mas, na verdade, nem tudo deu certo como poderia ter dado. Ele inicia uma constante e sutil desvalorização de seu trabalho e sua personalidade, no seguinte sentido: tudo foi bem, mas realmente poderia ter sido muito melhor, e esse foi o verdadeiro motivo por que eles não quiseram mais reciclá-lo. Ele próprio era culpado! Enquanto ele se desvaloriza dessa maneira, sinto o impulso urgente de lhe oferecer a outra metade de sua visão de mundo, mas sei que isso provavelmente seria contraprodutivo. Sinto onipotência, raiva, e percebo que, interiormente, estou a ponto de desvalorizar o analisando. Flagro-me pensando em quais circunstâncias uma análise é realmente possível e em quais não é. Portanto, fico bastante agressiva na contratransferência, sinto minha tendência de desvalorização e tento abordar essa tendência nele também, dizendo-lhe que para mim é inconcebível que alguém suporte trabalhar uma vida toda e sempre ter a sensação de que isso realmente não foi bom. De novo, ele me olha afavelmente e diz: "Ora, é isso o que ocorre com a maioria das pessoas, elas não estão contentes com o próprio trabalho". Novamente sinto que absolutamente não o compreendo, mas que também não estou sendo compreendida. Então me pergunto se lhe deveria ter comunicado mais diretamente que aos poucos estou ficando sem fôlego.

Ele conta que o trabalho teve de bom o fato de que sua vida seguiu um curso regular, tudo sempre teve sua ordem, em que ele se sentia protegido. Diz que não tem mais essa ordem e, se recuperasse essa ordem, estava certo de que imediatamente se sentiria melhor de novo.

Pergunto: "Você acha que se eu lhe dissesse exatamente o que fazer, você se sentiria melhor?"

Ele: "Talvez nosso progresso fosse melhor. Você certamente sabe o que devo fazer".

Eu: "Então é por pura maldade que eu não lhe digo".

Ele: "Eu dificilmente pensaria que é esse o caso".

Pelo menos, sinto uma agressão na transferência, mas também a exigência de que eu lhe dê mais estrutura para a vida cotidiana exterior. Na terapia em si, eu realmente lhe dou bastante estrutura e estou sempre lhe apontando que a nova ordem tem de vir de sua psique, que ele se encontra numa situação de reviravolta e não faz muito sentido ele fazer o que considero correto.

Obviamente sei por que estou tão reservada: certa vez, ele havia me contado que lê muitos jornais. E que isso, porém, não lhe acrescenta nada. Ele então vai à banca comprar outro jornal, mas isso também não traz nada essencialmente melhor. Além disso, ele vive esquecendo o que leu. Eu disse que esperava que ele pelo menos não comprasse o jornal na banca mais próxima e que um pouco de movimento certamen-

A dinâmica dos símbolos

te seria excelente para ele; acrescento que o ideal seria que ele comprasse naquela banca depois da piscina, pois assim ele sempre passaria por ela e poderia nadar um pouco. Depois disso, ele me trouxe em cada sessão um pedaço de papel em que escrevia quantos quilômetros havia caminhado e quantos havia nadado.

Por conseguinte, penso estar correta em ser cautelosa na enunciação de regras de comportamento. Em pouco tempo ele teria feito tudo o que eu pedisse. Isso não o teria aproximado de si mesmo e talvez até fortalecesse o círculo depressivo.

Depois de algumas semanas em que tentamos falar sobre o que o trabalho lhe havia proporcionado, ele chega a uma sessão e diz que conversou com a esposa sobre o que o trabalho significou para ele. Ela lhe disse que ele estava satisfeito com sua vida profissional, orgulhoso por ser útil. Que ele se preocupava humanamente com seus subordinados e até mesmo os trazia para casa em situações difíceis; e que era particularmente orgulhoso pelo bom funcionamento de sua sessão. Ele narra isso como um dever de casa decorado, como se não se tratasse dele próprio. Formulo essa minha impressão. Ele responde que só agora se lembrou de que realmente sentia orgulho, mas não percebeu isso quando estávamos conversando a respeito; agora sabia. Agora também se sente ingrato. Eu lhe aponto que sua mulher lhe deu uma orientação, que, apesar de isso ser uma informação, ele não se sente mais bem compreendido. Ele concordou: "Não", não sentia nem um pouco mais bem compreendido, sentia-se ingrato. Eu, ao contrário, realmente o sinto pela primeira vez, como um estudante que recita mecanicamente sua tarefa escolar, simplesmente obediente e bem-comportado, como lhe pediram. Eu lhe conto que eu agora o havia sentido dessa maneira.

12

A dinâmica dos símbolos 221

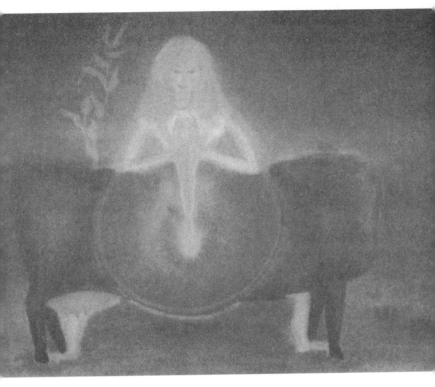

13

14

# A dinâmica dos símbolos

16

# A dinâmica dos símbolos

17

18

A dinâmica dos símbolos 227

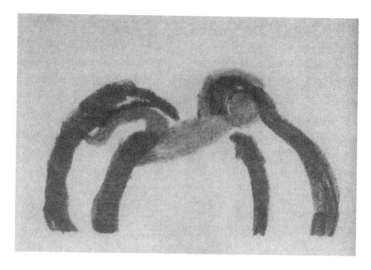

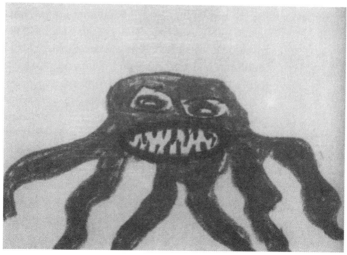

19/20

Ele me olha bastante interessado e diz: "Sim", ele também se sentiu desse modo. Ao que parece, ele se sente compreendido, pois espontaneamente volta a abordar o tema "dever de casa" ao final da sessão e diz que é um tópico importante. Afirma que é como se ele tivesse feito muitas tarefas escolares: primeiro a escola, depois os pais e sua esposa lhe disseram o que ele devia dizer. Acrescenta que isso é, sem dúvida, bastante cômodo, mas ele nunca disse o que ele próprio queria dizer.

Na noite após essa conversa – oito meses depois do início de nossa análise e 54 sessões – ele tem o primeiro sonho importante, como ele o denomina[4].

> Meu sonho é repleto de viagens. Primeiro, estou no trem, o mundo passa voando por mim. Estou lendo jornal e, de repente, fico inquieto porque não sei mais como chegar ao meu destino. Também não sei qual é meu destino. Desço na próxima estação: fico aliviado, a região parece familiar. Espero um ônibus, depois rodo com ele por uma cidade que eu deveria conhecer, mas ela me é estranha. De repente, estou em meu carro. Agora tenho um mapa da cidade e procuro atentamente meu caminho. É muito mais fácil, porque posso trafegar por quase todo lugar que quiser – menos nas ruas de mão única. Entro uma vez numa rua de mão única. Essa infração de trânsito parece-me justificada, pois tenho de levar um remédio importante para alguém o mais rápido possível. Então o caminho fica cada vez mais estreito – no meio de uma ponte de madeira sobre um lago, não me atrevo a continuar dirigindo. Também não sei como

---

**4.** Cf. KAST, V. *Traumbild Auto*, onde esse sonho foi minuciosamente interpretado.

voltar. Mas, de repente, estou caminhando; é lento, mas agora realmente posso ir para onde me parece certo. Acordo antes de chegar ao meu destino.

Quando pergunto como ele se sentia ao acordar, ele responde que teve a boa sensação de estar perto do destino. Segundo ele, teria sido ótimo chegar ao destino, mas dessa maneira o sonho fica mais misterioso.

Deixo o analisando relaxar e lhe peço que use a imaginação e passe novamente pelos caminhos percorridos e sinta a si mesmo ao fazer isso. Nesse processo de revivência pela imaginação, ele percebe que ficou bastante preocupado por não saber mais para onde estava indo. Ele revivencia com bastante intensidade a tensão entre a certeza de ter de chegar a um destino e a incerteza em identificar esse destino. Na sequência, a questão acerca de uma meta em sua vida passa a ocupá-lo bastante, como também especialmente o ocupa a pergunta se é possível fixar uma meta para cada vida humana.

Se alguém se sente desorientado e vazio, é uma experiência essencial quando o sonho traz à baila o tema do destino e, portanto, da condução, que exige energia e faro para perceber os caminhos que devem ser percorridos. Por meio desse sonho e no sonho, um novo sentido de vida é apresentado ao sonhador; ainda que não possamos negar a dificuldade sentida na orientação, é, apesar de tudo, uma orientação.

Uma mudança nítida no comportamento do eu do sonho é perceptível quando o homem está sentado em seu carro, com o volante na mão, e, além disso, ainda tem um mapa da cidade com o qual pode se orientar. Com enorme alívio, ele tem a experiência de que agora pode transitar por quase todos os lugares.

Quando volta a vivenciar o sonho na fantasia, o sonhador enfatiza como é agradável ter um mapa da cidade, recobrar a orientação plena. Ele, então, lembra-se de que perdia com frequência a orientação em sua vida e repreendia a esposa, pois era ela a responsável por "ler o mapa da cidade". Ele percebe que não pode dar à mulher essa responsabilidade, simplesmente porque ela não está no carro; e esse detalhe, de repente, parece-lhe bastante significativo. Num instante, ele toma consciência de que espera de todo mundo, e especialmente da esposa, que faça mapas para ele, proponha objetivos para ele. O fato de ela não mais fazer isso, de nem sequer pensar nisso, enche-o de fúria. No entanto, o sonho mostra ao sonhador que buscar o caminho é uma responsabilidade totalmente sua. No momento, não abordamos até que ponto a raiva que ele sente pela mulher também se aplica a mim.

A infração de trânsito é a primeira coisa pela qual deve responder. Ele enfatiza que é justificado transgredir uma lei inferior – a observância das regras do trânsito – por causa de uma lei superior – a salvação de uma vida humana. Com isso, ele exprime qual é, por enquanto, a meta: a preservação de uma vida. No entanto, ele reflete sobre qual penalidade deverá receber, diz que será uma lástima sofrer alguma penalidade, pois há muitos anos dirige sem incorrer em punição alguma. Essas reflexões deixam claro como é essencial alcançar o destino no sonho: ele, que normalmente segue com rigor as regras de trânsito, as transgride e aceita "colidir" com os guardas de trânsito. Ao dirigir o carro – diferentemente dos outros meios de transporte que usa – torna-se evidente a aceitação de sua própria responsabilidade, mesmo com a transgressão de uma ordem que normalmente é válida e aceitável para ele. "Se sigo caminhos individuais, eu talvez entre em conflito com regulamentos válidos." Quando pergunto se ele é capaz de imaginar esse tipo de situação, ele diz que

A dinâmica dos símbolos 231

poderia se apaixonar de novo. Mas rejeita bruscamente essa possibilidade por causa das complicações; mas, em todo caso, um desejo foi abordado.

O sonhador percorre o caminho até onde é possível; mas no meio de uma ponte não ousa ir em frente. Ao reviver o sonho, ele descreve o sentimento que lhe sobreveio nessa ponte. Ele diz que, de repente, faltou-lhe coragem, o parapeito se aproximou perigosamente dele. Talvez pudesse continuar avançando, mas ele se lembra de situações em que seguiu determinado caminho por pura teimosia, mas teve imensa dificuldade em aventurar-se no percurso de volta.

Considerando a situação do sonho, também não parece essencialmente melhor parar o carro no meio de uma ponte, sem falar no fato de que não se sabe como ele deveria abrir as portas do carro nessa conjuntura, uma vez que a ponte parece ter um parapeito. O sonho mostra, portanto, um homem que, mesmo com possibilidades limitadas, esgota tudo o que há para esgotar, mas, de repente, perde a coragem. Se levamos em conta o fim do sonho, é significante que ele agora ande a pé, lentamente, mas realmente em seu próprio caminho. Sair do carro parece estar relacionado com o grau de liberdade na escolha do caminho próprio, no sentido das decisões autônomas como objetivo provisório do sonho, ainda que seja um processo lento e o sonhador, como ele próprio nota, vá se cansar com maior facilidade. Essa modificação decisiva do meio de locomoção no caminho para o destino – e esse é certamente também o caminho da vida – ocorre numa ponte. Ao revivenciar o sonho, essa ponte se torna importantíssima para o sonhador como transição, como ligação; ele constata que há uma ponte sobre o abismo do qual ele tem tanto medo. Mas a ponte o força a sair do carro. A ponte aqui provavelmente significa que ele deve refletir sobre suas próprias forças e sobre a velocidade individual possível. Agora, ele não pode mais ter intenção de atingir o destino rapidamente, mas deve se aproximar dele passo a passo. E essa seria, talvez, a salvação de uma vida humana, como o exprime o sonho.

Esse sonho foi de extrema importância como vivência para o analisando e como ponto de virada no processo analítico. O sonhador teve a impressão de que recebeu uma importante mensagem de si memo. Além disso, o sonho lhe transmitiu o sentimento de que ele pode, e tem o direito de, ser autônomo. A fascinação de ter um objetivo pela frente e o medo de não alcançá-lo eram perceptíveis. Por meio do sonho sua vida de fantasia foi fortemente ativada e sua autoconsciência foi fortalecida. O sonho o levou a se lembrar de histórias diferentes e mais emocionais de situações de sua vida, particularmente aquelas relacionadas à sua mulher, que ele sempre convencia a organizar a vida para ele e que depois a repreendia por fazer isso. Agora também pôde ser abordada a transferência dessa situação para mim. Mas o sonho também despertou temas que dizem respeito ao futuro, temas de expectativa e esperança, da relação com um novo objetivo. Ele trouxe enorme ativação.

Eu também sinto uma transformação. Também vejo, de repente, um objetivo. Isso me dá certo alívio, embora continue sentindo algum vazio. Tenho a sensação – para permanecer na imagem da salva-vidas – de que o homem agora está sobre a água, pode nadar independente e ativamente rumo a uma meta e mergulha apenas uma vez ou outra. Em conexão com a alegria pela autonomia, o analisando repentinamente percebe que, psiquicamente, foi muito oportuno ter rejeitado o curso de reciclagem. Pela primeira vez ele havia se esquiva-

A dinâmica dos símbolos

do. Apesar de não ter recusado diretamente, o que seria ainda melhor, ele, ao menos, tinha se esquivado.

Esse sonho foi algo como um sonho inicial num período de análise que, é verdade, não foi rico em sonhos, mas, em todo caso, foi acompanhado por eles. Após dois anos de terapia, ele conseguiu processar a raiva provocada pela aposentadoria antes do tempo, a ofensa.

A meu ver, esse exemplo mostra que um processo simbólico que nos leve adiante só pode iniciar quando o analista sente realmente um analisando e também consegue comunicar esse sentimento. No entanto, em certas situações é preciso muito tempo até realmente podermos sentir outra pessoa.

### Transferência-contratransferência colusiva e formação de símbolos

Transferência-contratransferência colusiva[5] significa que o comportamento do analista é determinado pelo comportamento do analisando de maneira geralmente polarizada. Ainda que o analista seja consciente desse processo, inicialmente o comportamento não pode ser alterado. Um padrão de relação se repete estereotipadamente. O motivo para isso se torna claro quando recorremos a uma essencial definição de complexo feita por Jung:

> Ele [o complexo] nasce obviamente do choque entre uma exigência de adaptação e a constituição especial do indivíduo, inadequada para essa exigência. Assim, o complexo se torna um sin

---

**5.** Cf. WILLI, J.

toma valioso para diagnosticar uma disposição individual[6].

Quando consideramos que a exigência de adaptação mencionada por Jung geralmente parte de pessoas que nos são mais próximas, então não temos apenas uma indicação de uma disposição individual: os complexos também retratam as histórias relacionais de nossa infância e de nossa vida posterior, juntamente com todos os afetos e comportamentos estereotipados ligados a elas.

É frequente que nas histórias relacionais da infância duas pessoas estejam frente a frente – a criança e a pessoa com quem se relaciona –, motivo pelo qual o complexo pode se fender na relação analítica. O analista se comporta então como uma pessoa com quem a criança se relaciona, e o analisando como a criança numa determinada situação de complexo, ou o inverso. Na análise, essas situações são "complexadas", elas seguem um curso estereotipado, são emocionalmente carregadas, não trazem soluções. Elas são repelidas tanto pelo analista como pelo analisando, especialmente porque ambos se sentem sob coerção. Ambos são pegos numa situação de transferência-contratransferência colusiva.

Nesse contexto, eu gostaria de formular a seguinte tese: novos símbolos se formam e o complexo "se desdobra em fantasias" apenas quando essa constelação de complexo é compreendida como situação relacional da infância, juntamente com os afetos associados, apenas quando as pessoas do relacionamento da criança são reconhecidas como formas interiores do analisando – o que muitas vezes é possibilitado somente pela vivência do analista.

---

**6.** JUNG, C.G. "Psychologische Typologie". *GW* 6, § 991.

A dinâmica dos símbolos

Obviamente, o complexo envolvido na transferência e contratransferência pode ser concebido como uma formação de símbolo: a situação analítica como símbolo. Mas essa situação deve também ser compreendida emocionalmente, pois, do contrário, a energia do complexo permanece, não raro, presa numa disputa meio pueril de transferência-contratransferência.

Essas transferências e contratransferências colusivas devem ser reconhecidas. Com frequência, nós nos tornamos conscientes delas apenas depois de algum envolvimento. Quando elas são realmente compreendidas, isto é, quando proporcionam ao analisando uma compreensão de si mesmo e de sua história de vida e o analista também compreende seu comportamento nessa situação especial, então novas simbolizações podem ser vivenciadas. No entanto, muita empatia é necessária para o indivíduo se compreender nessas situações.

Mostrarei minha tese no exemplo de um processo terapêutico, que tentarei descrever da maneira mais precisa possível. Mas, antes, um excurso sobre sentimentos de culpa.

## Pensamentos sobre o tema "sentimentos de culpa"

Sentimentos de culpa são torturantes, atormentadores. Sentimos que falhamos, o que é, no mínimo, embaraçoso. Eles estão sempre mesclados com vergonha e o medo de ser punido. Com frequência, as pessoas só vêm a ter sentimentos de culpa quando são pegas. Enquanto isso não acontece ainda podem, em certa medida, resolver com elas mesmas a falta cometida. Os sentimentos de culpa levam as pessoas a reparar alguma coisa. Só que isso nem sempre é possível. Os torturantes sentimentos de culpa, que nos põem em desarmonia com nós mesmos, mostram que estamos devedores de alguma coisa que não deveríamos estar. Deixamos de cumprir um valor. O sentimento de culpa também exprime a tristeza por não sermos tão ideais como pensamos que éramos. Ou a raiva por não podermos ser tão bons como realmente gostaríamos.

Quando temos sentimentos de culpa estamos em desacordo com nós mesmos. Ou seja, em maior ou menor grau, sofremos de um problema de identidade. Repelimos o medo que está ligado a esse desacordo interno e, além disso, ameaça nossa identidade. Começamos a nos justificar, procuramos bodes expiatórios etc. No entanto, poderíamos aceitar sentimentos de culpa e, se o fazemos, adquirimos uma imagem mais humana de nós mesmos, uma imagem de uma pessoa que pode e deve permanecer devedora de alguma coisa.

## A dinâmica intrapsíquica

Quando somos dilacerados por sentimentos de culpa, uma luta se desenrola em nossa psique: atacamos a nós mesmos e, ao mesmo tempo, somos vítima de nosso ataque. Surge um conflito entre agressor e vítima. Atacante: "Por que você não...?", "Você sempre faz..." Vítima: "Sou uma pessoa tão terrível!", "Não posso mais continuar vivendo..." etc. A emoção que pertence intrapsiquicamente ao agressor é a agressão, atrás da qual frequentemente se esconde o medo reprimido. A emoção que pertence à vítima é o medo, e o medo se transforma facilmente em agressão. Portanto, tanto agressão quanto medo se mesclam nos sentimentos de culpa. Nós mesmos temos medo e, ao mesmo tempo, temos raiva; e essa dinâmica causa o sentimento do dilaceramento interno, a perda do bom sentimento de valor próprio. De algum modo, temos de superar esse sentimento tão negativo e então acionamos mecanismos de defesa, que também pode-

A dinâmica dos símbolos 237

ríamos chamar de mecanismos de superação. Citarei alguns mecanismos típicos:

- Minimização: "Não é tão ruim assim..."
- Justificação: "Tive que fazer isso porque..." Sabemos que a justificação facilmente degenera num círculo de justificação. Justificamos o fato de termos nos justificado, e essa justificação aumenta gradualmente, porque assim também nos acusamos, conforme diz o provérbio francês "Qui s'excuse, s'accuse" ("Quem se escusa se acusa"). O círculo de justificação pode ser entendido como defesa contra a culpa. Também podemos ver na justificação a tentativa de ser empático consigo mesmo. Quando somos tão consumidos por sentimentos de culpa, inicialmente não somos capazes de ter empatia conosco, não mais nos compreendemos a nós mesmos, não mais reagimos amorosamente a nós mesmos, mas, ao contrário, destrutivamente. Muitas vezes, contudo, a tentativa de lidar empaticamente consigo mesmo pela justificação não é bem-sucedida. Então recorremos a outros mecanismos de superação.

- A busca de um bode expiatório: Na antiga Judeia, um bode era carregado com todas as culpas da comunidade e depois enviado ao deserto. E assim os pecados desapareciam do campo de visão. Desse modo, encontramos alguém que é culpado de tudo, a quem atribuímos todas as culpas, uma imagem para a projeção. Em seguida, nós o enviamos para o deserto, ele é segregado, apartado. Esse é um padrão comportamental bastante comum: procuramos um culpado, um bode expiatório, e o encontramos, porque sempre há alguém fazendo alguma coisa errada! Daí podemos descarregar nossa própria culpa sobre esse bode expiatório e nos aliviar. O bode expiatório é desvalorizado, nós somos idealizados; a situação fica difícil apenas quando precisamos usar tais bodes expiatórios para outro propósito. Se os sentimentos de culpa não podem ser superados com o acionamento dos bodes expiatórios, outros mecanismos de superação podem aparecer.

• Desejos de morte contra si mesmo: Os sentimentos de culpa podem avançar a ponto de desejarmos nossa própria morte. O agressor dentro do indivíduo diz: "Você não merece nem viver!" Esses desejos de morte também podem se exprimir como medo da morte, como em fantasias sobre morrer em algum acidente, de sofrer ameaças de outra pessoa. Por trás disso se encontra a convicção de que somos tão culpados que apenas um poder anônimo pode nos destruir. Ocorre aqui uma identificação total com a vítima. O agressor é projetado no âmbito externo.

Com relação a esses mecanismos de superação citados, fica claro que no conflito interno entre agressor e vítima, em que somos os dois ao mesmo tempo, podemos ora ser mais agressor, ora mais vítima.

Mas também podemos admitir a culpa. Admitir a culpa é geralmente menos perigoso do que supomos. Nós, seres humanos, gostamos de pessoas culpadas. Em geral, anjos de inocência nos dão nos nervos. Se alguém constantemente afirma completa inocência, passamos a procurar suas falhas. Também não suportamos esses anjos de inocência porque eles claramente convertem os outros em culpados.

## Culpa e responsabilidade

Usamos a palavra "culpa" em dois significados: estamos falando de culpa quando assumimos uma responsabilidade. "Sou culpado por isso ou aquilo ter ocorrido." E falamos de culpa quando falhamos em alguma responsabilidade. Daí sofremos com os sentimentos de culpa. A culpa tem sempre a ver com o fato de tomarmos uma decisão-do-eu contra uma norma, contra uma lei; essa norma pode ser interna – a lei interior – ou externa – as leis exteriores. Como personalidade, nunca concordamos totalmente com as normas e leis externas, nem com as leis internas, e, por isso, é inevitável que nos tornemos culpados. Consequentemente, também é inevitável que lidemos com sentimentos de culpa; e o propósito do sentimento de culpa seria nos tornar conscientes de que devemos assumir responsabilidade por alguma coisa.

Os sentimentos de culpa são sentimentos que remetem ao passado. Mostram que algo foi frustrado, mas ao mesmo tempo também deveriam abrir caminho para o futuro e nos desafiar a considerar qual responsabilidade deve ser assumida. A reparação também tem uma ênfase futura; às vezes não podemos mais reparar uma culpa pela pessoa contra a qual a cometemos, mas podemos repará-la em favor de outras pessoas, ao admitir esses sentimentos de culpa e assumir responsabilidade.

## O papel da empatia

Seria importante lidar empaticamente conosco quando nos vemos dilacerados por sentimentos de culpa. É mais fácil encontrar essa atitude empática quando perguntamos como alguma coisa, afinal, ocorreu. Tendemos a jogar a culpa uns nos outros. Esse é um jogo improdutivo, que, entretanto, pode durar para sempre. Assim que perguntamos como aconteceu a situação, como influenciamos um ao outro para que as coisas chegassem a tal ponto, vislumbramos uma possibilidade de lidar conosco e também com nosso parceiro com maior compaixão. O pressuposto disso é a aceitação de que nós sempre somos devedores de alguma coisa um para o outro, de que sempre seremos devedores. Isso também significa aceitar nossa finitude e, apesar disso, assumir responsabilidade por tudo aquilo por que podemos ser responsáveis. Não permanecemos devedores apenas aos outros, mas frequentemente a nós mesmos.

## Relação improdutiva com os sentimentos de culpa

Numa atitude bastante improdutiva, podemos nos queixar de alguma falha por longo período – e, às vezes, trata-se de uma falha mínima. Com bastante intensidade nós nos queixamos de alguma coisa que fizemos errado cinco anos ou também algumas semanas atrás. Essa forma de admitir os sentimentos de culpa não é empática; ao contrário, bloqueia a vida. Nós nos declaramos culpados numa situação pela qual talvez não tenhamos tanta culpa assim. E, com isso, desviamos o olhar daquilo de que somos realmente culpados, das coisas de que somos reiteradamente culpados, pelas quais realmente deveríamos assumir responsabilidade. Essa queixa sobre alguma falta assinala tanto a agressão que é inerente aos sentimentos de culpa e nos dá a possibilidade de agir, como também o medo que nos dá a possibilidade de compreender a nós mesmos. Esse bloqueio nos impede de um envolvimento maior com a vida, pois quanto mais nos envolvemos com a vida, mais também somos culpados; culpados por coisas acontecerem, culpados por coisas darem errado ou por alguma coisa que iniciamos tomar um rumo que não havíamos esperado.

O sentimento de culpa improdutivo desvia nosso olhar daquilo de que somos realmente culpados e, ao mesmo tempo, é expressão de um medo de nos tornarmos culpados.

A dinâmica dos símbolos 241

*Excertos de um processo terapêutico*

Uma mulher de 52 anos perdeu o marido num acidente de carro, um dia depois de ter iniciado os procedimentos legais para o divórcio e ter comunicado isso ao esposo. Isso ocorreu após 28 anos de casamento; eles tinham três filhos, todos com mais de 20 anos.

A mulher vem à terapia três semanas depois da morte do marido, que simplesmente lhe é insuportável. Ela não encontra outras palavras e diz sempre a mesma coisa: "Não tenho culpa, não tenho culpa!" A analisanda é uma mulher de estatura mediana, magra, com traços faciais bastante duros. Está vestida de luto, e visivelmente transtornada. Eu a acho simpática, quero ajudá-la. Desde o início é bastante claro que os sentimentos de culpa desempenham um grande papel, pois ela está o tempo todo afirmando a própria inocência. Por motivo do divórcio, a mulher teve de escrever a história de sua relação para atenção do tribunal. Ela me entrega essas folhas logo no início de nossa conversa. Normalmente não faço isso, mas, como que sob pressão, pego essas folhas e começo a ler. Nessa descrição, o marido foi eleito bode expiatório, de um modo tão exclusivo que perturbou minha necessidade psíquica de simetria. Há em mim uma reação, quero protestar, não aceitar essa imparcialidade, sinto agressão contra essa mulher, que não compreendo. Em minha fantasia tenho a tendência de imediatamente fazer dela um bode expiatório também; torno-me, portanto, uma agressora. Sinto que a estou expulsando, pergunto-me se quero realmente trabalhar com essa mulher. Acho-me repugnante por ter esses sentimentos em relação a ela, que está vivendo uma situação tão terrível. Mas também me compreendo um pouco. Todos esses sentimentos se desenvolvem em mim, tomo ciência deles, mas não digo nada à mulher. Quando levanto o olhar, ela diz espontaneamente que ela agora escreveria a história de maneira diferente. Desde a morte do marido, ela não mais o percebe exclusivamente como bode expiatório. Mais tarde se constata que os bodes expiatórios agora são os colegas, a família do marido, o local de trabalho.

O fato de o tema da culpa ser tão enfocado indica que a mulher tem de lidar primordialmente com sentimentos de culpa em seu processo de luto e que estes serão seu principal problema. Mas também pode indicar que ter sentimentos de culpa sempre foi um de seus problemas. As perdas ativam nossos principais problemas.

Ela se sente um pouco melhor ao enxergar, durante a narrativa, que a culpa da morte do marido pode ser atribuída aos seus colegas, que novamente o haviam seduzido a beber e depois dirigir, e que, em última instância, a família do esposo é culpada, pois havia feito dele um fracote, bem como o local onde ele trabalhava, com suas imensas exigências. Esse mecanismo de defesa, a projeção, ajuda essa mulher a evitar seus próprios sentimentos de culpa.

Eu então lhe peço que narre sua história com o marido. "Meu marido precisava de uma nova mulher depois da morte da mãe." Ela estava na idade apropriada, não tinha namorado; ele a cortejou e era um pouco melancólico – o que naquela época a agradou bastante. Mas ela não o amava realmente. "Esse amor louco só acontece em romance água com açúcar, não é?" Eu quero responder alguma coisa, mas não consigo dizer nada. Tenho a impressão de ser sugada por um "fatal nós". Ela sentia ter feito uma boa ação ao se casar com esse rapaz que havia se tornado um tanto quanto desorientado. Além disso, ele era afável, decente, trabalhador. Todo mundo também achava isso.

A dinâmica dos símbolos

Segue-se uma história mais longa, em que ela justifica por que havia se casado com esse homem apesar de não o amar realmente. Não há qualquer informação nova. Ela apenas fica se justificando por que casou com ele, mas ela própria percebe que está se justificando. Então começa um círculo de justificação: "Isso soa como se eu precisasse me desculpar. Claro que não preciso. Não tenho necessidade disso. Pois no começo era tudo uma maravilha. Ele era simplesmente tão frágil, tão mimado, ele precisava de mim como uma mãe. Quando surgiam problemas, ele tinha dor de barriga como uma criancinha". Ela também se lembra de como ele tinha ciúmes dos filhos – em pouco tempo o casal já tinha três crianças pequenas. Ela narra o seguinte episódio: "As crianças estavam gritando e eu lhe pedi que me ajudasse. Ele apenas me olhou melancolicamente e disse: 'E eu, onde fico?'" Ela então o xingou, e uma vez chegou a bater nele. "É por esse tipo de coisa que nós, as mulheres, fervemos de raiva, não é?" Eu me sinto incluída nessa expressão "nós, as mulheres", que pode significar: nós duas somos as inocentes, os outros são culpados. Ou: nós duas, como mulheres, somos vítimas inocentes, ainda que ataquemos de modo agressivo ou destrutivo. Aqui fica evidente a cisão agressor-vítima. Tenho a sensação de que ela dispõe de mim num golpe rápido, não sou capaz de intervir. Rapidamente me sinto vítima, mas não, como é comum em processos de luto, entregue à morte e ciente de que não há remédio contra a morte. Sinto-me, antes, uma vítima de suas maquinações. Eu me pergunto se seu marido poderia ter se sentido como estou me sentindo agora. Mas não posso (não devo?) formular essa impressão. Simplesmente assimilo o que está ocorrendo. Como não interfiro, presumo que se trate aqui de uma situação de transferência e contratransferência colusivas, em que essa mulher desempenha o papel da agressora e eu me torno a vítima. Se eu formulasse minhas interpretações, ela se tornaria a vítima. Enquanto ela puder delegar para mim a parte da vítima, ela não precisa sofrer a luta agressor-vítima, isto é, o dilaceramento.

Além disso, devemos levar em conta que nossa relação retrata um padrão de relacionamento que supostamente lhe é familiar. Penso que o fato de eu ser incapaz de abordar esse padrão de relacionamento indica que tal abordagem provocaria nela muita angústia e derrubaria sua defesa contra os sentimentos de culpa. Percebo que algumas coisas não se harmonizam comigo: em primeiro lugar, esse "nós" fatal; em segundo, minha tendência de rejeitar essa mulher, mas também a sensação de eu própria ser rejeitada. Sinto-me sob um forte domínio e me pergunto se ela própria também se encontra sob forte domínio de seus sentimentos de culpa. Lembro-me de meus intensos sentimentos de rejeição do início de nossa conversa.

Em seguida, ela narra que o casamento logo começou a degringolar. Os colegas induziam o marido a ingerir álcool, ela "tentava mantê-lo acima da água" e se esforçou bastante para que ele pudesse cumprir as obrigações do exigente trabalho (ele era técnico eletrônico). Ela descreve a vida atribulada, pois fazia tudo: criar os filhos, ir atrás dele, cuidar da casa, trabalhar para pagar as dívidas que eles haviam contraído com a construção da nova casa. A seu ver, ele era totalmente irresponsável. Quando pergunto como era a vida sexual, ela diz que no início sentia muito pouco, seu marido tinha necessidade frequente de se aconchegar, o que no começo lhe agradou, mas depois se tornou cada vez um problema para ela. Quando ele queria ter relações, ela não queria; quando ela queria, ele se esquivava. Ela diz que, na verdade, tudo estava muito adormecido, e um dia ela se deu conta de que ficaria louca se continuasse num casamento assim até a morte. Obviamente, essa percepção não ocorreu num dia qualquer, mas num dia em que um colega do marido lhe deu a entender que a achava atraente. Então ela pensou que alguma coisa tinha de acontecer antes que sua vida realmente chegasse ao fim. No entanto, o divórcio sempre foi um tema, uma ameaça; ela sempre o empregou como um modo de ameaça, mas agora ela estava falando sério. A reação de seu marido: reclamava e bebia. Segundo ela, não era culpa dele que ele reclamasse e bebesse, mas da mãe, que o criara com muita brandura, como também dos colegas. É claro, ele havia bebido antes do acidente. "Eu lhe disse mil vezes que não devia beber e dirigir, eu avisei, mas os colegas sempre o encorajavam a fazer isso."

Então começa a autorreflexão: "Agora eu deveria estar aliviada. Ser viúva é melhor do que divorciada. Mas eu me sinto tão sozinha, desamparada, embora quisesse me livrar dele. Tenho dificuldade para dormir e essa confusão, essa angústia". Eu lhe pergunto o que pensa durante a noite quando não consegue dormir. Então ela se lembra de situações com o marido; fica escutando se ele volta para casa, mas depois percebe que ele nunca mais voltará; apesar de aliviada, ela sente uma tristeza enorme. "Às vezes penso que o empurrei para a morte. Mas todo mundo tem o direito de cuidar de si mesmo, não é?" Confirmo-lhe que ela se decidiu pelo divórcio por responsabilidade para com sua própria vida e, agora, pergunto-lhe se ela tem culpa na morte do marido. "Culpa não – foi o álcool, obviamente –, mas estou envolvida de algum modo."

Temos sentimentos de culpa quando precisamos assumir responsabilidade por alguma coisa. E aí também podemos realmente nos tornar culpados. Portanto, procuro me aproximar dos sentimentos de culpa dessa mulher abordando o aspecto do senso de responsabilidade que é ligado a tais sentimentos e altamente apreciado por nós. Com essa intervenção, eu, ao mesmo tempo, apoio seu valor próprio, o que significa uma maior probabilidade de ela enfrentar seus sentimentos de culpa. Ela, então, pode também se posicionar quanto a esses sentimentos de culpa; e aqui ocorre algo bastante peculiar: no uso linguístico alemão suíço, *Schuld* (culpa) significa primordialmente ser cocausador, não necessariamente ser culpado. Desse modo, do ponto de vista linguístico, é desnecessário que ela se afaste do ser-culpada, embora, evidentemente, esse afastamento seja necessário em termos psicológicos. Portanto, retomo com cuidado a questão da culpa, que ela havia abordado; ela se defende, e ocorre uma mudança na dinâmica da relação. Anteriormente, estávamos em constante solidariedade contra alguém que atribuía culpa aos outros; com minha intervenção, eu me livro da solidariedade. Do ponto de vista terapêutico, é significante que esse problema da culpa e o aspecto da parte agressiva da culpa, o aspecto do agressor, passem para a transferência e, portanto, sejam projetados em mim. No entanto, aceito sua resistência como sinal de que abordar o problema ainda é algo muito angustiante para ela. Também aceito que ela fale durante semanas sobre problemas cotidianos por resolver, problemas legais, problemas com os filhos, que pedem a herança. Seu falecido marido está sendo acusado pela companhia de seguro, que afirma que ele dirigia em estado de alta embriaguez e, portanto, tinha sido extremamente negligente. Ela, que talvez tenha dito a mesma coisa, está indignada e insiste em que o marido era um bom homem. Depois dessa inculpação vinda de pessoas de fora, ela não é mais unicamente boa e ele unicamente mau; ao contrário, ele agora é pelo menos bom e mau. Nessa fase de nossas conversas, achei que seríamos capazes de reexaminar a história de relação do casal, não tanto sob o aspecto da atribuição de culpa ou da questão do bode expiatório, mas levando em conta a história dos efeitos da relação sobre ambos. Portanto, podemos tentar esclarecer como cada um exerceu influência sobre o outro, levando ao desfecho já conhecido. Sob o aspecto de que ambos são culpados, não no intuito de condenação mútua, mas de entendimento mútuo, deveria surgir uma sensibilidade para apreciar as ações de cada cônjuge.

Todavia, é difícil tematizar a história de efeitos de uma relação, porque isso obviamente elimina a repressão dos sentimentos de culpa, que são então vivenciados.

A mulher começa a descrever a história dos efeitos de sua relação. Por exemplo: sentiu-se orgulhosa ao ter o primeiro filho. Tinha a sensação de que era um produto seu, que precisava dela para tudo, era totalmente dependente dela. Exprimiu esse sentimento, e o marido disse que ele também tinha participação nisso. Ela argumentou que a criança havia crescido dentro dela e, sem ela, a criança nem existiria. Agora, ao refletir sobre isso, ela percebe que realmente o rejeitou. Não permitiu que ele participasse de sua alegria pelo filho. E para ele era tão importante participar, ela diz. No começo, quando ela passou a me controlar com grande rapidez, eu me senti expulsa também e tive a sensação de que ela precisava de mim, mas não se permitia precisar de mim. Portanto, isso parece ser nela uma conduta típica. Por que se comporta assim?

Ela própria se vê agora como uma mulher má, terrível: culpada porque vivia rejeitando o marido, o que inclui suas eternas ameaças de divórcio. De repente, ela passa a ser a culpada de tudo, e ele o inocente. Ela perde toda empatia com ela mesma; estabelece sua culpa.

Na 28ª sessão, cerca de seis meses após o início do tratamento, ela repete: "Sou culpada, totalmente culpada". Tenho a impressão de que nossa relação empacou. Digo: "Acho que posso entender bem o sentimento que você tem". Conto para ela os primeiros sentimentos que tive quando li seu relato sobre o divórcio, os sentimentos que quase me levaram a mandá-la embora. Digo como me achei desprezível em face da situação terrível pela qual ela passava. Nós nos solidarizamos pelos sentimentos, o que lhe causou um alívio perceptível. Ela então narra histórias que mostram, com clareza, que o marido dava grande valor em participar. Ele sempre quisera fazer alguma coisa com os outros; mesmo na família, ele sempre achou importante que todos estivessem juntos, que todos ficassem o maior tempo possível numa cama, numa barraca, que tudo fosse compartilhado. O caminho dos filhos rumo à independência foi um processo extremamente doloroso para ele. Ela também acredita ter notado que, quanto mais os filhos ganhavam autonomia – e ela os ajudou nisso –, mais ele bebia.

Sua narrativa deixa transparecer um tom de escárnio na voz. Eu lhe pergunto como vivenciou esse desejo de participação do marido. No começo, ela achava engraçado, mas depois começou a demonstrar aversão cada vez maior a isso, até que passou a zombar do esposo e fazer tudo o que pudesse para impedir essa comunhão. "Não é culpa dele, nunca foi, a família dele já era assim. Foi por isso que precisou se casar depois que a mãe morreu."

A dinâmica dos símbolos

A família dela, ao contrário, sempre deu valor a ser autossuficiente, independente, e praticamente nunca foi coesa, ao passo que a família do marido sempre demonstrou grande coesão. Ela agora recebe apoio da família do marido e não da sua própria. Eu a faço ver que a família do marido deve ter sido fascinante no início, porque cultivava uma conduta de relacionamento completamente diferente, mas que, pelo visto, causava-lhe medo, um medo de perder a independência e então não ser mais alguém. Ela prossegue dizendo que a autonomia sempre foi elogiada em sua casa, isso significava que se havia crescido. Depois ela se lembra de que, na infância, ela e os irmãos não pertenciam realmente ao vilarejo; moravam à margem de um vilarejo. E isso também era símbolo de certa condição marginal. Eles eram a única família da Igreja Reformada numa região católica. Ela era uma excluída, identificava-se com os que excluíam e causava mais exclusões; pelo menos excluiu o marido. Ao que parece, os filhos tinham se desenvolvido sem grandes problemas.

Se examinamos os sentimentos de culpa sob o aspecto do expulsor e do expulso, a pessoa que acusa é também, evidentemente, a que expulsa, e o acusado é o expulso. Ao se sentir culpada, a mulher agora é a pessoa expulsa, como ela sempre foi quando criança. Ela me pergunta várias vezes como eu me senti na primeira sessão, quando queria rejeitá-la; eu sempre lhe digo como me senti, e ela me assegura que se sente da mesma forma. Também digo que sou capaz de compreender a mim mesma e de que ela também pode ser compreendida.

Digo-lhe, por acaso, que às vezes posso vê-la diretamente como uma criança excluída e perceber como ela se sentia miserável. Com essa observação, ela se lembra de uma imagem. Essa é a 32ª sessão, e é a primeira vez que aflora uma imagem.

Ela narra que se vê diante de um jardim de infância, todas as outras crianças estão do lado de dentro, só ela e os irmãos não podem entrar, porque ficava muito longe. É começo de verão, as crianças estão cantando, ela fica de pé do lado de fora e quer muito cantar junto, mas não pode. Ela permanece lá, arrasada. Corre para casa ao encontro da mãe, conta-lhe que também quer entrar no jardim de infância; a mãe diz: "Mas você sabe que não fazemos parte disso, nem queremos fazer". Normalmente essa formulação fazia a criança se sentir um pouco especial, mas dessa vez ela sentiu apenas raiva, desespero, dor. Surgem várias lembranças semelhantes; tanto ela como eu podemos vivenciar a dor da criança excluída, sentimo-nos muito próximas.

O tema "expulsor e expulso" continua a ser atual. Essa mulher não se lembra de sonhos, mas pode evocar com muita vividez as imagens de sua infância – podendo até mesmo dizer qual era o cheiro da terra enquanto estava na frente do jardim de infância –, o que me dá a impressão de que sua imaginação pode nos levar a um campo de imagens. Gosto de lidar com imagens principalmente porque elas também sempre estão ligadas a uma dimensão do futuro.

Na 35ª sessão, depois de fazê-la relaxar um pouco, eu lhe peço imagens sobre o tema "ser expulso". Acho que agora o complexo pode se exprimir em fantasias.

"Ser expulso – vejo uma criança cega, que vaga por uma região cheia de espinhos." (Mais tarde ela associa a essa imagem os contos de fadas *Rapunzel* e *A menina sem mãos*.)

Sobre o tema "expulsor": "A menina é expulsa aos gritos por um velho com bengala".

Eu lhe peço que se ponha no lugar da menina cega ou do velho.

Essa mulher pode abordar seus sentimentos de culpa e ser empática consigo mesma apenas quando se vivencia como expulsora e expulsa. A solidariedade comigo foi o pressuposto para que ela se envolvesse com a imaginação.

Ela se identifica com a menina; suspira: "Estou descalça, cega, não estou acostumada a ser cega. É muito frio, chove, não paro de esbarrar nas coisas. Minha pele fica esfolada. Sinto um calor vindo de algum lugar, vou até lá. São casas, mas todas as portas estão fechadas. Imagino um velho por trás da porta com uma bengala. Ele está com raiva, castiga. Ele sabe por que castiga, ele é inflexível. Decidiu que a menina deve fazer penitência. A menina se afasta novamente da porta, aceita, volta para a chuva, para os espinhos, sem rumo, sem orientação. Ela deve fazer penitência. Aceita isso".

Aqui eu intervenho na imaginação[7]. "A menina conhece o delito que ela deve expiar?" Pergunto isso porque tenho a impressão de que aqui ela sofre por sofrer. Enquanto estava ouvindo, eu, de repente, senti a raiva que, na verdade, a menina deveria ter sentido. Quando toda a agressão é projetada no agressor, a vítima não tem agressão alguma. Mas se a vítima também sente raiva, uma raiva construtiva, ela pode escapar desse jogo agressor-vítima.

A menina não sabe qual é seu delito, simplesmente está preparada para fazer penitência. Pergunto: "O velho sabe qual é o delito?" Essa pergunta estimula em sua imaginação a troca de papéis, como também a motiva a lidar consigo com mais empatia. O velho precisa fazer uma consulta sobre isso; resmunga: "As meninas sempre fazem alguma coisa proibida. Sempre devem ser punidas". Folheia um livro e finalmente

---

**7.** Cf. KAST, V. *Imagination.*

encontra as folhas com o registro da penitência. Diz gravemente: "Humm, humm", e se cala.

A menina decide não fazer mais penitência e sai daquele lugar. Corre numa direção e pensa que em algum momento alguém aparecerá. Tropeça, cai; mas aos poucos o dia começa a nascer. Ela se deita na grama, dorme e se sente maravilhosamente protegida.

Esse exercício de imaginação se estende da 35ª até a 42ª sessão da terapia. Quando ela acorda, começa a enxergar lentamente. Uma velha mulher está ao seu lado, pondo algumas ervas em seus olhos e pés, com pena dela. Diz algumas frases de compaixão e consolação. A garota não quer acordar de jeito nenhum; as palavras são como bálsamo. Ela só abre os olhos e pode enxergar apenas quando a mulher pergunta: "Você realmente ainda não consegue enxergar?" Ela não reconhece a velha mulher.

Primeiramente, ela fica muito espantada com o fato de aparecer essa mulher em sua fantasia, mas também muito contente. Ela gostaria de ter tido uma mãe assim, ter sido uma mãe assim. Falamos muito tempo sobre essa mulher, que consegue ver seu sofrimento, que pode aceitar seu sofrimento e ainda encontra palavras de consolo. Só então interpreto essa figura para a analisanda no nível subjetivo dizendo que ela é sua própria possibilidade de vida e de sentimento. Ela então diz: "Mas sabe de uma coisa? Ela se parece com você". Ela faz uma transferência dessa herborista para mim, não estamos mais presas no complexo, no jogo de transferência-contratransferência de agressor e vítima.

Há sempre a questão de saber se impedimos as transferências quando interpretamos os símbolos no nível subjetivo. Em minha experiência vejo, com bastante frequência, que

A dinâmica dos símbolos

uma transferência só pode ser realmente abordada quando o analisando também sente que o elemento a ser transferido também se encontra nele próprio, que não é contraditório sentir uma força na relação e uma força em si mesmo.

Em retrospecto, nós duas nos admiramos com essa menina tola, que queria fazer penitência simplesmente porque tinha a impressão de que devia fazer penitência. Eu lhe pergunto quem, em sua vida, teria resmungado como o velho em sua imaginação. Isso a fez lembrar de um pastor que achava que todo pecado deriva da mulher e, por isso, as meninas deviam realizar penitência antes que fosse tarde. Desse modo, a menina sempre teve no decorrer da vida a sensação de ter feito tudo errado e ser culpada por isso.

Na imaginação a menina fica um bom tempo com a mulher bondosa; ela cresce e aprende um monte de coisa. Essa mulher bondosa é bastante vista na projeção, mas a analisanda sabe que ela é uma parte de si mesma, uma parte que ela de vez em quando vê dentro de si mesma. Nenhuma de nós é expulsa. Nessa época, continuamos falando de sua expulsão e do fato de que ela agora não era mais necessariamente a expulsa.

Ela recomeça a narrar a história dos efeitos da relação com o marido, mas agora realmente com empatia consigo mesma e com ele. Apesar de ela lidar empaticamente com a história dos efeitos de sua relação, os sentimentos de culpa são muito mais nítidos, muito mais vivenciáveis. Ela se sente culpada, miseravelmente culpada e também exprime isso. Nesse momento eu lhe peço outra expressão para os sentimentos de culpa, pois ela também pode se esconder por trás da frase "Sou imensamente culpada". Sua outra expressão: "Eu nunca dei para ele nem para mim o que era possível. Teria sido possível segurança, como também teria sido possível pertencer um ao outro sem deixar de ser um indivíduo separado".

A questão sobre sua culpa continua a ocupá-la. Ela se lembra do velho de sua imaginação. Ele deve conhecer sua culpa. Estou muito contente por ela ter retomado essa parte da imaginação. Ele sempre esteve presente de algum modo para mim, mesmo que ela não falasse dele.

Quando os analisandos imaginam, os terapeutas, em certo sentido, também imaginam juntos. Nesse caso, várias vezes eu me flagrei vendo que a analisanda, sim, crescia com a mulher velha – também me alegro e me sinto bem com isso –, mas eu ainda sabia que no canto da imagem se encontrava a casa com o velho. Era como se minhas imagens me dissessem: "Apesar de periférico, ele não deve ser esquecido". Mas não formulei esse pensamento para a analisanda.

Ela procura esse homem em sua imaginação. Vai até sua cabana, mas não o encontra. Quem está lá é um homem mais jovem, a quem ela pergunta onde está o velho. "Ele morreu." Ela diz que precisa saber qual é sua culpa. O jovem está em posse do livro. Juntos procuram as páginas referentes a ela. Lá está escrito: "Ela não levou a sério seus sentimentos". O homem lê essa sentença como um lema de confirmação.

A partir daí não ocorrem mais as imaginações com a velha empática e o velho. Essa imaginação está encerrada.

O "lema de confirmação" a preocupa bastante. É para ela um lema que alguém recebe numa iniciação. Ela percebe claramente que a culpa e a responsabilidade pela culpa estão ligadas à necessidade de levar os sentimentos a sério. Ela começa a refletir sobre quando e por que não levou a sério os sentimentos. Afloram muitas lembranças; por fim, ela recorda que sabia que seu marido era fraco, que ele nunca foi diferente. Também

A dinâmica dos símbolos

sabia que ele tendia a beber quando tinha conflitos; ela sempre sentira isso, até mesmo quando se encontrou com ele pela primeira vez. Apesar disso, casara-se com ele. E mesmo quando ela própria sentiu necessidade de proteção, ela era, por uma questão de princípio, a favor da separação, do isolamento.

Agora está convencida de que deseja levar a sério seus sentimentos. Pode aceitar que é culpada, que também tem sentimentos de culpa em relação ao marido; mas também pode entender a si própria, compreender a história dos efeitos de sua relação. Diz que gostaria de receber um sinal de seu marido no além, indicando que não guarda rancor. Espera ter um sonho. Mas não tem nenhum; decide reconhecer que até agora não pôde agir de maneira diferente, mas no futuro lidará consigo mesma de modo diferente e levará a sério seus sentimentos – os sentimentos de culpa são sempre um indicativo de que alguma coisa poderá mudar no futuro.

A análise termina depois de 86 sessões, depois que iniciei uma importante fase de separação.

O elemento colusivo foi típico nesse processo de transferência-contratransferência que pretendi mostrar com essa análise. A parte da vítima e a parte do agressor foram intercambiadas. Também foram alternadas com solidariedade. É bastante típico que essa divisão seja depreciada, já que ela é uma ofensa contra a inteireza própria. O processo só pode avançar quando a empatia está presente, quando podemos ser empáticos com essas cisões, quando pode ocorrer uma solidarização no âmbito dos sentimentos, incluindo os que são negativos. O processo aqui se exprimiu na imaginação, que deu à analisanda uma possibilidade de lidar maternalmente consigo mesma, mas também a retirou da postura de menina e matou nela um pai muito rígido e o ressuscitou numa forma mais suave.

Além disso, o método da imaginação se tornou possível para ela.

Fundamentalmente, Jung pensa que o caminho criativo é o melhor que há para lidar com o inconsciente. Ele também recomenda "imaginar" uma fantasia e configurá-la como se fosse uma situação de vida inescapável.

> Todas as dificuldades que você enfrenta em tal fantasia são expressão simbólica de suas dificuldades psíquicas; e, na medida em que as domina na imaginação, você também as supera em sua psique[8].

Em outra passagem, Jung diz que, pelo método da imaginação, tanto analisamos o inconsciente quanto damos ao inconsciente a oportunidade de analisar o complexo do eu[9]. Quando praticamos o método da imaginação podemos nos relacionar bem com o complexo constelado e fazê-lo se exprimir em fantasias, até mesmo fora de uma situação terapêutica[10].

## Contratransferência arquetípica como lembrança súbita de um conto de fadas

Marcel estava com 25 anos quando me procurou para ser "testado". Pelo menos foi assim que formulou seu desejo ao telefonar para mim. No princípio, achei que ele estava se referindo a um aconselhamento profissional. Quando ele aparece – um jovem de estatura média, cabelos pretos, tipo atlético, musculoso, mas aparentemente muito tenso –, conta-me que odeia ser

---

**8.** JUNG, C.G. *Briefe* I, p. 146.

**9.** JUNG, C.G. *Briefe* II, p. 76.

**10.** Cf. KAST, V. *Imagination als Raum der Freiheit*. Nesse livro procurei mostrar como podemos exercitar a imaginação e como passarmos da imaginação para a imaginação ativa, que segue a teoria da formação de símbolos.

A dinâmica dos símbolos

testado, não tolera testes e que, na verdade, está procurando uma terapeuta que permaneça no mesmo lugar por ao menos dez anos, pois já perdeu oito terapeutas por causa de mudanças. Toda essa situação me parece bastante peculiar; eu lhe peço que me descreva suas experiências terapêuticas.

Desde os vintes anos ele buscava terapia, pois estava insatisfeito com a vida e o trabalho. Teve sua primeira crise de ansiedade, que ele chamou "depressão", quando recebeu oferta de um emprego de muita responsabilidade. Ele trabalhava como operário numa firma estatal. Durante os quatros anos antes de começar terapia comigo, trabalhou apenas esporadicamente e se internou seis vezes voluntariamente em clínicas especializadas porque acreditava estar sofrendo de depressão.

A descrição de suas experiências terapêuticas revela que ele foi abandonado duas vezes pelos terapeutas (ambos haviam esquecido consultas marcadas), mas, nos outros casos, ele havia desistido da terapia ou dos terapeutas. Simplesmente deixava de ir.

Eu o confronto com essa percepção distorcida da realidade ao lhe dizer: "Parece-me que você ainda está procurando uma terapeuta para lhe provar que ela também não vale nada e para você se convencer de que é incurável". Ele: "Vou te provar que você está errada". Em seguida: "Não tenho vontade de lhe contar minha história. Já a contei mil vezes. Aliás, ninguém acredita nela. Minha história é inacreditável. O médico da clínica vai lhe enviar minha história clínica".

Durante a primeira sessão tenho sentimentos e impressões contraditórios: estou curiosa a respeito de Marcel, sinto uma forte vitalidade nele e também o acho simpático. Por outro lado, sinto muita raiva, agressão e um tipo de medo que não me é conhecido. Marcel me passa a impressão de atacar seus problemas com excessiva energia para então se esquivar no momento decisivo. Formulo para ele essa impressão com uma imagem em que o vejo como um motorista que acelera e freia ao mesmo tempo. O motivo para isso poderia ser o medo provocado pela confrontação com seus problemas. Ele se sente compreendido e o diz da seguinte maneira: "Tenho um pouco de confiança em você, mas agora preciso ir embora e refletir para decidir se realmente quero trabalhar com você; e talvez você também possa pensar sobre isso".

Marcel, evidentemente, tem medo de ser repelido e não percebe que ele próprio está repelindo. Ele se sente abandonado. Percebo emoções fortes, bastante contraditórias, principalmente agressão destrutiva e medo. Repetidas vezes, ele procurou uma ajuda que era incapaz de aceitar. Quando exprimiu que tinha alguma confiança em mim, teve de ir embora para refletir se realmente quer trabalhar comigo. Ele deve ter um grande medo de se envolver numa relação terapêutica; provavelmente um medo de se aproximar demais de mim e naturalmente arriscar a ser abandonado. Marcel retorna à clínica em que está se tratando no momento e solicita que sua história clínica seja imediatamente enviada para mim. Ele diz para qualquer um disposto a ouvir que ele encontrou a melhor terapeuta do mundo, como o médico me informou. Trata-se aqui de uma "idealização primitiva".

Marcel foi diagnosticado como personalidade esquizoide com traços paranoicos. Algumas observações sobre sua anamnese: ele era o mais velho de dois filhos de uma família bastante problemática. Sua mãe, esquizofrênica paranoica, foi hospitalizada à força diversas vezes; na primeira vez, Marcel tinha 3 anos e a irmã, 1 ano de idade. O pai era um alcoólatra agressivo. Entre os 6 e 15 anos, Marcel viveu com a irmã numa instituição dirigida por freiras. O clima pedagógico de lá lhe parecia extremamente severo. Depois de terminar a escola, passou a trabalhar como operário. Por várias vezes tentou aprender um ofício, mas, cada vez que procurava um mestre, inventava uma biografia para não ter de contar sua história verdadeira. Ele morria de vergonha de sua origem. É claro, ele se embaralhou com suas diferentes biografias e, evidentemente, também foi descrito como mentiroso. Acredito que não se trata de mentira, mas de uma cisão e da negação a ela associada.

Reflexões sobre o diagnóstico: a primeira crise apareceu quando ele estava prestes a trabalhar com mais independência, ou seja, no momento de se separar de seus colegas. Tempos de separação, de exigência de autonomia são vivenciados por ele como amedrontadores. Como mecanismos de defesa, a cisão e a negação são tão evidentes como fantasias de onipotência e estratégias de depreciação. Mais tarde discutirei a situação "transferência-contratransferência".

Minhas reflexões diagnósticas preliminares me levam a ver Marcel como uma personalidade paranoide com uma estrutura *borderline*.

Na segunda sessão ele me diz que refletiu se quer trabalhar comigo e acha que poderíamos fazer um excelente trabalho juntos e conseguiríamos curá-lo em curtíssimo tempo. Em todo caso, ele está bastante empenhado em trabalhar intensamente comigo e, para provar essa boa vontade, conta-me dois segredos. O primeiro: ele tem um medo enorme de ficar doente, razão pela qual não toca em maçanetas nem aperta a mão de ninguém. No curso da terapia, esse segredo me leva a trabalhar intensamente com o eu físico do paciente, para fazê-lo perceber conscientemente seu corpo, principalmente suas tensões, e sentir sua agressividade oculta também como força.

O segundo segredo que ele me comunica: o "mundo todo" pensa que sua doença está relacionada à doença de sua mãe, o que, porém, não é verdade.

Ele conta: "Na minha infância, era muito difícil para mim quando a polícia vinha e levava minha mãe. Mas também era difícil ver minha mãe falar com pessoas que eu não via. Isso era muito amedrontador".

O pavor ainda está escrito em seu rosto enquanto ele me conta isso: "Mas minha mãe é uma pessoa muito doce. Gosto muito dela. Lembro-me do cuidado com que nos dava banho. Ela lavava nossos pés com Vim (um produto de limpeza abrasivo), sou muito importante para minha mãe, tenho de cuidar para que tome seus remédios".

Ele prossegue: "Enquanto estava contando isso para você, tive a seguinte fantasia: estou nas montanhas, à beira de uma floresta, num campo. É outono como agora, há um riacho, o lugar é muito bonito. É bom estar sozinho, não quero ver ninguém".

Depois acrescenta com voz ameaçadora: "Se vier alguma pessoa, vou bater nela, principalmente se for mulher".

Eu: "Vem alguém?"

Ele: "Não, ninguém. Isso é tedioso. Por que você não vem?"

Eu: "Não gosto de apanhar".

Marcel: "Você pode vir, mas eu decido a distância".

Eu: "Combinado. Estou me aproximando".

Marcel: "Agora são 200 metros entre nós. Está bom assim".

Eu: "É bonito aqui. Estamos acima da névoa".

Marcel (com uma voz triunfante): "Você tem de descer. Você vai para a névoa, vai ficar com frio".

A dinâmica dos símbolos

Eu: "Você provavelmente não gostou quando falei da névoa. Falei da névoa porque não é possível que as coisas sejam tão bonitas assim, que sua situação seja tão tranquila, que você se sinta tão bem. A situação também é entediante. E você também me confiou um segredo. Esse segredo é muito importante para mim. Acredito que você tenha uma relação boa com sua mãe, mas também deve ser difícil viver com ela e cuidar dela. Ainda não vejo as coisas com clareza, para mim a névoa é isso".

Ele me escuta com atenção, depois diz: "Apesar disso vou puni-la".

Eu: "Você me pune quando não faço o que você quer? Ou talvez puna os outros quando está com medo. Dá medo ver uma situação tal como é. Consigo entender bem isso".

Marcel: "Sempre sou muito agressivo. Estou sempre com raiva. Com medo. Agora você destruiu minha fantasia. Vou te punir. Mas vamos para a névoa. A sessão terminou. Não esqueça meus segredos".

O carteiro está na frente da porta do consultório. O analisando fala com ele como se nada tivesse acontecido.

O que ocorreu aqui? Quando falou do segredo relativo à mãe, ele tentou fechar os olhos diante das dificuldades, bem como do medo que deve ter tido ao lidar com ela; e ele produziu uma fantasia repleta de paz. No entanto, seu isolamento, sobretudo em relação às mulheres, ficou imediatamente claro. O medo das mulheres, o desejo por elas e a agressividade ligada a isso foram transferidos para mim. Além disso, tornou-se nítido o problema proximidade-distância. Ele gostaria de que as pessoas se aproximassem dele, mas considera extremamente importante que ele próprio determine a distância. Aproximar-se dele é como aproximar-se de um animal assustado. Minha interpretação o ajudou a superar seu medo, a reconhecer que ele está sempre furioso. Portanto, minha explicação havia fortalecido seu eu. Isso confirmou minha hipótese de que a situação de Marcel está mais ligada a uma problemática psíquica com uma organização *borderline* do que ao início de uma psicose. No nível da transferência, sua tendência para a cisão tornou-se visível. De um lado, eu era alguém que podia compartilhar sua solidão, uma pessoa boa, portanto; mas quando não fazia o que ele queria, eu logo me tornava uma pessoa má, que ele combatia, que ele precisava punir: uma indicação de uma identificação projetiva, associada a uma fantasia de onipotência que cobria uma impotência, um medo impotente. Também ficou claro que ele conseguia com grande facilidade se separar do que acontecia na terapia e, desse modo, reagia com grande discrição na realidade concreta.

Eu mesma senti uma forte raiva, quando ele me disse que eu poderia descer até a névoa para passar frio. Não foram tanto as palavras, mas sim a maneira como ele as disse, o sorriso malicioso, sádico que pensei ter visto em seu rosto. Eu havia interpretado uma parte dessa raiva como contratransferência produzida pela própria raiva dele. Evidentemente, minha raiva também ocultava uma parte minha: a raiva de homens que simplesmente mandam nas mulheres. Os sentimentos de contratransferência nunca estão isentos de sentimentos da nossa própria história de vida. Eu havia entendido que Marcel pode suportar seus medos enquanto tem as pessoas ao redor sob seu controle; isto é, o mecanismo de defesa da identificação projetiva era visível: ele vive aspectos de sua própria personalidade em seu interlocutor e precisa controlá-los para permanecer "inteiro" e, talvez, para evitar que as partes ruins se voltem contra ele descontroladamente. Há aqui, definitivamente, uma conexão com a vivência de que sua mãe não podia controlar os próprios medos e que ele, quando criança, estava desamparadamente exposto a esses medos.

Durante as cinco sessões seguintes, Marcel fala de sua vida cotidiana, de seus problemas no trabalho. Ele quer encontrar um emprego que lhe agrade e corresponda às suas possibilidades. Para lidar com esse problema no campo profissional, ele, que já recebia pensão por invalidez, foi encaminhado pela agência social a um conselheiro vocacional. Ele discute comigo várias vezes sobre o que o conselheiro descobriu. Nessa situação, eu tenho o papel do bom pai, enquanto o conselheiro, o do pai mau. Vejo Marcel a cada quatorze dias aproximadamente. Escolho esse ritmo para as sessões porque, de um lado, as pessoas com uma organização *borderline* desenvolvem grande medo de fusão e, por essa razão, agem muito destrutivamente caso as sessões sejam mais frequentes. Além disso, ele havia me contado em nossa primeira conversa que os melhores resultados foram obtidos com um terapeuta que o via a cada duas semanas ou até mesmo de três em três semanas.

Na oitava sessão – cerca de três meses após o início da terapia –, Marcel chega e diz: "Estou muito insatisfeito com você. Não dá para continuar assim!"

Eu: "Você quer me punir?"

Marcel: "Vou lhe contar uma história. Você sabe qual é?"

Eu: "Não sou clarividente".

Marcel: "Exatamente, esse é o problema. Você não é nem mesmo clarividente, coitada".

Por um lado, essa exigência de ser clarividente me diverte, mas, de outro, naturalmente me pergunto o que isso significa. Eu me irrito e sinto crescer em mim um medo que não consigo explicar.

Marcel: "Você está de mau humor hoje, posso vê-lo claramente. Infelizmente não posso me importar com seu mau humor. Sinto muito, mas preciso contar minha história para você. Eu a inventei em casa: 'Estou numa caverna, e você vive numa casa de fazenda não muito longe da caverna. Estou sozinho. É tedioso. Saio e a vejo trabalhando no jardim. Pergunto se posso ajudá-la e decido que você está precisando de uma cerca, então construo uma. À noite, você volta para sua casa. Você me convida para ir até lá. Quero tomar leite, e você me traz leite. Quero voltar para minha caverna, mas faz frio, e você me convida para dormir em seu quarto de hóspedes. Pela manhã, você recebe um telefonema: você precisa sair. Ainda estou dormindo. Você escreve um bilhete para mim. Faço o café da manhã, comemos juntos depois de você voltar'".

Enquanto narra, ele me olha com atenção, e eu, conforme combinamos, não posso olhar para ele. Ele não gosta de que olhem para ele. Só posso olhar para ele com sua permissão expressa.

Ele continua: "Você lava as louças, eu faço minha cama, depois volto para minha caverna. Você pode me chamar quando quer alguma coisa de mim. E agora vou falar uma coisa sobre você: você é uma vadia horrorosa. Uma prostituta. Alguém devia arrancar seus cabelos um por um e depois jogá-la num porão. Há vários tipos de prostituta: aquelas que são como as freiras de meu internato, e aquelas que querem dormir com todos os homens. É insuportável que minha irmã seja prostituta, não posso aguentar isso. Como minha mãe deve sofrer."

A dinâmica dos símbolos 265

Eu: "Sua mãe percebe isso?"

Ele: "Não, sou eu que sofro. Sou responsável por minha irmã. Sempre fui responsável por minha irmã".

Eu lhe explico que certamente foi de extrema importância para a irmã que ele tivesse assumido responsabilidade por ela, mas que agora ela vive sua própria vida e tínhamos de aceitar isso, ainda que duvidássemos de que seja bom o que ela está fazendo.

Marcel teve essa fantasia em casa entre a 7ª e 8ª sessão. Ele, portanto, se permite ter fantasias comigo do tipo da mãe boa e nutridora. Eu lhe dei leite e tinha um jardim. Ele se identificou comigo, sabia o que está acontecendo, sabia do que eu precisava. Em sua fantasia, eu precisava de uma cerca. Ele tinha, portanto, necessidade de delimitação, talvez também nossa relação precisasse ser protegida, ou devêssemos nos preocupar mais com a estrutura dessa relação ou, justamente, com a delimitação. Ele reservou para si a possibilidade de se recolher numa caverna. Naturalmente podemos perguntar por que ele escolhe exatamente esse símbolo. A caverna é um dos símbolos do arquétipo da mãe, que significa proteção, mas também constrição, um lugar de transformação, o útero da terra. Sua vinda ao meu encontro poderia ser um caminho para a autonomia. Ele descreve a caverna como um lugar frio, como uma possibilidade de estabelecer distância entre si mesmo e a mãe viva, quente. Em sua fantasia, ele também mostrou que precisa me ajudar para que eu o ajude. Ajudar para que seja ajudado pode ter sido uma vivência de relação própria de sua infância. Naturalmente, essa é uma vivência de relação extremamente comum em nossa sociedade.

A ideia da possível fusão é visível nessa fantasia, mas ele me permitiu certo grau de autonomia, ousou até mesmo fantasiar que eu tinha confiança suficiente para sair e retornar.

Se vemos a fantasia em contexto, percebemos que ela exprime muita confiança e proximidade. Ele me vê como mãe nutridora, que também permite autonomia. Ele mostra que pode satisfazer suas necessidades humanas primordiais nessa relação, ele se comporta como protetor, mas essa é provavelmente sua única possibilidade de construir uma relação.

Depois de ter elaborado e adornado essa fantasia em casa, ele a trouxe para a sessão e me disse que não estava nem um pouco satisfeito comigo e exigia que eu fosse clarividente. Aqui, a cisão se faz visível de novo. Ele havia fantasiado apenas o bom aspecto ou a boa relação, e eu imagino que tenha sentido grande medo de que eu o rejeitasse com sua fantasia ou que o desejo de se fundir comigo, a boa mãe, tenha se tornado forte demais. A cerca poderia ser também, portanto, uma cerca contra a regressão ou contra sentimentos muito afetuosos.

Como se não estivesse falando de mim até então – o que não deixa de ser verdade, pois nesse momento eu era essencialmente um objeto de transferência –, ele disse no meio de seu diálogo: "E agora vou falar uma coisa sobre você". Ele me xingou de prostituta, o que já é bastante violento, que eu devia ter os cabelos arrancados um a um – para mim, uma imagem sádica. Essas imagens também indicam que ele tinha fantasias sexuais comigo, fantasias que ele não ousava exprimir. Ao me arrancar os cabelos, ele provavelmente também queria me privar de minha força erótica. Portanto, eu já me tornara bastante perigosa para ele de diversas maneiras.

Em minha reação, eu não tinha interpretado o progresso que se exprimia na fantasia, nem a cisão que era vivenciável nessa situação. Talvez devesse ter feito isso. Como ele falou abruptamente de sua irmã – e, nesse contexto, voltou a mencionar um segredo humilhante para ele, o fato de a irmã ser

A dinâmica dos símbolos

prostituta –, isso revelava que ele também projetava a irmã sobre mim.

Nas sessões seguintes, ele fala muito, e com frequência, de sua irmã. Tenta entender por que é uma prostituta. Ao falar dela, ele também está falando de suas vivências tristes no internato. Ele se descreve como alguém que se encontra num estado constante e desesperado de raiva. De um lado, eu me solidarizo com sua raiva; de outro, suas experiências infantis também me deixam muito triste. Em certo momento, meus olhos se enchem de lágrimas, ele deve ter percebido e começa a chorar. Na próxima sessão – no início de dezembro –, ele quer saber por quanto tempo vou me ausentar no Natal.

Então faz uma cara muito severa e me diz: "Você me fez chorar na última vez. Assim não dá! Não posso perder a compostura! Vou bater em você com correntes! Vou prendê-la com correntes e bater em você! Vou pegar uma barra de ferro e bater ainda mais em você! Seu sangue vai correr, seu sangue vai correr... Vou afugentá-la de mim, como se afugenta um animal..."

Aqui eu o interrompo e digo: "Pare, é o suficiente, não aguento mais!"

Tenho muito medo e sou tentada a reagir com meios primitivos sádicos e simplesmente mandá-lo embora. Temo pela minha vida. Esse medo se exprime na fantasia de que ele pode, a qualquer momento, sacar uma pistola do bolso e me matar. Penso em como poderia desarmá-lo. Enquanto estou ocupada com minhas fantasias, olho para ele e noto que seu rosto exprime um grande medo. Para mim fica claro que devo protegê-lo, pois ele tem ao menos tanto medo de mim quanto eu dele. Explico-lhe que tínhamos vivido agora sua raiva delirante, destrutiva, e isso lhe causa medo, mas a mim também. Acrescento que, em tais situações, surgem medo e raiva quando a ternura é repelida. Explico-lhe que ele exprimiu impulsos sexuais e agressivos muito arcaicos e que isso, naturalmente, provoca enorme medo, até mesmo para mim, mas acho que nossa relação é suficientemente boa, e ele também pode exprimir suas fantasias. Mas preciso ter a possibilidade de dizer "pare".

Depois disso, Marcel: "Perdão, por favor. Você sabe, não sou eu que fiz essas fantasias. É um homem muito grande que as faz".

Eu: "Você consegue ver esse homem na fantasia?" (Acrescento "na fantasia", porque tenho a impressão de que ele confunde situação concreta e fantasia.)

Marcel: "Esse homem é grande, parece um gigante, muito sério, exigente; quer que eu não chore, que eu tenha um bom emprego, não tenha medo, que eu faça tudo o que os outros jovens fazem".

Eu: "Você se sente muito aterrorizado por ele?"

Marcel: "Sim, ele me aterroriza. Ele não me ajuda. Nunca na vida alguém me ajudou. Meu pai estava sempre bêbado. Eu tinha de proteger minha mãe dele. Ele não me ajudou. Ele estava contente por eu ficar com minha mãe. Quando completei 18 anos ele me criticou por não ter um bom emprego. O que devo fazer se esse homem me aterrorizar e eu, em seguida, aterrorizar você de novo?"

Eu: "Na próxima vez, você me diz imediatamente quando esse homem começar a aterrorizá-lo, e nós tentaremos entender o que está provocando medo. Você aterroriza quando está com medo, e você tem medo quando teme me perder, por exemplo quando os feriados de Natal estão prestes a começar. Você também tem medo quando me aproximo muito. Acho que deveríamos observar bem esse homem, talvez pudéssemos domá-lo".

Meu sentimento de tristeza havia criado uma proximidade muito grande entre mim e ele, talvez também uma proximidade entre ele e ele próprio. Ele tinha medo de ser tragado por esses sentimentos, o que o fez criar uma fantasia de onipotência destrutiva. Minha intervenção talvez tenha sido pouco profissional; eu não havia refletido se esse realmente era o momento apropriado de chamar a atenção dele para o fato de que eu era uma pessoa real, existente fora de um sistema; mas minha reação foi a única possível para mim. É interessante sua reação à minha intervenção. Ele estabeleceu uma diferença entre seu eu e esse homem grande que o aterroriza. Ocorre uma distinção entre o eu e o não eu, uma separação, e, ao mesmo tempo, ele se sente responsável por esse homem grande. Talvez a situação tivesse se desenvolvido de outro modo se eu tivesse notado que esse ataque de transferência era realmente uma declaração de amor que ele teve de repelir. Se eu tivesse lhe apontado isso nessa situação, provavelmente outro processo teria se iniciado. Mas naquele momento eu não estava consciente disso.

Nas fantasias presentes no início da terapia de Marcel é possível ver as manifestações características da transferência em pacientes *borderline*, como foram descritas por Rohde-Dachser com base em Kernberg, que são essencialmente[11]:

- Uma esperança de tipo mágico na terapia e na pessoa do terapeuta.
- Uma deteriorada capacidade de distinguir entre fantasia e situação concreta.

---

**11.** Cf. ROHDE-DACHSER, C. & KERNBERG, O.F.

- Episódios de transferência bastante agressivos e marcados por desconfiança e um grande medo de ser rejeitado.
- Mudança abrupta no tom emocional da transferência, indo até a psicose de transferência. Eu reajo a essas transferências com contratransferências especiais que também são típicas da organização *borderline*. Muitos diferentes sentimentos de contratransferência foram vivenciáveis numa mesma sessão, que variaram muito abruptamente.
- Uma agressividade subliminar, que estava sempre na sala.
- Mecanismos de identificação projetiva também foram ativados em mim, bem como medos e agressões arcaicas que se voltaram contra o analisando.

O sentimento de proximidade, de um lado, e, de outro, meu medo e minha resistência contra esses sentimentos arcaicos e minha recusa em aceitar suas transferências haviam levado Marcel a se distanciar desse homem grande que o aterrorizava. Ele pode descrever repetidas vezes que tem medo desse homem, mas não avançamos mais. Nós nos ocupamos com esse homem por semanas a fio sem que aconteça algo significativo. Fico cada vez mais inquieta, tento me concentrar mais em mim mesma e ver se me ocorre uma ideia súbita. Nessa situação, ocorre-me o conto de fadas do *Barba Azul*, que eu narro para Marcel.

A ideia súbita de um conto de fadas numa determinada situação analítica é uma forma especial de contratransferência, uma contratransferência arquetípica. Com essa ideia, indico, de um lado, que estou pronta a fixar esse homem "interno" no campo intermediário de nossa relação, um campo que permite a nós dois nos referirmos a ele. De outro, isso coloca a história pessoal, o sofrimento pessoal num contexto mais amplo.

A dinâmica dos símbolos 271

O sofrimento pessoal é refletido numa experiência pela qual as pessoas sempre precisaram passar. Além disso, o conto de fadas tem a vantagem de mostrar a postura para lidar com uma problemática correspondente – que em nosso caso seria a atividade do Barba Azul. Constatou-se que a solução oferecida pelo conto era um caminho possível tanto para Marcel como também para mim.

### O BARBA AZUL[12]

Era uma vez um homem que possuía belas casas na cidade e no campo, baixelas de ouro e prata, móveis, bordados, como também carruagens douradas. Mas infelizmente esse homem tinha uma barba azul, o que o tornava tão feio e assustador que todas as mulheres e moças fugiam dele.

Uma de suas vizinhas, dama de grande distinção, tinha duas filhas maravilhosas. O Barba Azul pediu-lhe uma das jovens em casamento, deixando para a mãe escolher qual filha lhe concederia. Mas nenhuma o desejava, cada uma o empurrava para a outra, incapaz de se decidir a desposar um homem de barba azul. Além disso, atemorizava-as o fato de ele ter se casado com várias mulheres e ninguém saber o que havia ocorrido com elas.

A fim de conhecê-las melhor, Barba Azul convidou as irmãs, a mãe, três ou quatro de suas amigas e alguns jovens da vizinhança para uma de suas casas de campo. Ali passaram oito dias, passeando, caçando, pescando, dançando, banqueteando. Títulos e honrarias foram concedidos. Ninguém

12. Impresso em PERRAULT, C., p. 25ss.

dormia, mas passava a noite em meio a brincadeiras e jogos. Por fim, as coisas foram tão longe que a irmã mais nova não achava a barba do anfitrião mais tão azul e o julgava homem muito digno. Assim que retornaram à cidade, o casamento foi celebrado.

Passado um mês, Barba Azul disse à esposa que precisava viajar à província durante pelo menos seis semanas para tratar de assuntos importantes, e ela poderia se divertir durante sua ausência; poderia convidar as amigas e ir para o campo se assim quisessem e servir a melhor comida e a melhor bebida. "Aqui estão as chaves", disse ele, "estas são as dos dois salões de móveis, estas são da minha baixela de ouro e prata, que não são usadas todos os dias; estas são dos cofres fortes, que guardam meu ouro e minha prata, e estas são para as pequenas caixas com minhas pedras preciosas, e esta é a chave-mestra de todos os aposentos. E esta chavezinha aqui, esta é a chave do pequeno gabinete no final do longo corredor no porão. Você pode abrir tudo e entrar em qualquer lugar, com exceção desse pequeno quarto. Eu a proíbo de entrar nele, e proíbo com todo o rigor. Mas, se ainda assim você o abrir, sofrerá a minha mais terrível cólera!" Ela prometeu seguir à risca tudo o que ele lhe ordenara. Ele a abraçou, subiu na carruagem e partiu em viagem.

As vizinhas e as boas amigas nem esperaram ser convidadas para visitar a recém-casada, pois estavam ardendo de curiosidade de ver toda a riqueza da casa. Enquanto o marido estava lá, elas não se atreveram a ir por medo de sua barba azul. Mas

A dinâmica dos símbolos

agora elas corriam pelos cômodos, salas e *closets*, cada um mais belo e luxuoso do que o outro. Depois subiram à sala de móveis, onde não paravam de se espantar com os tapetes, as camas, os sofás, os armários com gavetas secretas, as mesas e espelhos, nos quais as pessoas se viam da cabeça aos pés, com molduras de vidro, de prata e de prata dourada, as mais belas e suntuosas jamais vistas. Não cessavam de elogiar e invejar efusivamente a felicidade da amiga, a qual, entretanto, não se comprazia realmente com a observação de todos esses tesouros de tão impaciente que estava para abrir o gabinete no piso térreo.

Estava tão pressionada pela curiosidade que não pensou em como era descortês abandonar todas as suas hóspedes. Precipitou-se por uma pequena escada secreta com tanta pressa ao descer que quase quebrou o pescoço por duas ou três vezes. Ao chegar diante da porta do gabinete deteve-se por algum instante e pensou na proibição de seu marido e considerou que sua desobediência poderia lhe trazer infelicidade. Mas a tentação era tão grande que não resistiu. Pegou a chave e, trêmula, abriu a porta do gabinete.

No começo não pôde ver nada porque as janelas estavam fechadas; depois de alguns instantes, pôde reconhecer que o chão estava coberto de sangue coagulado, no qual se espelhavam os cadáveres de várias mulheres mortas, presas nas paredes ao redor. (Eram todas as mulheres com que Barba Azul casara e que assassinara, uma após outra.) A jovem pensou que morreria de medo; a chave, que ela havia retirado da fechadura, caiu de sua mão. Depois de se refazer um pouco do susto, pegou a chave no chão, fechou a porta de novo e subiu ao quarto para se recompor, mas não conseguia, tão grande era sua agitação. Ao notar que a chave estava coberta de sangue, limpou-a duas ou três vezes, mas o sangue não saía por nada. Por mais que a lavasse, por mais que a esfregasse com pedra e arenito, a chave não se livrava do sangue, pois era enfeitiçada. Não havia meio de limpá-la totalmente: se o sangue era eliminado de um lado, reaparecia de outro.

O marido voltou de viagem na mesma noite. Disse que no meio do caminho havia recebido uma carta com a notícia de que o assunto que o fizera partir já tinha sido resolvido em seu favor. Sua mulher fez o que pôde para lhe mostrar como estava encantada com o seu rápido regresso. Na manhã seguinte ele pediu as chaves de volta. Ela as deu para ele, tão trêmula que ele facilmente descobriu o que havia acontecido. "Por que a chave do gabinete não está junto com as outras?", disse ele. "Devo tê-la deixado em minha mesa", respondeu ela. "Não se esqueça de me devolvê-la depois", disse o Barba Azul. Ela hesitou o quanto foi possível, mas por fim teve de lhe levar a chave. Depois de examiná-la, ele disse à mulher: "Por que há sangue nesta chave?" "Não sei", replicou a pobre mulher, mais pálida que a morte. "Você não sabe?" gritou Barba Azul, "mas eu sei! Você quis entrar no gabinete! Agora, minha querida, você deve entrar e tomar seu lugar ao lado das damas que viu lá." Aos prantos, ela se jogou aos pés do marido e implorou perdão, demonstrando verdadeiro arrependimento por ter sido tão desobediente. Seria capaz de amolecer uma rocha de tão bela e desesperada que estava. Mas o coração de Barba Azul era mais duro do que uma pedra. "Você deve morrer, minha cara, e tem de ser agora." "Já que devo morrer", respondeu ela, olhando para ele com os olhos banhados em lágrimas, "me dê um pouco de tempo para rezar a Deus". "Eu lhe concedo meio quarto de hora", retrucou o Barba Azul, "mas nem um minuto mais".

Quando se viu sozinha em seu quarto, ela gritou pela irmã e disse "Minha querida, Anne" (pois este era seu nome) "por favor, suba na torre para ver se meus irmãos não estão vindo; eles me prometeram me visitar hoje. Se os virem, faça-lhes sinal para que se apressem".

A irmã subiu na torre, e a pobre desesperada lhe gritava de tempos em tempos: "Anne, minha irmã Anne, não vê alguém vindo?" E a irmã lhe respondia: "Vejo apenas o sol, que brilha, e a grama, que verdeja". Enquanto isso, Barba Azul, com uma faca de caça na mão, gritava com todas as forças: "Desça agora, ou eu subirei!" "Mais um momento, por favor", pediu sua mulher, e depois em voz baixa para a irmã: "Anne, minha irmã, não vê ninguém?" E a irmã respondeu: "Vejo apenas o sol, que brilha, e a grama, que verdeja". "Desça imediatamente", gritou o Barba Azul, "ou eu subirei até aí!" "Já vou", respondeu a mulher, e depois: "Anne, minha irmã, não vê alguém vindo?" "Vejo uma grande nuvem de poeira se aproximando", respondeu a mulher. "São os irmãos?" "Ah, não, querida irmã, é um rebanho de ovelhas." "Afinal, vai descer ou não?", urrou o Barba Azul. "Mais um momento", respondeu sua mulher, que depois chamou: "Anne, minha queria Anne, não vê alguém vindo?" "Vejo dois cavaleiros vindo em nossa direção", respondeu a irmã, "mas ainda estão muito longe!" E logo depois: "Louvado seja Deus! São os irmãos! Vou lhes fazer sinais, de todo jeito que eu puder, para que se apressem".

Então o Barba Azul gritou tão alto que toda a casa estremeceu. A pobre mulher desceu e se jogou aos pés, desfeita em lágrimas e os cabelos desgrenhados. "Isso de nada lhe serve", disse o Barba Azul, "você tem de morrer". Pegou-a com uma mão pelos cabelos, e com a outra levantou o facão para decapitá-la. A pobre virou-se para ele, o medo da morte estampado nos olhos, e lhe pediu lhe concedesse um último momento para se recompor. "Não, não", disse ele, "recomende sua alma a Deus." E ele ergueu o braço... Nesse exato momento bateram à porta com tanto estrondo que Barba Azul parou repentinamente. A porta foi aberta, e dois cavaleiros precipitaram-se, com espada à mão, para cima de Barba Azul. Ele reconheceu os irmãos da esposa, o dragão e o mosqueteiro, e tentou fugir para se salvar. Mas os irmãos o seguiram tão de perto que o pegaram antes que ele pudesse atingir a escada exterior. Eles o atravessaram com suas espadas e o deixaram morto no chão.

A pobre mulher estava quase tão morta quanto o marido. Não tinha mais forças para se levantar e abraçar os irmãos.

Descobriu-se que Barba Azul não tinha herdeiros, de modo que toda sua riqueza ficou para a esposa.

# A dinâmica dos símbolos

> Ela gastou uma parte disso para casar sua irmã
> Anne com um jovem fidalgo que ela amava des-
> de muito; com a outra parte comprou o posto de
> capitão para os irmãos. Usou o restante para se
> casar com um homem bastante honrado, que a fez
> esquecer o período ruim que havia passado com o
> Barba Azul.

O analisando escutou tudo com bastante atenção – o que não era muito seu hábito, pois normalmente não gostava quando eu falava. Ao final, disse que essa era sua história. Era exatamente esse o Barba Azul com que ele tem de lutar o tempo todo. Rapidamente descobre que, na verdade, são os irmãos do fim do conto que poderiam lutar contra ele. Marcel salienta que seu homem grande não tem uma barba azul, mas poderia facilmente ter uma. Ao referirmos Barba Azul a essa figura masculina, estamos claramente abordando uma perspectiva de interpretação nesse conto de fadas. Trata-se de pôr um fim aos planos de Barba Azul. Se consideramos o final em que os irmãos o apanham e o matam, essa perspectiva interpretativa mostra que a destrutividade se transforma em agressividade ativa. Essa perspectiva interpretativa é impor-tante para o analisando. Ele se dá conta de que Barba Azul devia ser um homem muito poderoso e também muito rico, mas as mulheres não suportavam estar junto dele. Marcel sen-te que as fantasias que ele tivera se igualam às fantasias des-crita no *Barba Azul*. Na projeção sobre o conto de fadas, ele pode reconhecer suas próprias fantasias de modo essencial-mente melhor e assim também enfrentá-las. Ele acha Barba Azul um sádico. Condena profundamente as mulheres que se envolveram com ele, pois elas o fizeram apenas por dinheiro. Marcel sente o que é nitidamente expresso no início do conto, a saber, que todas as mulheres primeiramente têm um mau pressentimento em relação ao Barba Azul e não querem se envolver com ele, mas não levam a sério esse pressentimento. Marcel está bastante indeciso: não sabe se deve ter raiva das mulheres ou apenas de Barba Azul. Conversamos sobre o fato de que Barba Azul só mutilava suas mulheres depois que elas descobriam seu segredo. Marcel fica muito indignado e diz que mataria qualquer um que conhecesse seus segredos, e que para ele é extremamente importante preservá-los. Ele fica totalmente agitado com a ideia de que alguém pode descobrir seus segredos. Enfatizo que estamos falando de Barba Azul, não dele. Marcel se acalma.

O conto de fadas produziu algo como uma triangulação: problemas que tinham se expressado antes em nossa relação puderam ser vistos na projeção sobre o conto, ser abordados nele e ser reconhecidos como problemas de Marcel até o ponto que lhe era suportável.

O trabalho sobre o conto de fadas nos acompanha por mais ou menos seis meses. Falamos frequentemente de sua vida cotidiana, do aprendizado profissional que ele iniciou, e repetidamente recorremos a fragmentos do conto do Barba Azul. Marcel formula reflexões, fala várias vezes dos cadáveres, vê a si próprio esquartejado. De vez em quando, diz que as mulheres certamente teriam de provocar nele um medo imenso para que ele precisasse esquartejá-las.

Depois de algumas semanas esses cadáveres se tornam desinteressantes, e ele começa a se interessar pelo modo de comportamento da filha caçula. Faz algum tempo que já estou ciente de que me encontro na posição dessa jovem, que não se enredou mais com Barba Azul, mas se voltou para forças diferentes e depositou esperança nos irmãos. Vivenciei isso – o que também é um tipo de contratransferência – de tal modo que a segunda parte do conto sempre esteve presente para mim, embora Marcel falasse do Barba Azul e dos cadáveres; eu, por assim dizer, sempre soube que a mulher não devia se envolver, mas também não podia ser ingênua a respeito da destrutividade de Barba Azul.

Em nossa variante da história, a heroína se volta para a irmã, que seria o lado nela que não se encontra sob o domínio de Barba Azul. A irmã é somente a mediadora para os irmãos combativos. Essa passagem nunca saiu da minha cabeça e me ajudou, e certamente também ao analisando, suportar toda essa temática do *Barba Azul*.

Como normalmente ocorre quando se trabalha com um conto de fadas, Marcel pôde enfrentar seu problema, mas ao mesmo tempo pôde se distanciar tanto dele que ele não o paralisava.

Assim que Marcel começa a se interessar pela mulher do Barba Azul, peço a Marcel que imagine o sol que brilha e a grama que verdeja. Ele próprio percebe que isso é um imenso contraste com a câmara da morte na parte baixa do castelo. A expressão "câmara da morte" foi criada por ele e me pareceu significativa, pois no Barba Azul evidentemente também se oculta um deus da morte, como a destrutividade de Marcel oculta um medo da morte. Ao relacionarmos o conto de fadas aos problemas individuais do analisando, esse componente "Barba Azul como deus da morte" não é levado em conta. Eu lhe peço que veja alternadamente a grama que cresce e o sol que brilha e Barba Azul amolando a faca. Ele consegue imaginar ambas as imagens e suportar a tensão. Pouco depois, os irmãos são ativados em sua imaginação; ele os descreve repetidamente com grande amor. A aparição desses irmãos – ardentemente desejada por ele – sinaliza um ponto de virada importante. Quando ele consegue, na fantasia, que os irmãos apanhem Barba Azul na escada exterior e o matem, ele está convencido de que também eliminou o Barba Azul dentro de si.

Na época em que estávamos trabalhando com o conto de fadas, quase não surgiram casos de ataques de transferência; isto é, quando eu me aproximava muito dele com alguma declaração e ele franzia a testa ou adquiria aquele certo tom de voz, eu o remetia ao conto de fadas.

Um processo simbólico, como é expresso num conto de fadas, pode ter a função de um objeto de transferência. O trabalho sobre o conto de fadas pode aliviar o peso da relação com o terapeuta; não olhamos mais um para o outro, mas, juntos, para um terceiro, o que nesse caso parecia bastante sensato, pois o homem destrutivo tinha de ser observado e transformado. O trabalho com contos de fadas também pode ser entendido como um esforço que aponta o que está por trás dessa relação, por trás da realidade cotidiana, concreta; por fim, aponta uma causa primordial fundamental que é acessível no símbolo, especialmente nos processos simbólicos expressos em contos de fadas. Vejo nesse contexto os elementos sustentadores do inconsciente coletivo, que nos é acessível em contos de fadas e mitos e que podemos pôr à disposição das pessoas para processar um problema. Esse trabalho também exerce um efeito sobre a estrutura do eu.

Na fase subsequente, a terapia cai em águas mais calmas. Os irmãos do conto *Barba Azul* continuam importantíssimos para Marcel. Ele reflete sobre como esses irmãos o poderiam ajudar, como esses irmãos poderiam se comportar em determinadas situações; às vezes ele consegue, em vez de ser destrutivo, ser ativo e participativo, o que o deixa satisfeito.

A dinâmica dos símbolos

Esse exemplo também mostra como minha ideia de introduzir um conto de fadas que ofereceu ao analisando a oportunidade de trabalhar conflitos internos, mas também desenvolver novas perspectivas de comportamento, está estreitamente ligado a processos turbulentos de transferência-contratransferência, típicos em indivíduos com uma organização *borderline*.

Nesses três casos exemplares fica claro que as situações em que transformações reais são vivenciáveis no processo terapêutico estão também relacionadas a formações de novos símbolos. Estes, por sua vez, encontram-se em nítida relação com situações especiais de transferência e contratransferência como um aspecto importante da relação terapêutica. Essa tese foi examinada, entre outros, por Riedel com base numa série mais extensa de imagens, que surgiram espontaneamente no decorrer de análises[13]. Processos de formação simbólica e processos de relação se entrelaçam na relação terapêutica. Assim, casos práticos do trabalho terapêutico demonstram como é essencial a declaração de Jung: "O processo de individuação [...] é, por um lado, um processo de integração interior, subjetivo de integração e, por outro, um processo objetivo de relação tão indispensável quanto o primeiro"[14].

---

**13.** Cf. RIEDEL, I. *Die Symbolbildung.*

**14.** JUNG, C.G. "König und Königin". *GW* 16, § 448.

# Referências

AHRENS, S. "Zur Affektverarbeitung von Ulcus-Patienten - ein Beitrag zur "Alexithymie"-Diskussion". In: STUDT, H.H. (org.). *Psychosomatik in Forschung und Praxis*. Munique/Viena/Baltimore: Urban und Schwarzenberg, 1983.

ANDERSON, H. (org.). *Creativity and its Cultivation*. Nova York: [s.e.], 1959.

BARZ, H.; KAST, V. & NAGER. F. *Heilung und Wandlung* – C.G. Jung und die Medizin. Zurique/Munique: Artemis, 1986.

BLOCH, E. *Das prinzip Hoffnung*. Frankfurt am Main: Suhrkamp, 1959.

BÜRGIN, D. "Die Bedeutung der affektiven Austauschvorgänge für den Aufbau des Selbst in der Kindheit". In: RAUCHFLEISCH, U. (org.). *Allmacht und Ohnmacht* – Das Konzept des Narzissmus in Theorie und Praxis. Berna: Huber, 1987.

CAPRA, F. *Wendezeit*. Berna/Munique/Viena: Scherz, 1983.

DE COULON, N. "La cure de packs, une application des idées de Winnicott en clinique psychiatrique". *L'Information Psychiatrique*, vol. 61, n. 2, fev./1985.

EVERS, T. *Mythos und Emanzipation* – Eine kritische Annäherung an C.G. Jung. Hamburgo: Junius, 1987.

FRANK, R. & VAITL, D. "Alexithymie: differentialdiagnostische Analyse aus verhaltenstherapeutischer Sicht". In: STUDT, H.H. (org.). *Psychosomatik in Forschung und Praxis*. Munique/Viena/Baltimore: Urban und Schwarzenberg, 1983.

FROMM, E. "The creative Attitude". In: ANDERSON, H. (org.). *Creativity and its Cultivation*. Nova York: [s.e.], 1959.

GROF, S. *Topographie des Unbewussten*. Stuttgart: Klett-Cotta, 1978.

JACOBI, J. *Komplex, Archetypus, Symbol*. Zurique: Rascher, 1956.

JACOBY, M. *Psychotherapeuten sind auch Menschen*. Olten: Walter, 1987.

_____. *Individuation und Narzissmus* – Psychologie des Selbst bei C.G. Jung und H. Kohut. Munique: Pfeiffer, 1985.

JUNG, C.G. *Gesammelte Werke* [= GW], 20 Bände. Olten: Walter [Org. de Lilly Jung-Merker, Elisabeth Rüf e Leonie Zander[ [Ed. brasileira: Petrópolis: Vozes, edições revistas e reformuladas, 2011]. Aqui foram especialmente utilizados os seguintes volumes: GW 2: *Experimentelle Untersuchungen*, 1979. 2. Aufl., 1987 (*Estudos experimentais*). • GW 3: *Psychogenese der Geisteskrankheiten*, 1968. 3. Aufl., 1985 (*Psicogênese das doenças mentais*). • GW 6: *Psychologische Typen*, 1960. 7. Aufl., 1989 (*Tipos psicológicos*). • GW 7: *Zwei Schriften über Analytische Psychologie*, 1964. 4. Aufl., 1989 (*Dois escritos sobre psicologia analítica*). • GW 8:

A dinâmica dos símbolos 285

*Die Dynamik des Unbewussten*, 1967. 5. Aufl., 1987 (*A dinâmica do inconsciente*). • GW 9/I: *Die Archetypen und das kollektive Unbewusste*, 1976. 5. Aufl., 1989 (*Os arquétipos e o inconsciente coletivo*). • GW 9/II: *Aion. Beiträge zur Symbolik des Selbst*, 1976. 7. Aufl., 1989 (*Aion – Estudo sobre o simbolismo do si-mesmo*). • GW 12: *Psychologie und Alchemie*, 1972. 5. Aufl., 1987 (*Psicologia e alquimia*). • GW 13: *Studien über alchemistische Vorstellungen*, 1978. 3. Aufl., 1988 (*Estudos alquímicos*). • GW 14/II: *Mysterium coniunctionis*, 1968. 4. Aufl., 1984 (*Mysterium coniunctionis*). • GW 15: *Über das Phänomen des Geistes in Kunst und Wissenschaft*, 1971. 4. Aufl., 1984 (O espírito na arte e na ciência). • GW 16: *Praxis der Psychotherapie*, 1958. 4. Aufl., 1984 (*A prática da psicoterapia*).

_____. *Der Mensch und seine Symbole*. Olten: Walter, 1986. 11. Aufl., 1988 (*O homem e seus símbolos*).

_____. *Briefe, 3 Bände*. Olten: Walter, 1971-1973 [org. de Aniela Jaffé em colaboração com Gerhard Adler] [Ed. brasileira: *Cartas*. 3 vols. Petrópolis: Vozes, 2000-2003].

KAST, V. *Märchen als Therapie*. Olten: Walter, 1986. 3. Aufl., 1989.

_____. *Imagination als Raum der Freiheit* – Dialog zwischen Ich und Unbewusstem. Olten: Walter, 1988. 3. Aufl., 1989.

_____.*Das Assoziationsexperiment in der therapeutischen Praxis*. Fellbach: Bonz, 1980. 2. Aufl., 1988.

_____. *Trauern* – Phasen und Chancen des psychischen Prozesses. Stuttgart: Kreuz, 1982. 5. Aufl., 1988.

_____. *Der schöpferische Sprung* – Vom therapeutischen Umgang mit Krisen. Olten: Walter, 1987. 4. Aufl., 1988.

_____. *Traumbild Auto* – Vom alltäglichen Unterwegssein. Olten: Walter, 1987.

_____. "Die Bedeutung der Symbole im therapeutischen Prozess". In: BARZ, H.; KAST, V. & NAGER, F. *Heilung und Wandlung*: C.G. Jung und die Medizin. Zurique/Munique: Artemis, 1986.

_____. *Paare* – Beziehungsphantasien oder Wie Götter sich in Menschen spiegeln. Stuttgart: Kreuz, 1984.

KERNBERG, O.F. *Borderline-Störungen und pathologischer Narzissmus*. Frankfurt a. M.: Suhrkamp, 1978.

KOCH, C. *Der Baumtest*. Berna: [s.e.], 1982.

KRAPP, M. "Gestaltungstherapie als Beitrag zur Psychotherapie psychotischer Patienten". *Zeitschrift für Analyt. Psychol.*, 20 (1), 1989, p. 32-57.

LURKER, M. *Wörterbuch der Symbolik*. Stuttgart: Kröner, 1979.

MAHLER, M.; PINE, F. & BERGMANN, A. *Die psychische Geburt des Menschen* – Symbiose und Individuation. Frankfurt a. M.: Fischer, 1978.

*Märchen aus dem Iran*. Jena: Diederichs, 1939.

MATUSSEK, D. *Kreativität als Chance*. Munique: Piper, 1974.

MENTZOS, S. *Neurotische Konfliktverarbeitung*. [s.l..]: Kindler, 1982.

MIDDENDORF, I. *Der erfahrbare Atem* – Eine Atemlehre. Paderborn: Junfermann, 1984.

NEUMANN, E. *Die Grosse Mutter*. Olten: Walter, 1974. 9. Aufl., 1989.

_____. *Das Kind*. Zurique: Rheinverlag, 1963.

OVERBECK, G. *Krankheit als Anpassung* – Der sozio-psychosomatische Zirkel. Frankfurt a. M.: Suhrkamp, 1984.

PERRAULT, C. *Märchen aus alter Zeit* – Illustriert von Gustave Doré. Weert: A. Melzer, 1976.

RAUCHFLEISCH, U. (org.). *Allmacht und Ohnmacht* – Das Konzept des Narzissmus in Theorie und Praxis. Berna: Huber, 1978.

RIEDEL, I. *Die Symbolbildung in der Analytischen Beziehung am Beispiel einer Bilderserie* [Conferência no 11º Congresso Internacional de Psicologia, 1989, em Paris. Publicado em MATTOON, M.A. (org.). *Personal und Archetypal Dynamics in the Analytical Relationship*. Einsiedeln: Daimon, 1990].

_____. *Farben* – In Religion, Gesellschaft, Kunst und Psychotherapie. Stuttgart: Kreuz, 1983. 7. Aufl., 1989.

_____. *Bilder in Therapie, Kunst und Religion*. Stuttgart: Kreuz, 1988.

_____. *Formen* – Kreis, Kreuz, Dreieck, Quadrat, Spirale. Stuttgart: Kreuz, 1985.

ROHDE-DACHSER, C. *Abschied von der Schuld der Mütter* [Conferência por ocasião da 39ª Semana de Psicoterapia de Lindau, 1989].

_____ *Das Borderline-Syndrom.* Berna/Stuttgart/Viena: Huber, 1979.

SCHWARZENAU, P. *Das göttliche Kind* – Der Mythos vom Neubeginn. Stuttgart: Kreuz, 1984.

STERN, D. *Mutter und Kind* – Die erste Beziehung. Stuttgart: Klett-Cotta, 1979.

STUDT, H. *Psychosomatik in Forschung und Praxis.* Munique/Viena/Baltimore: Urban und Schwarzenberg, 1983.

VON FRANZ, M. "Der Individuationsprozess". In: JUNG, C.G. *Der Mensch und seine Symbole.* Olten: Walter, 1986. 11. Aufl., 1988.

_____. *Zahl und Zeit.* Stuttgart: Klett, 1970.

VON UEXKÜLL, T. *Psychosomatische Medizin.* Munique/ Viena/Baltimore: Urban und Schwarzenberg, 1986.

WILLI, J. *Die Zweierbeziehung.* Reinbek bei Hamburg: Rowohlt, 1975.

Índice remissivo

aceitação 110, 111s., 117s.
- da sombra 80
adolescência 87s.
afeto 69, 84
agressão, agressividade 62, 84, 103, 108, 205, 236, 251
alegria 69
alquimia 187
âmbito materno arquetípico 39
amor 15, 104, 187s.
amplificação 142, 154s.
análise, pontos de virada na 211-233
*anima/animus* 88-91, 93, 169
- como par arquetípico 104
- definição 88
- união de 91
anseio 15, 93
apatia 151
Aristóteles 9
arquétipo(s) 48, 69, 136-205
- conceito 144s.
- da criança divina 93, 104, 142, 164
- da morte 106
- dinâmica 138s.
- do herói/da heroína 11, 88, 92s., 186

- do par 104
- do si-mesmo 14s., 158-162
- - aspecto dinâmico 161, 165
- - aspecto estrutural 162, 165, 179
- do velho sábio, da velha sábia 105, 186
- dos pais 92s.
- efeito 137s.
- - efeito simultâneo de diferentes 185s.
- fator estruturante 138
- materno 32, 146, 149s., 171, 175, 179
- - negativo (devorador) 36, 39, 203
- - positivo (bom) 32, 36, 39, 69, 150
- parental 92
- paterno 147

árvore como *arbor philosophica* 171s., 173
- como símbolo materno 174
- como portadora de projeção 170-180
- da vida 170

associação (interpretação de sonhos) 154s.

atenção 107

atitude 119-122, 189
- simbolizante 25-27

atividade
- do eu (atividade própria) 75, 147s.
- motora 107

ato simbólico 24-26

autocura 165

autoderrota 110

autoestima 75, 77, 117-119, 131

autoimagem 78, 179
- ideal 78, 81

A dinâmica dos símbolos 291

autonomia 10, 121, 140, 203s.
- desenvolvimento 12, 83
- vivência 82
autorrealização 14, 161, 165s.
autorregulação da psique, cf. psique
Avicena 187

base materna 92, 132
base pai-mãe 87, 92
Bloch, E. 144s.
bode expiatório 237s., 241
bruxa 149
Buda 142

capacidade de simbolização 197
Capra, F. 188
características expressivas 70
carência narcisista 119
círculo 15, 161, 165
- de justificação 237, 243
- depressivo 119, 219
cisão 129s., 243s., 259
coerência (do complexo do eu) 76, 85s., 110s., 130-135, 165, 195
compensação 112-122
- clássica 112
- como atitude 119-122
- como raiva destrutiva 115-117
- por depreciação 117s.
- por fantasias de grandeza 111s.
- por identificação especular 114s., 121
- por imagem parental idealizada 113s., 121

complexo  47-72, 130, 136, 139, 143, 146, 153, 195, 211
- de autoridade  81, 183
- de auxiliador  81
- definição  233
- descrição  55-69
- e o complexo do eu  55, 57, 73s.
- específico à idade  58
- identificação com o complexo  63s.
- promotor  69-71
- "ser ignorado"  50-52
- típico  136
Complexo de inferioridade  50
Complexo de superioridade  50
Complexo do eu  50, 55, 57s., 61, 64, 109-135, 159
- base  74, 77
- coerência  76, 85s., 91, 110s., 123, 130-135, 165s., 195
- como complexo central  74, 77, 106, 131
- conscientização  82, 84, 86
- constelação  108-112
- definição  73-75
- desenvolvimento típico ideal  87-106
- do verde  70
- e corpo, cf. corpo
- e identidade  75-84
- e o si-mesmo  14-16, 108, 158
- e outros complexos  106, 155s.
- familiar  146
- fragmentação  59, 122-130, 133
- materno  60, 69, 81, 87s., 146, 179, 203
- - série de imagens sobre o  30-42
- na perspectiva da psicologia do desenvolvimento  83-106
- parental  56, 76, 81, 87, 106

A dinâmica dos símbolos

- paterno 60-69, 81, 87s., 108, 113, 123, 136
- - série de imagens sobre 60-67
- restabelecimento 131-135
- restituição 123
conceito de ser humano 20
- aspectos do 9
- nos contos de fadas 148
confiabilidade emocional 132
configuração de relação 167s.
confirmação da existência 85
conflito 116s., 129s., 193s., 196s.
- entre agressor e vítima 236s.
- moral 80
consciência 77, 107-109, 130, 141, 147
- atitude 147
- do eu 148, 158
conscientização 34, 82, 84, 86, 106s.
constelação arquetípica 141, 146s., 180, 184, 188s.
- e relação 147-149
- vivência 149-153
cf. tb. arquétipo, complexo do eu
continuidade 77, 106
contos de fadas 22, 124, 148, 256, 270
- *A pequena lua na testa* 32s.
- *O Barba Azul* 270-277
- trabalho com 279s.
contratransferência 134, 208-211, 217, 270
- arquetípica 256, 270
- ilusória 210
cf. tb. transferência
controle 54

cor (como portadora de significado) 21
- amarelo, dourado 33, 70
- laranja 61
- preto 35, 200
- roxo 61
- verde 70, 200
- vermelho 21, 201
corpo
- e alma 188
- e complexo do eu 74, 84s., 157, 195
- e psique e entorno 190s.
cosmos 16
Criança 51, 84-87, 120s., 131, 148, 234
- como arquétipo, cf. arquétipo
- como criança divina, cf. arquétipo, símbolo
- como símbolo 28, 143, 166
criatividade 43, 103
crise de identidade 92
cruz 15, 161
cuidado 104s.
culpa 192, 237-240, 246
- defesa contra 237
- e responsabilidade 238, 246

depreciação narcisista 114
depreciar, depreciação 117s., 216s.
depressão 151, 213
desamparo 140
desejo
- de morte (contra si próprio) 238
- primordial 203

A dinâmica dos símbolos 295

desenvolvimento 83
- da identidade 75
- do eu 135
- espontâneo 84
- humano 84
destino 141s., 193
destruição 115s., 131s.
Deus, deuses 160
deusa-árvore 173
deusa-mãe 173
disposição
- depressiva 114, 152, 213
- emocional básica 151-153
distúrbio
- narcisista 105, 119
- psicossomático 197-205
- - série de imagens sobre 197-205
doença 92, 191-197
- como desequilíbrio dinâmico 191-193
- psicossomática 192s., 195, 197
dor 200s.
Dorneus 16

Eixo eu/si-mesmo 135, 163, 166
emoção 47s., 52s., 56, 77s., 84, 110, 122, 131s., 141, 160, 187, 192, 195
empatia 131, 235, 239s., 255
envelhecer 102, 104s.
esfera 141
esperança 126, 140
Espírito e matéria 188
esquema de transferência-contratransferência 208

estar apaixonado (como complexo)  71s.
estratégia de depreciação  119, 259
estrutura arquetípica  184s.
estudos de associação  146
Eu  74s., 83-85, 105-107, 123, 128, 130, 139, 158s., 177
   - do sonho  112, 155, 229
   - e si-mesmo  107, 177
   - (si-mesmo físico)  83, 106, 127
   - forte  128s.
   - fraco  128s.
exigência de adaptação  50s., 56, 233s.
expansão do eu  93, 103
experimento de associação  49, 55, 60, 70, 73, 109

fantasia  48s., 58s., 77s., 112, 131, 140, 144, 180, 197, 211, 256, 260
   - caráter suprapessoal  136
   - de grandeza (ideias de grandeza)  111, 120, 131, 199
   - - compensação  112s.
   - destruição  115s., 131
fantasias de onipotência e grandeza  120
fase
   - de consolidação  86s., 92
   - de despertar  86s., 105
   - de incubação  44
   - de separação e individuação  41
fecundidade  126
fidelidade  105
figura(s)
   - de *anima* e *animus*  88-91
   - parental  121
força do eu  128s.

A dinâmica dos símbolos

forma materna 149s.
formação
- de conceitos 107
- de símbolos 47, 59, 191, 207, 211, 235, 281
- - espontânea 22-24
- - e transferência-contratransferência colusivas 233s.
- - no distúrbio psicossomático 197-206
fragmentação 59, 122-130, 133
- do eu 124-126
fraqueza 140
- do eu 128s.
Freud, S. 81s.
Fromm, E. 43
fronteira da identidade 76
função do eu 53, 74, 107s., 122s., 128, 133, 164
- distúrbio da 107s., 125, 133
- primordialmente autônomas 107

Gestalt-terapia 123
Geulincx 188
Grof 49
grupo 123

harmonia preestabelecida 188
Hathor 173, 175
Hermes 142s.
Herói, heroína, cf. arquétipo
Hipócrates 187

*I Ching* 185, 189
idade
- adulta jovem 92s.
- - mais tardia 105

298        Coleção Reflexões Junguianas

- - média 93, 102s.
- - avançada 106

ideal de eu 78s., 81

idealização primitiva 258

identidade 59, 64-67, 88, 109, 128, 236
- base 75
- vivência 75s., 82

identificação
- com um complexo 63s., 68
- especular 114s.
- projetiva 262

imagem 35, 48s., 59, 123, 134, 138s., 154, 166, 181
- arquetípica 36, 38, 139, 142, 145, 149, 153
- de contratransferência 215s.
- de mandala 162, 165
- - clássica 163
- de relaxamento 197, 205
- do velho sábio, da velha sábia 104, 186
- imagem de relaxamento 197, 205
- num distúrbio psicossomático 197-206
- numa problemática paterna 60-68
- para o símbolo "árvore" 171-179
- parental 113s.
- sádica 267s.
- sequência de imagens, série de imagens para a simbolização numa problemática materna 30-42
- sonho como 154

imaginação 59s., 154, 157, 197, 250s., 255

impotência 112

impulso
- de autorrealização 14, 169
- de individuação 168

individuação 13, 16s., 92, 167, 173

A dinâmica dos símbolos 299

infância 28, 51, 84-87, 92, 132s., 234
- passos de desenvolvimento 84
- situações marcantes, moldadoras 78, 85, 122
informação 154
insegurança quanto à identidade 91
integração, cf. individuação
interpretação de sonhos 154-157
interpretar, interpretação 13, 29, 60, 154-157, 189
intersubjetividade (pré-verbal) 85
inveja 103s., 118
irrupções na vida 123
Ísis 126, 173

Jesus 142
Jung, C.G. 7, 9, 11-17, 26, 42-44, 47, 50s., 73s., 82-85, 130,
136-142, 144, 147s., 158-161, 163s., 165-169, 182, 185,
187-189, 192, 207s., 256, 281

Kali 201
Kernberg, O. 269
Koch, C. 170
Krischna 142s.

Leibniz 188
lembrança, capacidade de 107, 128, 133
libertação 17
limites 76s., 169
experiência de 76, 102, 110

mãe 60, 66, 86s., 117s., 135, 146, 149s., 203
- morte 34s., 202
mandala 161-166, 179

mãos (significado das)  199s.

material arquetípico  124

mecanismo

- de comportamento, padrões de comportamento, modos de comportamento (estereotipados)  55, 110-112, 119
- de defesa  30, 53, 92, 107, 110, 129s., 177, 236-238, 259
- - precocemente adquiridos  130
- de superação, cf. mecanismo de defesa

medo

- angústia, ansiedade  53, 91, 104, 109, 126, 130, 236
- da morte  200, 238
- existencial  126
- primordial, necessidade primordial  203

Mercúrio (como virgem)  172s.

métodos oraculares  189

mito de transformação  126

mitologia  142, 173s.

morte  103, 105s., 125, 184, 192

- e renascimento  126-128, 178


negação  130, 259

Neumann, E.  135

neurose  57

- compulsiva  143

ninfas-árvore  173

Nível de transferência (pessoal, arquetípico)  38

número  22

numinosidade  141

Nut  173, 175


o inconsciente  11, 27, 48, 69, 76, 133, 138, 145, 157s., 177, 256

- ativação  207
- coletivo  31, 139s., 146, 280

A dinâmica dos símbolos 301

- comum  133s., 209
- familiar  146
- integração  130
- pessoal  139, 146
- social  146s.
o velho sábio, a velha sábia, cf. arquétipo
objetivo terapêutico  42s., 141, 198, 207, 212
objeto de transição  280
ocasionalismo  188
ódio  187
ofensa  109-111, 115-117, 123, 212
- narcisista  105, 183
onipotência  112, 120
- e impotência  112
cf. tb. fantasias de grandeza
ordem (ordenamento), causal e acausal  188s.
organização *borderline*  263, 270, 281
orientação  107s.
Osíris  126
o todo  187
Overbeck, G.  192, 195

padrão de relação  59, 63, 117, 132, 155, 206, 233
- infância  51, 132
pai(s)  60, 62, 66-68, 86-88
paisagem de complexos  49s., 60, 73, 113, 147s., 203
par, cf. *anima* e *animus*, arquétipo
par arquetípico  104
pensamento  107
- causal  191-193
- psicossomático  192
- sincronístico  185, 189, 192s.

percepção (distorcida) 108, 125
perda 31, 123, 125, 128, 242
persona 11, 169
pessoas mais próximas 81, 92, 117, 131s., 234
- e a criança 51, 84-86, 120, 131
Píndaro 9
Plotino 187
ponto(s) de virada
- na análise 211-233
- na vida 102s.
prática de magia 187
processo
- de crescimento 170, 175
- defensivo 38
- de formação de símbolos 7, 30, 38s., 41, 44s., 155, 157, 280
- - numa problemática maternal 30-41
- - numa problemática paterna 60-69
- - num distúrbio psicossomático 197-206
- de individuação 9-14, 42s., 130, 145, 164s., 166-180
- - aspecto emancipatório 169
- - como processo de aproximação e diferenciação 10
- - como processo de integração e processo de relacionamento 12, 156, 167s., 281
- - e o si-mesmo 158-161
- - forma de degeneração 168
- - objetivo 9, 14
- de introspecção 168
- de luto 32, 125, 242
- de projeção 27
- de restituição 123s.
- de transferência-contratransferência 255
- de transformação 91

A dinâmica dos símbolos

- terapêutico  121, 185
- - coletivo-arquetípico  139
projeção  52, 66, 84, 91, 93, 108
- da sombra  79s.
psicodinâmica
- da neurose compulsiva  144
- de casos suicidas  116
psicologia
- do desenvolvimento  82, 86
- junguiana  26, 42, 84, 106, 135, 145, 154-157, 189,
191, 195
- - a imagem de mundo na  11, 16
- - a imagem de ser humano na  11, 16
- profunda  20
psicossomática  190-193
psique  73, 191
- como sistema autorregulador  14, 45, 59, 69, 111, 123,
133, 183
- contrarregulação  133
- e material  187s.
- parcial  57-59, 66

quadrado  162, 165
quadrângulo  161, 164
quadratura do círculo

raiva  77, 110, 115-117, 213, 251
- destrutiva  115-117
Rauchfleisch, U.  112
reação
- compensatória (do inconsciente coletivo)  140, 148
- complexada  54, 109s.
- de contratransferência  190, 215

realidade 20, 108
regressão 203
relação
- analítica 7s., 121, 134, 155s., 165, 208-210, 234
- e individuação 168
- eu-você 122, 167s.
- relacionamento 76, 88, 93, 102, 114, 117, 124, 147-153, 167s., 247
- terapêutica 69, 119, 122, 135, 212, 281
Renascimento 126s.
representação arquetípica 137-142
responsabilidade 103, 193, 238s.
Riedel, I. 162, 281
Rohde-Dachser, C. 269

sensação 107
sentimento
- de contratransferência 262
- de culpa 116, 193, 235-251, 254
- - aspecto "expulsor e expulso" 249s.
- - dinâmica intrapsíquica 236-239
- - lidar com 239s.
- de vazio 213
- do corpo, sensações corporais 75, 77
- do valor próprio 80, 109-111, 116, 122
- percepção 131-133
ser humano como ser singular 10s.
- o ser humano eterno 16, 159
série de sonhos 157
Seth 126
signos 21s.
simbiose (em níveis arquetípicos) 37s.

A dinâmica dos símbolos

símbolo 7, 18-47, 58s., 136, 146, 153-157, 169, 207
- "anel" 18-20
- aparição do 22-24, 211
- "árvore" 10, 166, 170-179
- "bezerra" 36-41
- "bode" 22s.
- como categoria condensada 29
- como objeto cotidiano 18s.
- conceito 20-22
- "corvo" 31
- "caverna" 265
- "criança" 28, 142, 166
- "criança divina" 142
- "crocodilo" 65s.
- da humanidade 126
- dimensão de desenvolvimento 156s.
- e complexo 47s.
- envolver-se 27-31
- e objetivo terapêutico 42-46
- forma de interpretação 13, 66
- "galo" 60s.
- humanidade 126
- lidar com 153-158
- mandala 161-167, 179
- pessoal 136, 153
- "polvo" 202, 204s.
- "rei" 160s.
- "si-mesmo" 15
- sintoma como 191, 196-199
- suprapessoal 136, 139, 153
- "vaca" 32-41, 166

Si-mesmo, o 14-17, 82s., 91, 105, 135, 158-160
- como *Anthropos* 16
- como arquétipo, cf. arquétipo
- como arquétipo central 14, 160
- como dualidade unificada 161
- definição 158
- e o processo de individuação 158-161
- grandioso 111s.
- - infantil 112, 119
- "meu si-mesmo" 14
- relação com o "complexo do eu" 14s., 107, 159
- símbolo 14
- tentativas de descrição 158-160
sincronicidade 180-190
- e psicossomática 190-206
síndrome geral psicovegetativa 198
sintoma (como símbolo) 191, 197-199
Sistemas Coex 49
sombras 78s., 81, 87, 169
sonho 12s., 27, 59, 67s., 79, 112, 114, 118, 124-126, 134, 148-150, 152, 154s., 180, 182s., 216, 228-233
- inicial 171
suicídio (psicodinâmica) 116
superego 81
Szondi 146

tarô 189
tema
- arquetípico 126, 142, 164
- do desmembramento 126
- mitológico 126, 137, 142, 153, 155

A dinâmica dos símbolos

temática agressor-vítima  51, 63, 236s., 251
   - e cisão  243s.
Teoria
   - do Aprendizado  57
   - dos sistemas  187
terapia junguiana  26, 42s.
Teste da árvore  170
tornar-se
   - culpado e ser culpado  191
   - si mesmo  11, 76
totalidade, inteireza  15, 17, 82, 93
totalização  84
trabalho de luto  91, 103, 128
transferência  52, 63, 121s., 151, 180
   - em pacientes *borderline*  269
transferência-contratransferência  119, 122, 210s.
   - colusiva  211, 233s., 244s.
   - e Teoria da Relação  208
transformação  9s.
transição de vida  91s., 187
transposição de limites  169, 171
triangulação  278
triângulo  15, 200

utopia  16s., 91, 102, 144

*Vagina dentata*  202
valor próprio  50, 102, 109-111, 119
   - distúrbio  119
vergonha, envergonhar-se  38s., 54, 110, 115s.
viagem marítima noturna  153
vitalidade  75

vítima, cf. agressor, conflito

Von Franz, M. 138s., 171

Von Uexküll, Th. 190, 192

Yin e Yang 165, 179

# Índice geral

*Sumário*, 7
*Prefácio à nova edição*, 7
1 Aspectos do conceito de ser humano, 9
  O processo de individuação, 9
  O si-mesmo, 14
2 Aspectos do símbolo, 18
  Sobre o conceito de "símbolo", 20
  O aparecimento de símbolos, 22
  Atos simbólicos, 24
  A atitude simbolizante, 25
  Envolver-se com o símbolo, 27
  Formações de símbolos como processo, 30
  Símbolo e o objetivo da terapia, 42
3 Aspectos do complexo, 47
  Vivência do complexo, 50
  Definições do complexo, 55
  Complexos com influência promotora, 69
4 Aspectos do complexo do eu, 73
  O complexo do eu e a vivência da identidade, 75
  O complexo do eu na perspectiva da psicologia do desenvolvimento, 83
  As funções do eu, 107
  A constelação do complexo do eu, 109

A compensação por meio de fantasias de grandeza, 112
A compensação por meio de imagens parentais poderosas idealizadas, 113
A compensação por identificação especular, 114
Raiva destrutiva como compensação, 115
Compensação por depreciação, 117
A compensação como atitude, 119
A fragmentação, 122
Reflexões terapêuticas sobre o restabelecimento da coerência do complexo do eu, 131
5 Aspectos do arquétipo, 136
A crítica de Bloch à teoria dos arquétipos de Jung, 144
Constelação arquetípica e relação, 147
Consequências do conceito do arquétipo para lidarmos com símbolos, 153
O arquétipo do si-mesmo e o processo de individuação, 158
A mandala como símbolo, 162
O processo de individuação, 166
Notas sobre a sincronicidade, 180
Sincronicidade e psicossomática, 190
6 Transferência-contratransferência e nova formação de símbolos, 207
Pontos de virada na análise, 211
A experiência de ser compreendido na relação terapêutica como pressuposto da formação de símbolos, 212
Transferência-contratransferência colusiva e formação de símbolos, 233
Pensamentos sobre o tema "sentimentos de culpa", 235
A dinâmica intrapsíquica, 236
Culpa e responsabilidade, 238
O papel da empatia, 239

Relação improdutiva com os sentimentos de culpa, 240

Excertos de um processo terapêutico, 241

Contratransferência arquetípica como lembrança súbita de um conto de fadas, 256

*Referências*, 283

*Índice remissivo*, 289

**Coleção Reflexões Junguianas**
*Assessoria*: Dr. Walter Boechat

- *Puer-senex – Dinâmicas relacionais*
Dulcinéa da Mata Ribeiro Monteiro (org.)
- *A mitopoese da psique – Mito e individuação*
Walter Boechat
- *Paranoia*
James Hillman
- *Suicídio e alma*
James Hillman
- *Corpo e individuação*
Elisabeth Zimmermann (org.)
- *O irmão: psicologia do arquétipo fraterno*
Gustavo Barcellos
- *Viver a vida não vivida*
Robert A. Johnson e Jerry M. Ruhl
- *Sonhos – A linguagem enigmática do inconsciente*
Verena Kast
- *O encontro analítico*
Mario Jacoby
- *O amor nos contos de fadas*
Verena Kast
- *Psicologia alquímica*
James Hillman
- *A criança divina*
C.G. Jung e Karl Kerényi
- *Sonhos – Um estudo dos sonhos de Jung*
Marie-Louise von Franz
- O livro grego de Jó
Antonio Aranha
- *Ártemis e Hipólito*
Rafael López-Pedraza
- *Psique e imagem*
Gustavo Barcellos
- *Sincronicidade*
Joseph Cambray
- *A psicologia de C.G. Jung*
Jolande Jacobi
- *O sonho e o mundo das trevas*
James Hillman
- *Quando a alma fala através do corpo*
Hans Morschitzky e Sigrid Sator
- *A dinâmica dos símbolos*
Verena Kast
- *O asno de ouro*
Marie-Louise von Franz

- *O corpo sutil de eco*
Patricia Berry
- *A alma brasileira*
Walter Boechat (org.)
- *A alma precisa de tempo*
Verena Kast
- *Complexo, arquétipo e símbolo*
Jolande Jacobi
- *O animal como símbolo nos sonhos, mitos e contos de fadas*
Helen I. Bachmann
- *Uma investigação sobre a imagem*
James Hillman
- *Desvelando a alma brasileira*
Humbertho Oliveira (org.)
- *Jung e os desafios contemporâneos*
Joyce Werres
- *Morte e renascimento da ancestralidade da alma brasileira*
Humbertho Oliveira (org.)
- *O homem que lutou com Deus*
John A. Sanford
- *O insaciável espírito da época*
Humbertho Oliveira, Roque Tadeu Gui e Rubens Bragarnich (org.)
- *A vida lógica da alma*
Wolfgang Giegerich
- *Filhas de pai, filhos de mãe*
Verena Kast
- *Abandonar o papel de vítima*
Verena Kast
- *Psique e família*
Editado por Laura S. Dodson e Terrill L. Gibson
- *Dois casos da prática clínica de Jung*
Vicente L. de Moura
- *Arquétipo do Apocalipse*
Edward F. Edinger
- *Perspectivas junguianas sobre supervisão clínica*
Paul Kugler
- *Introdução à Psicologia de C.G. Jung*
Wolgang Roth